曹薰铉布局技巧

第 三 卷

[韩] 曹薰铉 著
陈 启 等译

北京体育大学出版社

选题策划：秦德斌　李　正
责任编辑：秦德斌
审稿编辑：苏丽敏
责任校对：成昱臻
责任印制：陈　莎

图书在版编目（CIP）数据

曹薰铉布局技巧. 第三卷 /（韩）曹薰铉著；陈启等译.
-- 北京：北京体育大学出版社，2014.10
ISBN 978-7-5644-1781-9

Ⅰ.①曹… Ⅱ.①曹… ②陈… Ⅲ.①围棋—对局（棋类运动） Ⅳ.① G891.3

中国版本图书馆 CIP 数据核字 (2014) 第 244483 号

曹薰铉布局技巧·第三卷　　［韩］曹薰铉 著　陈启 等译

出　版：北京体育大学出版社
地　址：北京市海淀区中关村北大街信息路 48 号
邮　编：100084
电　话：010-62989432　62989438
印　刷：北京昌联印刷有限公司
开　本：880×1230mm　1/32
印　张：7 印张
字　数：176 千字
印　数：5000 册
版　次：2015 年 1 月第 1 版第 1 次印刷
定　价：18.00 元

前　言

从围棋发源至今，尽管有很多人下过棋，但全然相同的对局却一盘没有，由此充分证明了围棋无穷无尽的变化。

而围棋的这一特点，也成为那些急于提高自身棋力者的不利因素。在对局中，碰到自己比较熟悉的棋形时，会充满自信，而遇到自己陌生的棋形时，便很难判断出所下棋的好坏，因此越是重要的对局，越会选择自己最熟悉的棋形。但只要你还下棋，就肯定会遇到自己不熟悉的棋形。这时，能否下出符合棋理的棋，可以衡量出一个人的水平高低。

提高自身棋力的最好方法之一，是通过大量实战接触更多的棋形。但这一方法不仅会受到时间的限制，而且还因对局者的水平不同而效果不同，因而，集中研究对局中经常出现的基本棋形便更为有效。本书所列棋形，均是从实战中精选出来的。为了方便读者阅读，这些棋形以问题的形式出现，并且从业余棋手的观点出发，对其中的变化进行了详尽的分析，希望能对广大读者提高棋力有所帮助。

曹薰铉

2015 年 1 月

目　录

第 1 章

实战下一手棋

位置的考虑

实战图 1(白先)

这是第 5 届“棋圣战”挑战赛曹薰铉与李昌镐（黑）的实战经过图。现在黑 1 尖，问白棋的下一手棋。白棋应考虑到白△的位置，再决定下一位置。

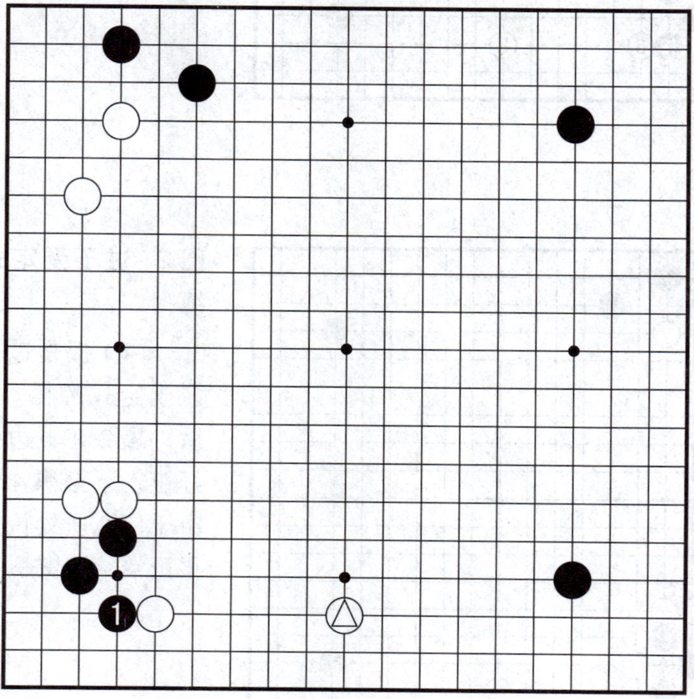

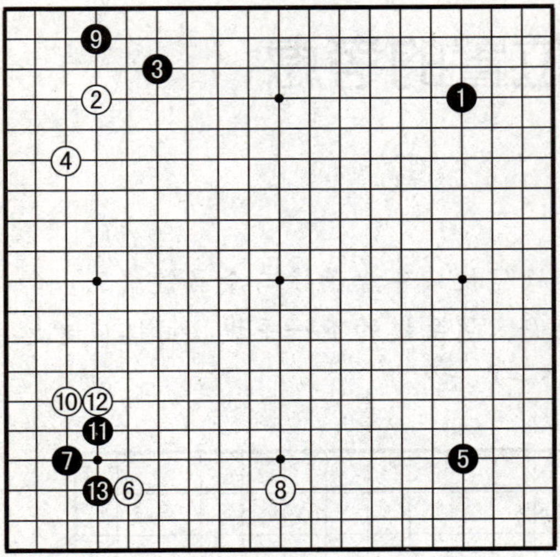

图 1

图 1　经过图

黑 1、3、5 的步调很快，是黑棋的有力作战方式。白 6 占目外，黑 7 马上挂，是黑棋一贯的积极方法。黑 9 飞角时，白 10 夹到黑 13 是实战的经过。

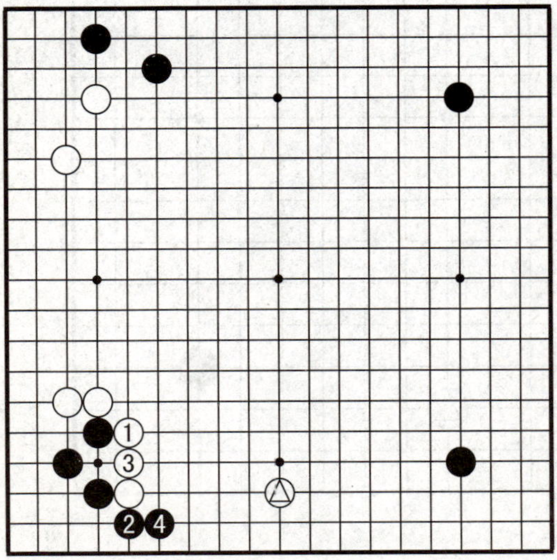

图 2

图 2　过于受定式束缚

白 1 扳是过于拘泥于定式的棋。白 1 后，黑 2 在下边扳是好棋，下至黑 4 时，由于白△所处位置不很正常，白棋不满。

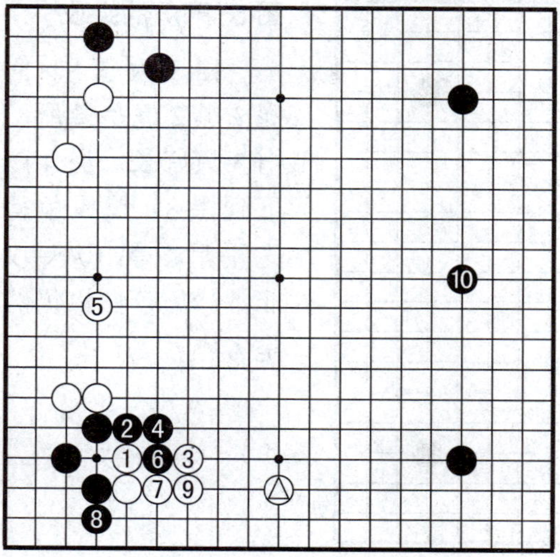

图 3

图 3 白棋重复

白 1 长虽是最易考虑到的棋，但黑 2 以下到白 5 都是必然的进程，下至黑 8 时，白棋不满。白 9 连的棋形与白△重复。

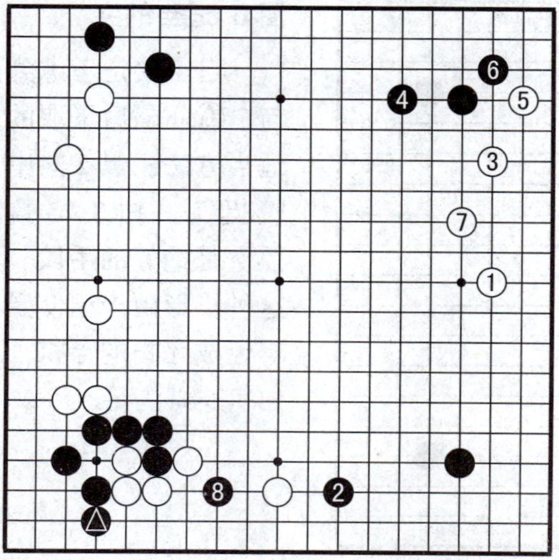

图 4

图 4 严厉的打入

黑▲时，白棋脱先更不好。白 1 分投以下到白 7，白棋是重视右边的手法。但黑 8 打入过于严厉，白棋很难承受。

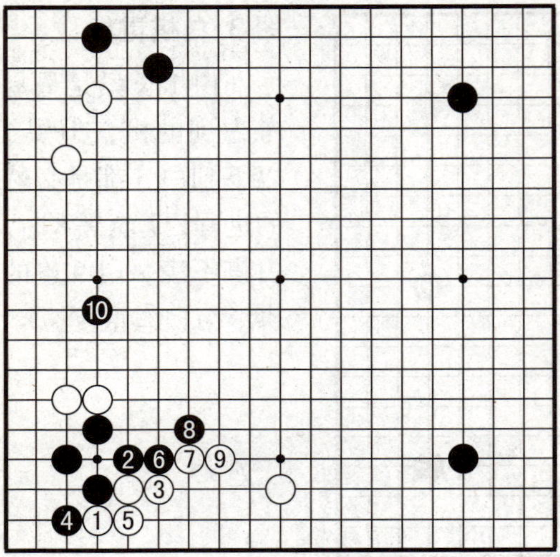

图 5

图 5 严厉的夹攻

白 1 扳又如何呢？黑 2 虎是急所，白 3 只好长。黑 4 以下到黑 8，黑棋争得先手后，黑 10 夹攻非常严厉，白棋仍然是劣势。

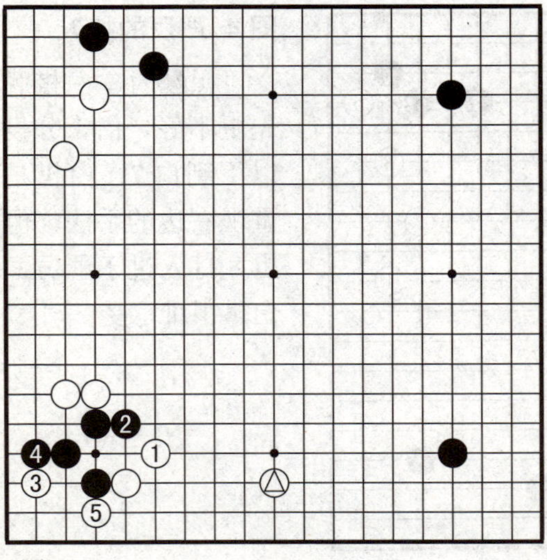

图 6

图 6 适当的尖

白 1 尖是考虑到与白◬间隔后采取的适当方法。黑 2 向中腹挺头，白 3、5 掏黑空是绝好的手段。这种棋形由于已使黑棋走成无根的浮棋，白棋非常满足。

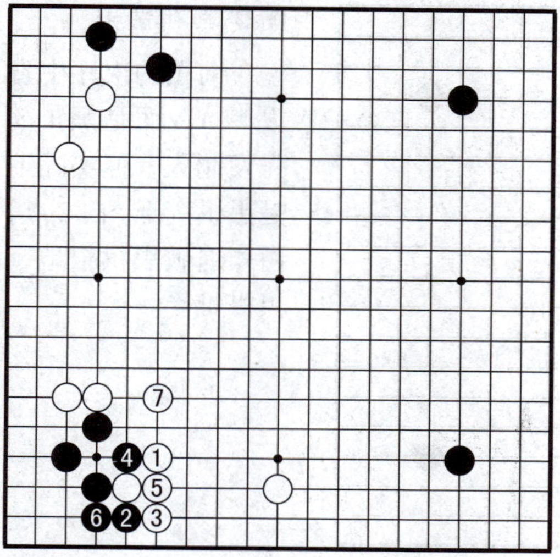

图 7

图 7 封 锁

白 1 尖 时， 黑 2、4、6 是拒绝前图结果的进行。但到白 7 为止，白棋将黑棋向中腹的出路全部封锁，黑棋当然不满。

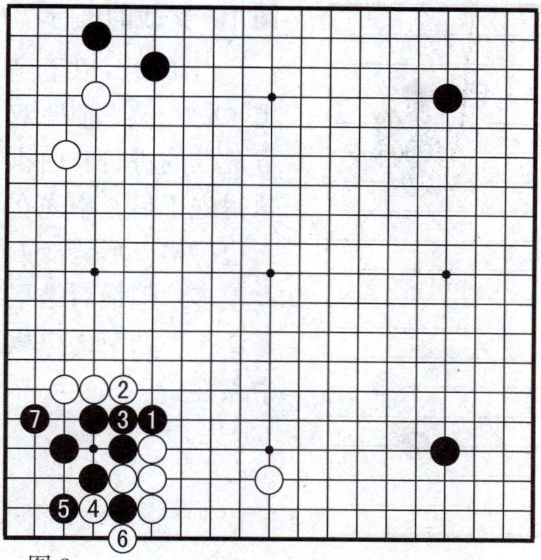

图 8

图 8 黑棋最好的方法

黑 1 虎 向 中 腹出头是黑棋最好的方法。其后白 2 非常机敏地利用先手，使黑 3 连 接， 白 4、6 打吃黑棋一子，黑 7 占地生根。

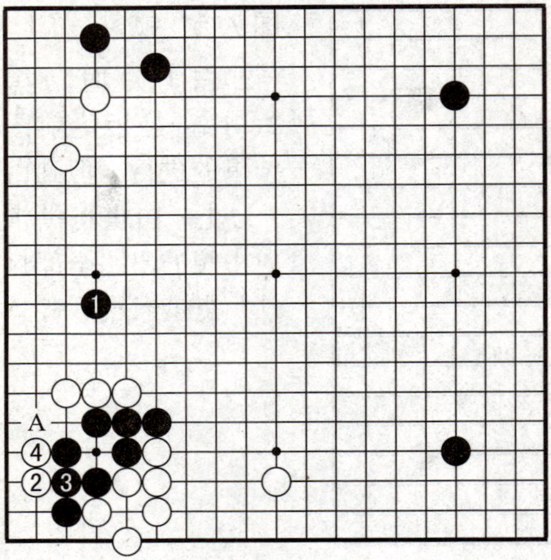

图 9

图 9 黑棋蛮干

前图的次序中省去黑 A，而是黑 1 欲先发制人，但实际上是黑棋蛮干。白 2 点，白 4 退破黑棋根地，黑棋难受。

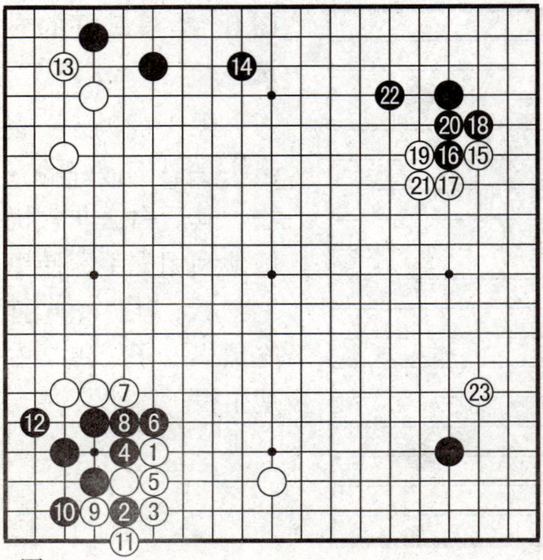

图 10

图 10 实战的进行

白 1 尖，以下到黑 12 为止，都是双方最佳的进行。白棋争得先手后，率先在右边行棋，形势双方差不多。但最后结果是 245 手结束，黑棋中盘胜。

是扩张还是消对方势力

实战图 2(黑先)

这是第 5 届“棋圣战”本选赛曹薰铉与尹铉石三段(白)的对局。黑 1 跳，白 2 扩张自己的势力。黑棋目前应考虑，是首先扩张自己的势力，还是消右侧白棋的势力。

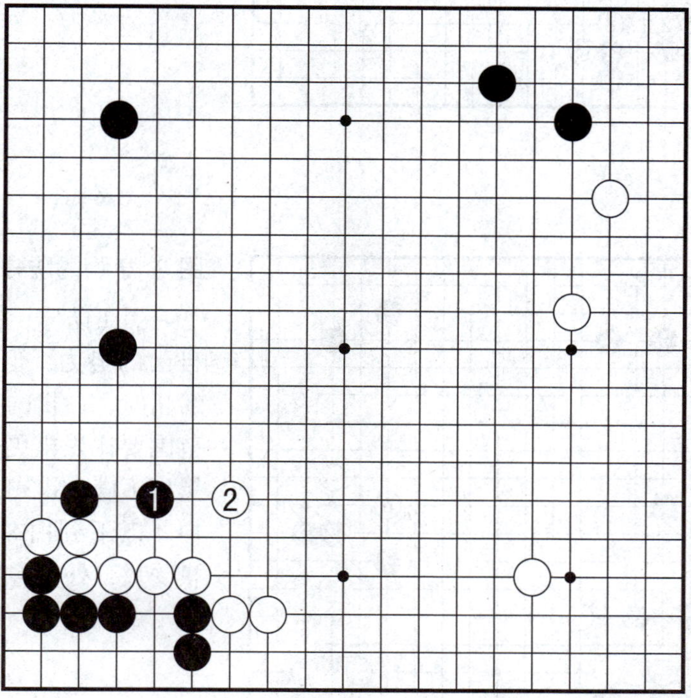

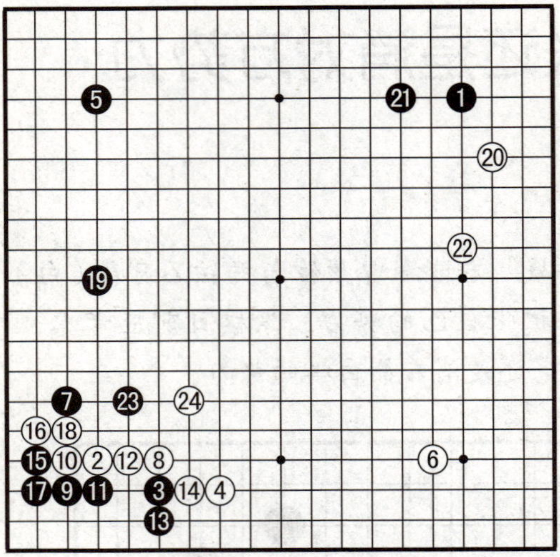

图 1

图 1 经过图

黑 1、3、5 与实战图 1 大同小异，步调很快。白 6 占据高目，黑 7 双飞燕都是积极的手法。其后白 8 靠取厚势，到白 24 为止，都是实战的经过。

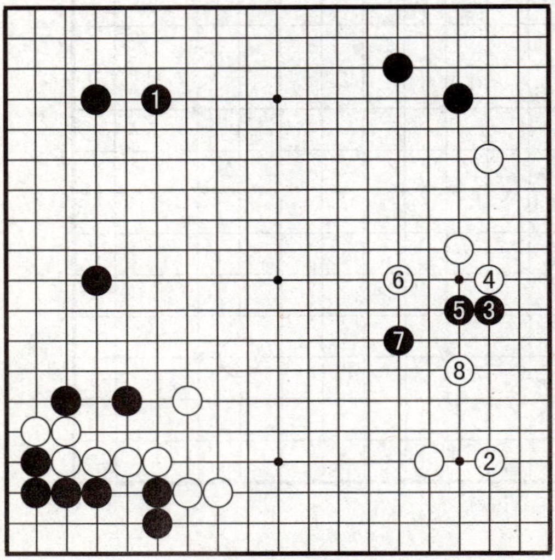

图 2

图 2 急躁的防守

黑 1 防守，扩张自己的势力，但白 2 缔角时，白棋的势力范围要比黑棋更大，黑棋不满。黑 3 打入，白 4 以下到白 8，黑棋受攻，处于劣势。

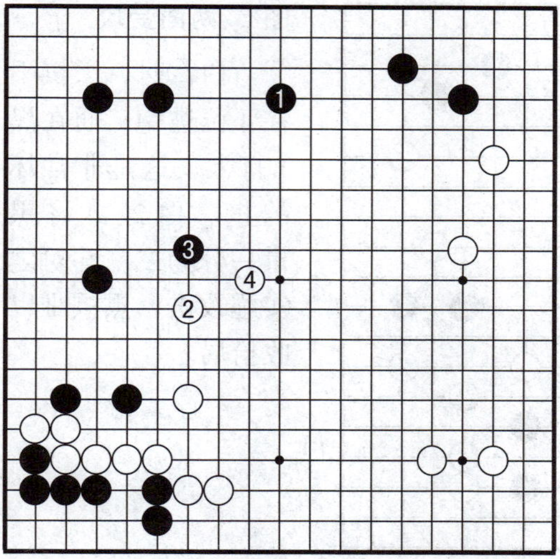

图 3

图 3 黑棋模样小

白棋守角时，黑棋不在右边打入，而是黑 1 防守，其结果很难想象。白 2 跳是势力扩张的重要地方，黑 3 挡，白 4 飞，黑棋无法与白棋的势力范围相抗衡。

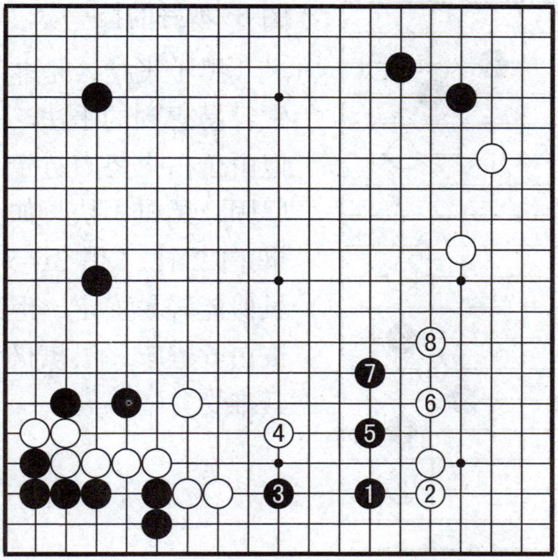

图 4

图 4 轻易走厚

黑 1 打入的手段又如何呢？黑 1 打入后，白 2 立是攻击要领。黑 3 拆时，白 4 以下到白 8，白棋通过攻击轻易使右边走厚。

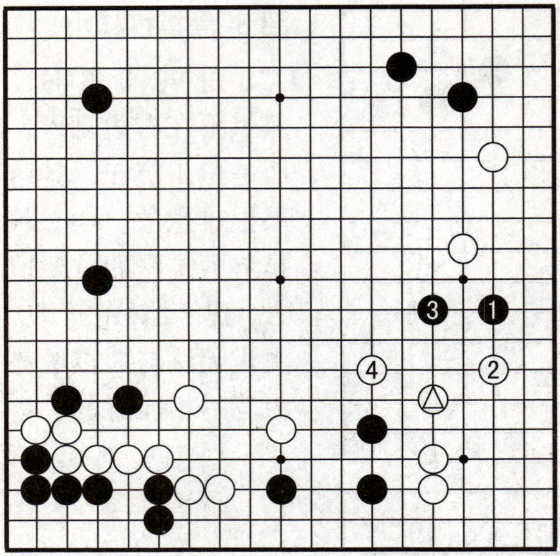

图 5

图 5 两面受攻

白△时，黑棋不在 4 位逃跑，而在黑 1 打入，这是非常坏的棋。白 2、4 将黑棋一分为二，并对之实施攻击，黑棋难以收拾局。

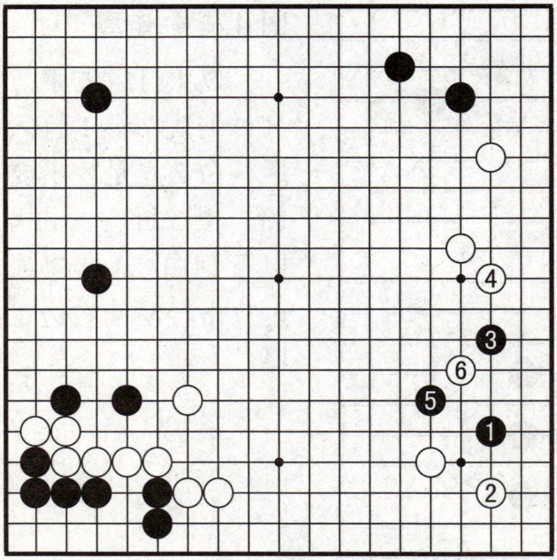

图 6

图 6 不好的挂

黑 1 飞挂，是非常容易想到的手法。但由于白棋势力过于坚固，黑棋不快。如果白 2 补，黑 3、5 虽似能轻易安定，但被白 6 进攻，黑棋极其难受。

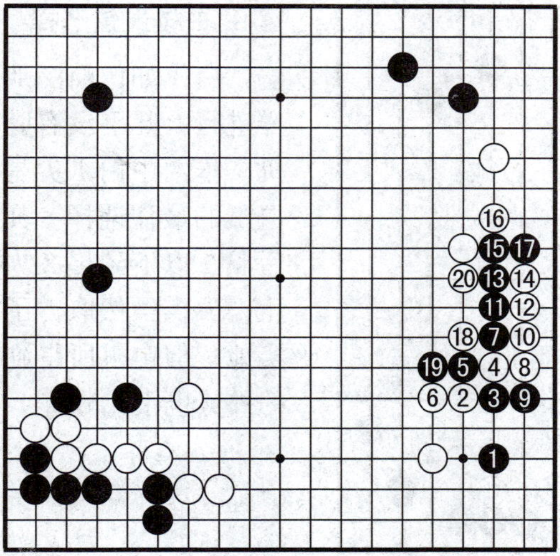

图 7

圈 7 黑无应手

黑 1 挂情况又如何呢？此时白 2、4 采取强硬手段是好棋。黑棋以征子有利为前提，黑 5 断。白 6 长以下到白 14，白棋在二线爬是最强手，其后到白 20 为止，黑无应手。

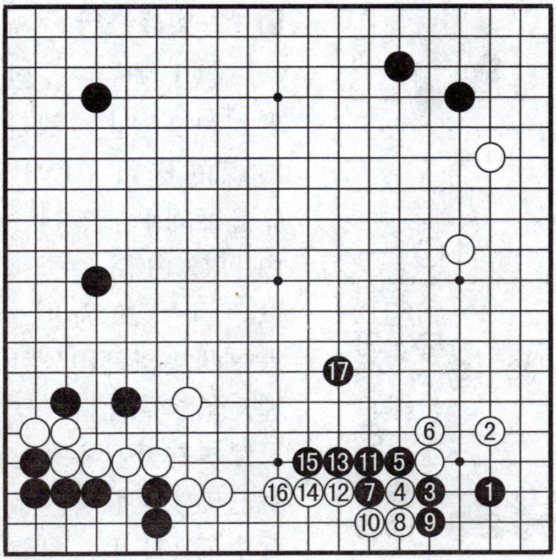

图 8

图 8 恰当的挂

黑 1 在三三位低挂求安定，是黑棋最佳的选择。白 2 如果飞，黑 3、5 靠断以下到黑 15 为止，黑棋能争得先手。等白 16 长后，黑 17 整形，黑棋大获成功。

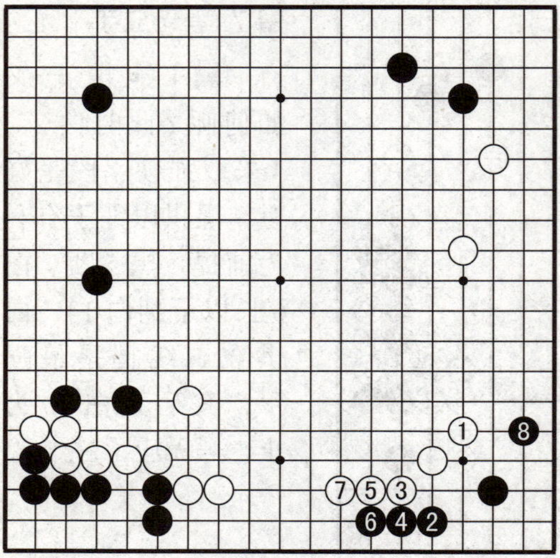

图 9

图 9 白棋最佳选择

白棋如像前图那样进行，几乎没有胜机。本图中白 1 尖是白棋的最佳选择。其后黑 2 以下到黑 8 为止，黑棋虽然取得了实地，但白棋所得到的外势也很充分。

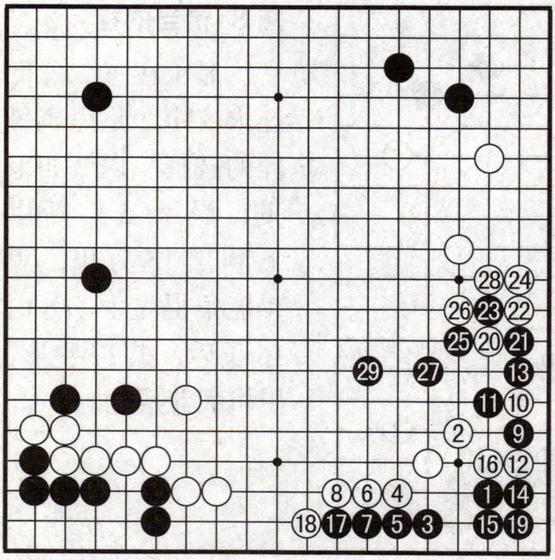

图 10

图 10 实战进行

黑 1 挂三三，以下到黑 9 为止，都是预想的进行。白 10 靠是疑问手，黑 11、13 打吃白棋一子，以下到黑 29 为止，黑棋两块棋都得到处理，黑棋局面好。结果黑棋在开盘不久，就已确定了胜势。最后全局 171 手，黑棋中盘胜。

如何处理下边

实战图 3(白先)

这是第 28 届“王位战”挑战赛曹薰铉与姜训七段(黑)的对局。黑 1、3 扩张左边势力，白棋现在应如何处理下边的棋局？

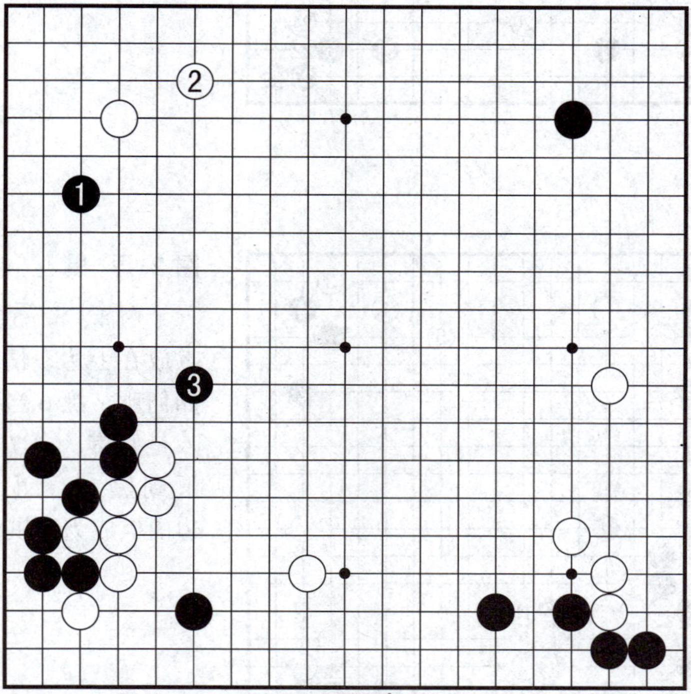

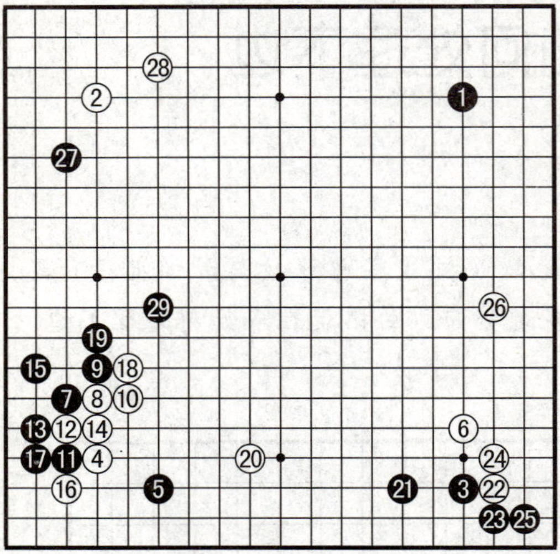

图 1

图 1 经过图

黑棋占取小目和星位，白棋以二连星相对抗，下到白 26，完成左下角的定式。黑 27、29 扩张左边，形成实战的场面。

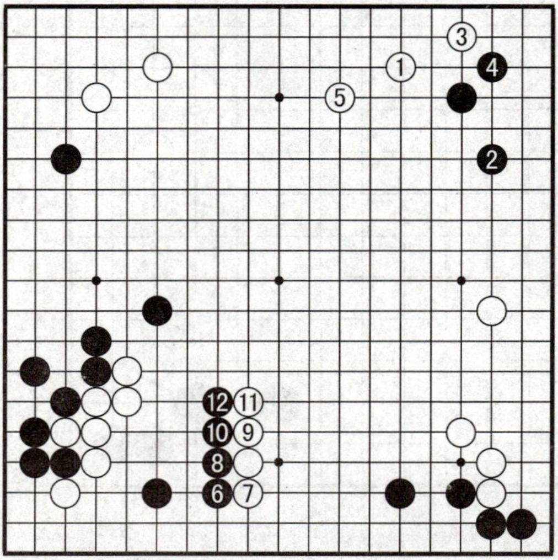

图 2

图 2 浮 棋

白 1、3、5 把重点放在上边，情况会如何呢？黑 6 当即打入是好棋，白 7 挡以下到黑 12 为止，下边白棋成为浮棋。

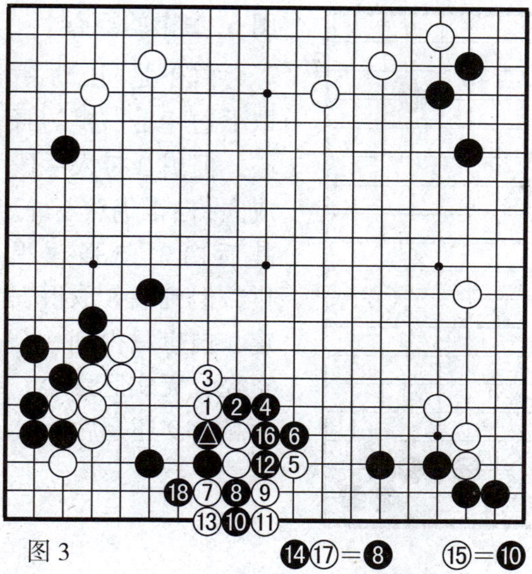

图 3

图 3 攻杀的手筋

黑▲时，白 1 扳，黑 2 断是已有准备的强手。其后白 3、5 时，黑 6 尖是好棋，白 7 如果扳，黑 8 断是攻杀的手筋，以下到黑 8 时，白棋被全歼。

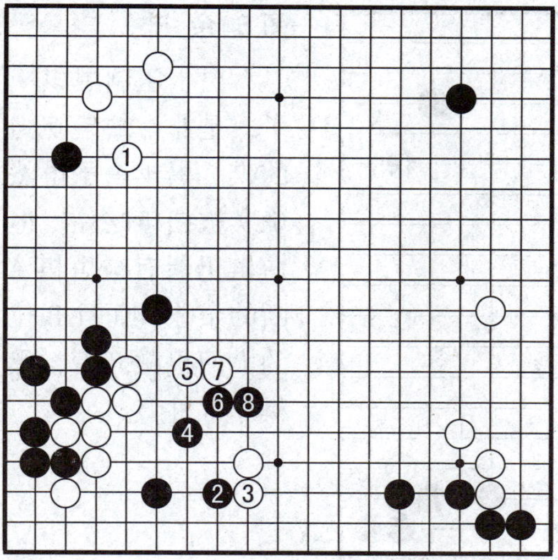

图 4

图 4 时机不成熟

白 1 是牵制黑棋扩张势力的棋。但黑 2 打入，白棋无论如何下，都难有好的结果。白 3 挡时，黑 4 以下到黑 8 为止，也是一种攻击办法，白棋当然处于劣势。

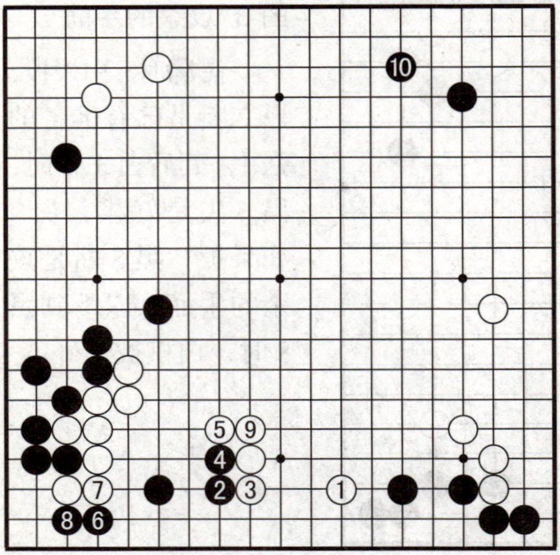

图 5

图 5 白棋的野心

白 1 是主动占取下边，是白棋的野心，但黑 2 打入手段成立，白棋仍然不好。其后白 3、5 强攻黑棋，但到黑 8 取得安定，白棋只得到一个空壳，无实际内容，而且白 9 还是后手。

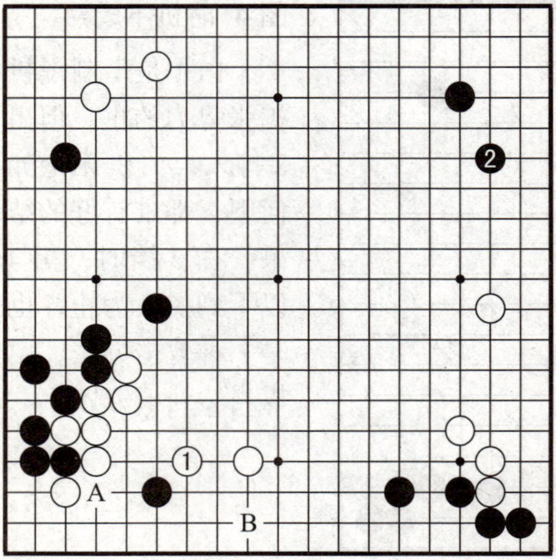

图 6

图 6 余 味

白 1 压制黑棋一子，是非常缺乏魄力的棋。黑棋一子虽然确实被白棋吃住，但白棋仍留有被黑棋 A 断的余味，而且 B 位的大门仍敞开着，黑棋非常过瘾。

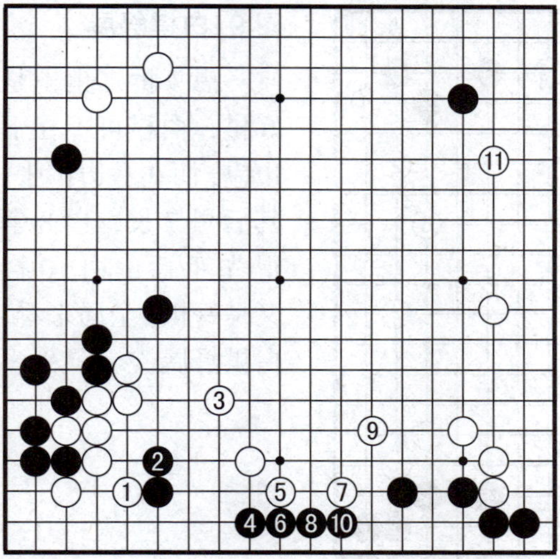

图 7

图 7 积极的方法

白 1 尖问黑棋的应手是好棋。如果黑 2 当即策动，白 3 封也是好棋。黑 4 以下到黑 10，黑棋虽在低位渡过，但白 11 以外势为背景挂，则是白棋的满足。

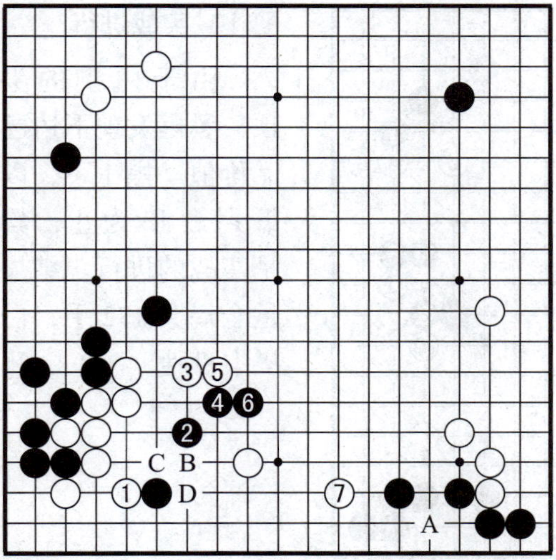

图 8

图 8 白棋充分

白 1 时，黑 2 是拒绝前图进行的棋，但白 3、5 争得先手后，白 7 拼命，黑棋仍然不好。以后白棋不仅可在 A 位点，而且还有白 B、黑 C、白 D 求左右连接的手段。

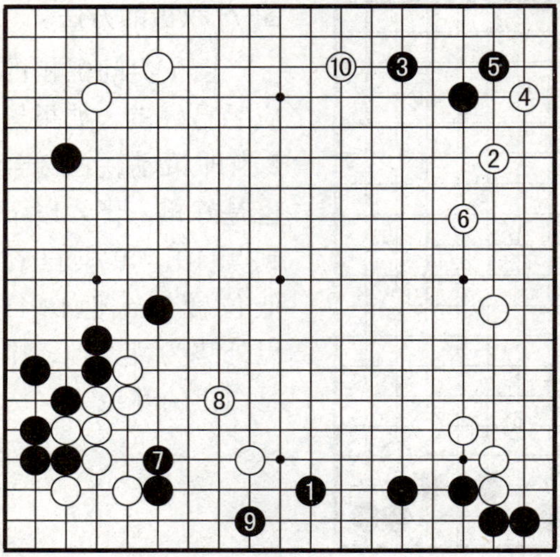

图 9

图 9 白棋舒展

黑 1 拆二也不是好棋，白棋可不在下边应，而在右边扩张。其后黑 7 长，白 8 争得先手后，白 10 拦又是好棋。全局来看，白棋舒展。

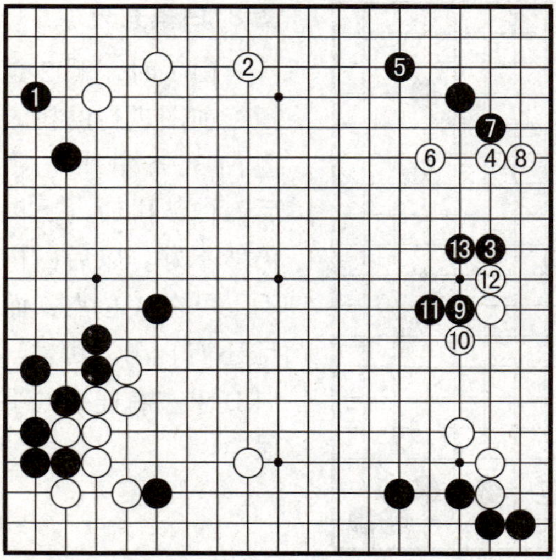

图 10

图 10 实战进行

由于白棋的尖顶，黑棋发现下边已无价值。黑 1 飞，以下到黑 13 为止，均是实战的进行。结果是全局共 172 手，白棋中盘胜。

扩张和牵制

实战图 4(白先)

这是第28届“王位战”本选赛曹薰铉和郑寿铉七段(黑)的实战图。黑1、3、5后，定式告一段落。此时，白棋应全面考虑如何扩张自己上边势力和消对方右边势力。

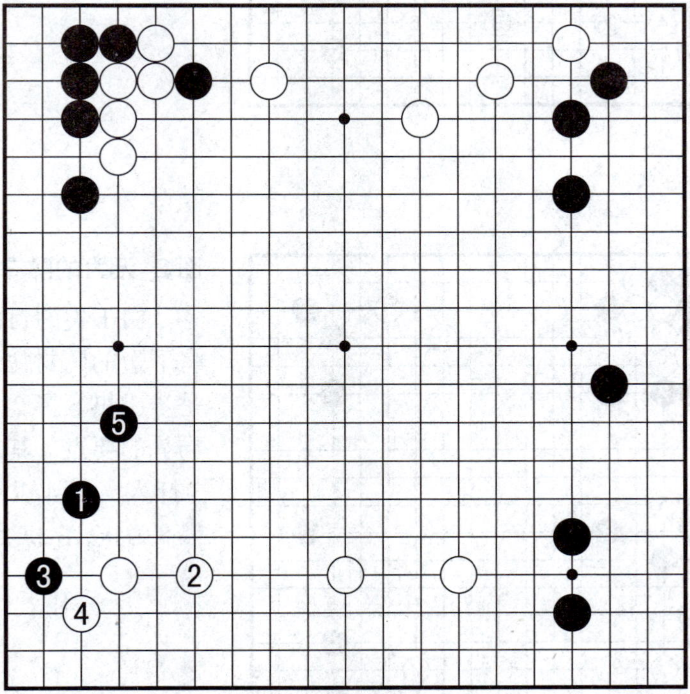

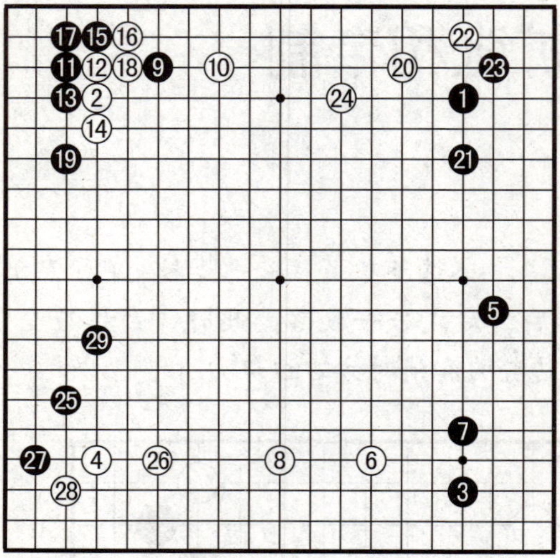

图 1

图 1 经过图

黑棋以中国流与白棋二连星相对，下到黑 29 为止，双方互相扩张势力。黑棋占取左边和右边，而白棋则占取了上边和下边。

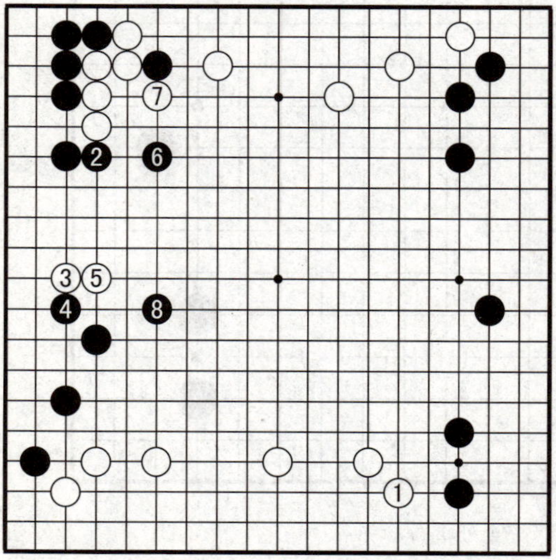

图 2

图 2 无为的防守

白 1 尖的目的是将下边的门封住，但是步闲棋。黑 2 长是局势的要点，其后白 3 打入，黑 4 以下到黑 8 为止，白棋受攻。

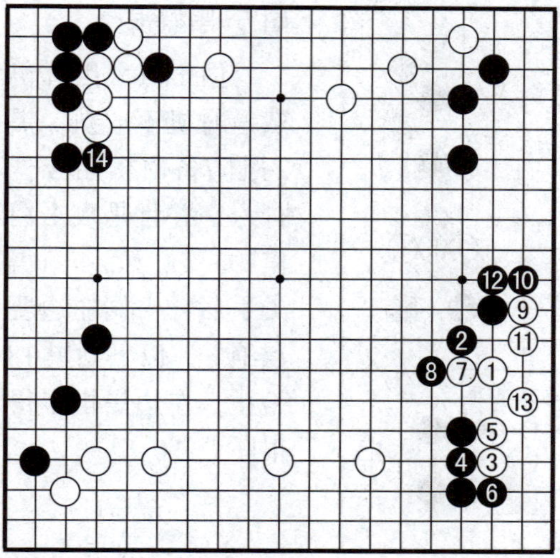

图 3

图 3 急躁的打入

白 1 立即打入黑阵，在目前情况下时机不成熟。黑 2 尖是好棋，以下到白 13，白棋后手求活后，黑 14 占据要点，白棋布局失败。

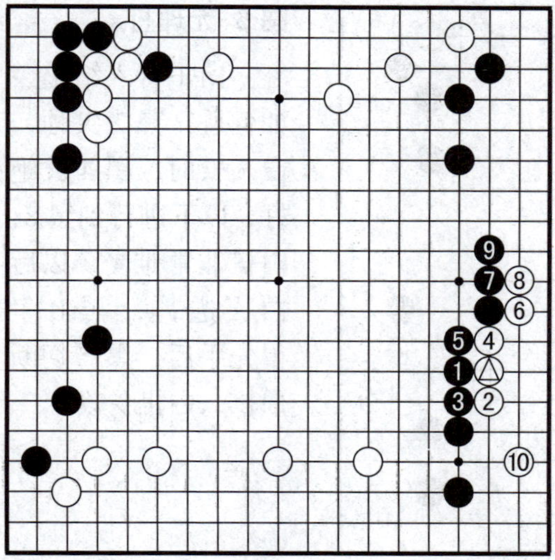

图 4

图 4 活得很大

白△时，黑棋不像前图那样进攻，而是黑 1 靠则是错棋。白 2 以下到白 10 为止，白棋在黑棋阵营中活得很大，结果黑棋失败。

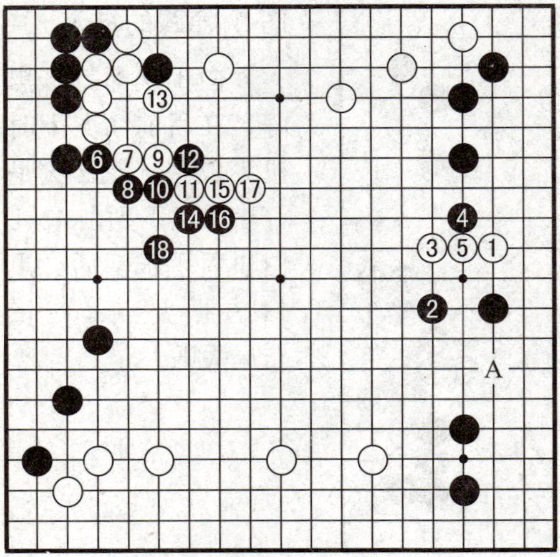

图 5

图 5 黑棋很厚

白 1 打入黑阵仍然是时机不成熟。黑 2 跳防备白棋在 A 位打入，并且是攻击白棋的要领。黑 4 争得先手后，占据左边要点绝好，以下到黑 18 为止，左边黑棋走得很厚。

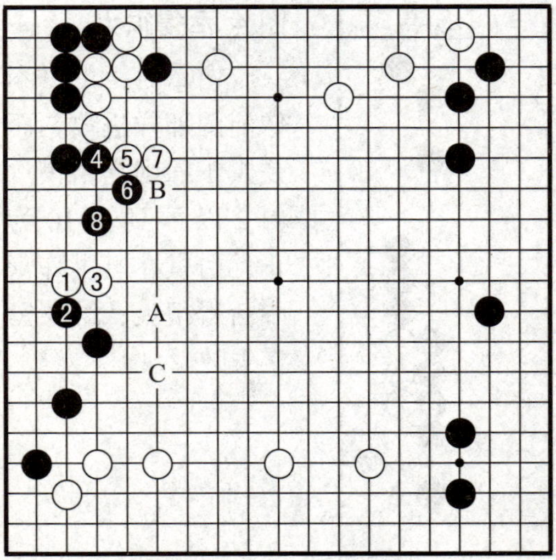

图 6

图 6 无理打入

白 1 打入结果会如何呢？黑 2 尖顶，白 3 长时，黑 4 长绝好，以下进行到黑 8，白棋非常难受。以后白 A 逃跑，黑 B 争得先手后，黑 C 切断白棋，白棋受攻。

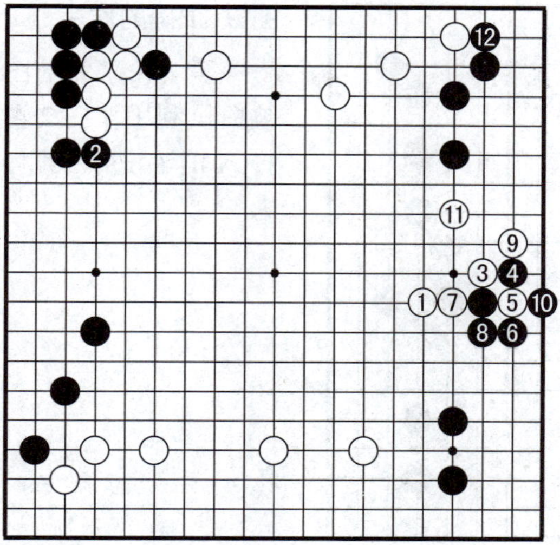

图 7

图 7 白棋脱离主战场

白 1 镇是消右边黑势的手段，但被黑 2 占据要点之后，白 1 有脱离主战场的感觉。白 3 靠以下到白 11，白棋虽具有气势，但黑 12 下立，黑棋安定之后，白棋并不便宜。

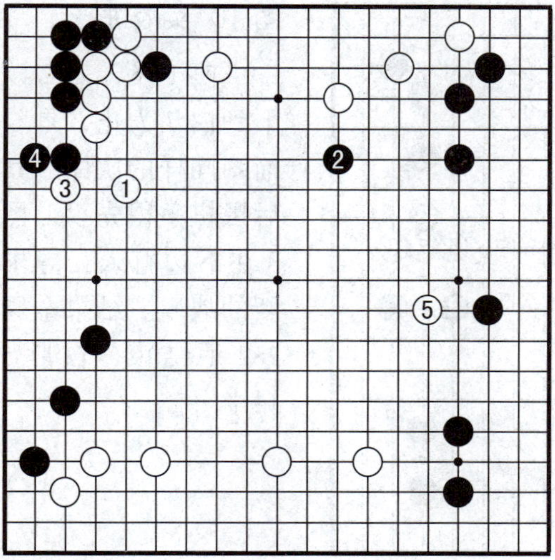

图 8

图 8 左边是焦点

白 1 飞牵制黑棋左侧势力，同时扩张上边白势，是最当务之急。其后如果黑 2 扩张右边势力，白 3 争得先手后，白 5 镇是好棋。结果白棋全部占据的是好位置。

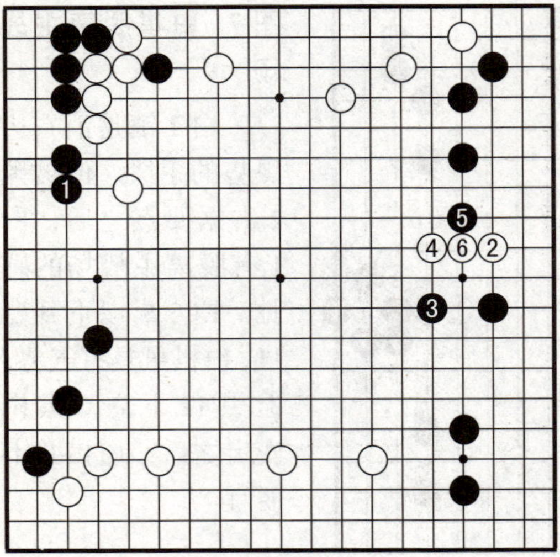

图 9

图 9 正确的次序

黑 1 长避免前图被白棋利用，白 2 再打入消右边黑棋势力。

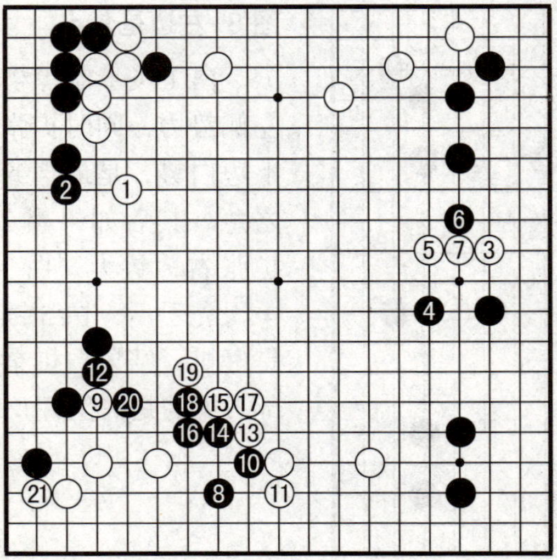

图 10

图 10 实战进行

白 1 飞，黑 2 以下到白 7 为止，是与前图同样的次序。其后黑棋争得先手，黑 8 在下边打入，寻求新的战事。结果全局 282 手结束，白胜 5 目半。

局势的要点

实战图 5(白先)

这是第28届“王位战”本选赛曹薰铉与李昌镐（黑）的实战图。右边正在进行激烈的搏杀。白1跳向中腹出头，黑2同样跳出头。现在白棋应寻求把握局势的要点。

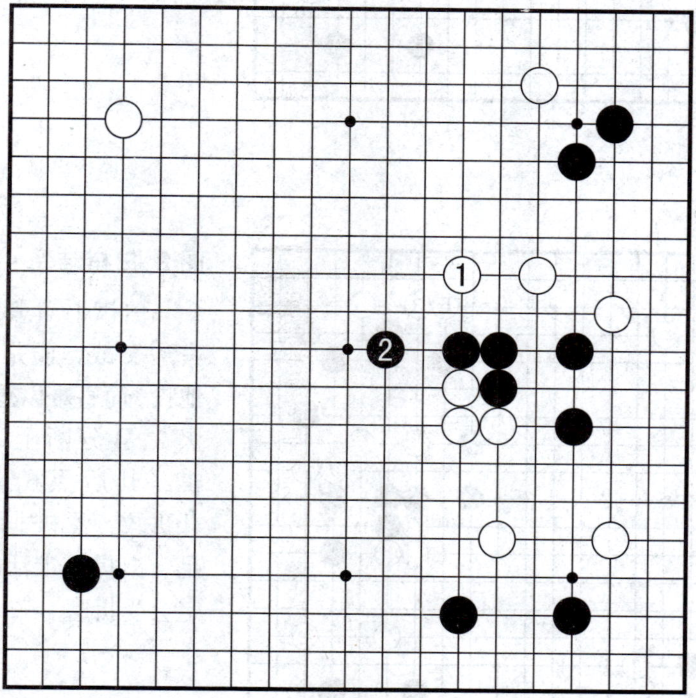

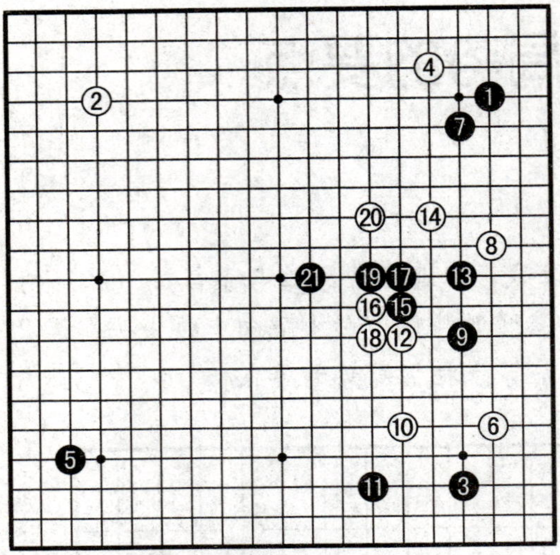

图 1

图 1 经过图

黑 1、3、5 布局，白 2、4、6 应法积极。引起战火的是白 8 拆边时黑 9 夹攻，其后白 10 到黑 21 是实战经过。

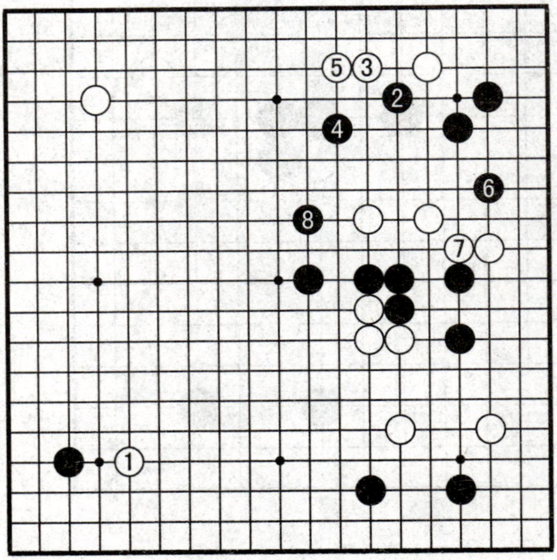

图 2

图 2 白棋难受

白棋不与黑棋在右边交战，而是白 1 他投，简直难以想象。黑 2、4 分断上下白棋，其后黑 6、8 展开进攻，黑棋非常满足。白棋在求活时肯定会受折磨。

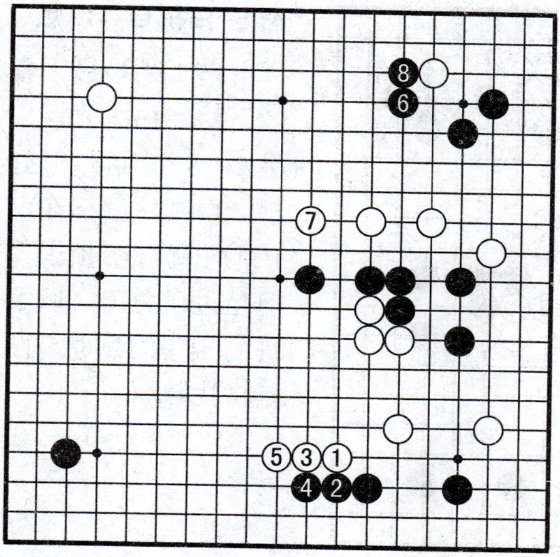

图 3

图 3 白棋一无所获

白 1、3 的目的是安定下侧白棋大龙。但黑 2、4 先手取得实地，其后黑 6 转向右上是好棋，结果白棋失算。

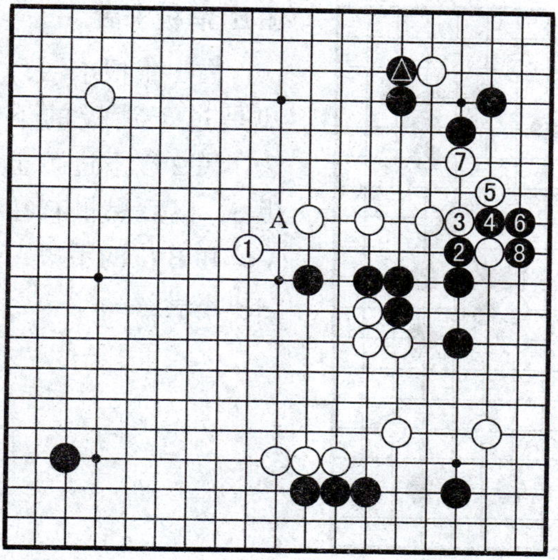

图 4

图 4 黑棋轻松安定

黑△压制白棋角上一子时，白 1 飞封欲挽回损失，但黑 2、4 是轻易安定的手段，进行到黑 8，白棋不可能对黑棋继续攻击。此后黑可伺机 A 位搭断白棋。

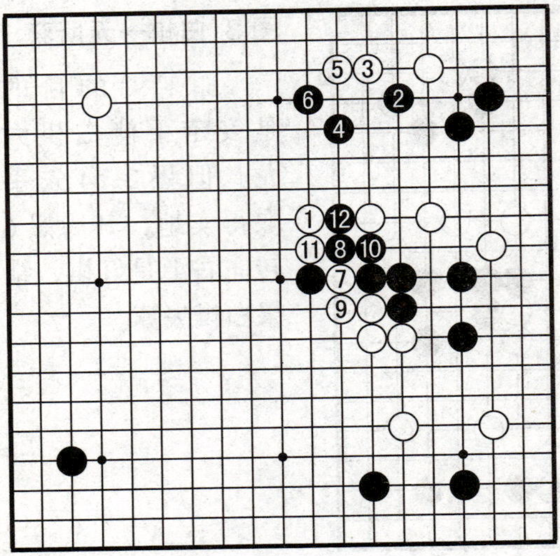

图 5

图 5 白棋自寻麻烦

白 1 跳是最平常的下法。白 1 之后，黑 2、4、6 是整形好手。白 7 挖虽是在白 1 跳时就有所预谋，但是过于急躁。以下进行到黑 12 时，白棋自找麻烦。

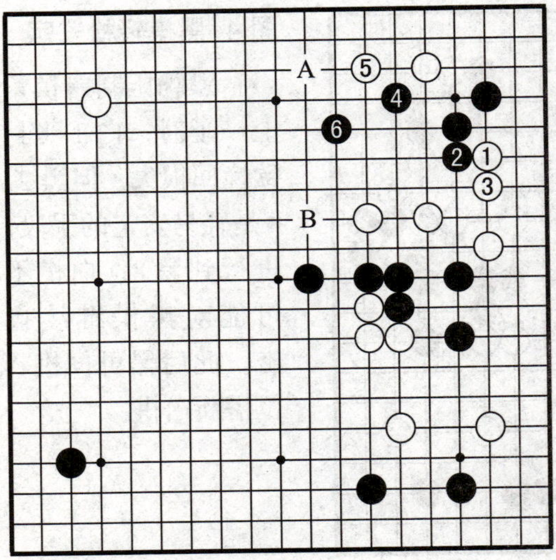

图 6

图 6 消极求活

白 1 生根求活，却是过于消极的下法。黑 2 以下进行至黑 6，以后黑棋有在 A 位和 B 位的手段，白棋不满。

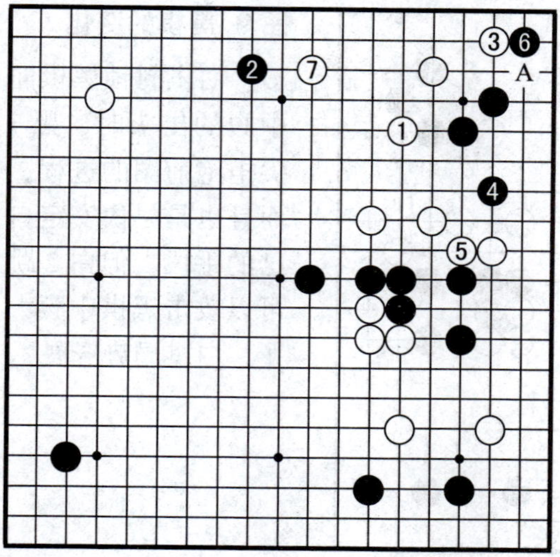

图 7

圈 7 恰当的封锁

白 1 封住黑棋向中腹的出头是最恰当的手法，黑 2 分投重视上边。其后白 3 以下到白 7 为止，白棋通过攻击轻易定形，而且以后还有 A 位扳的余味。

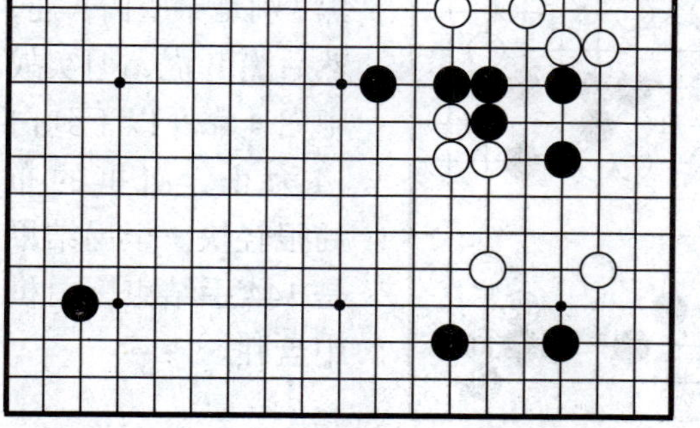

图 8

图 8 过于急躁

图 7 进行到黑 6 时，白棋不在本图中的 A 位展开，而是立即白 1 扳，是过于急躁的下法。黑 2 到白 9 是双方最好的次序，接着黑 10 拆逼即可证明白棋的无理。黑 B 先手打吃，黑棋是相连接的棋形。

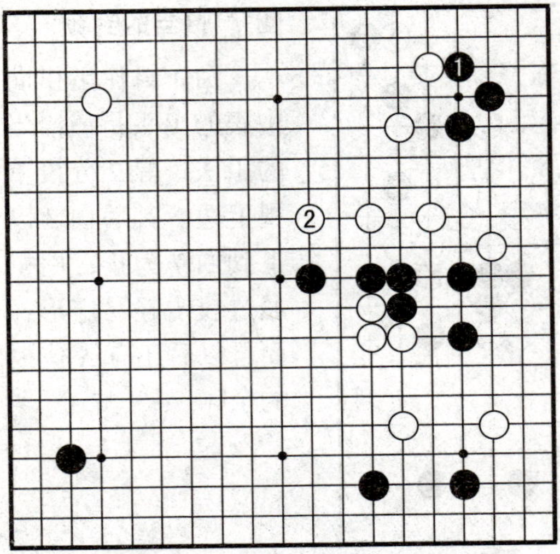

图 9

图 9 黑棋的变化

白棋封锁黑棋向中腹的出头时，黑 1 尖拒绝前图的进程，而且也是尽快安定自己的手段。但白 2 跳可以攻击黑棋中腹大龙，白棋局势舒展。

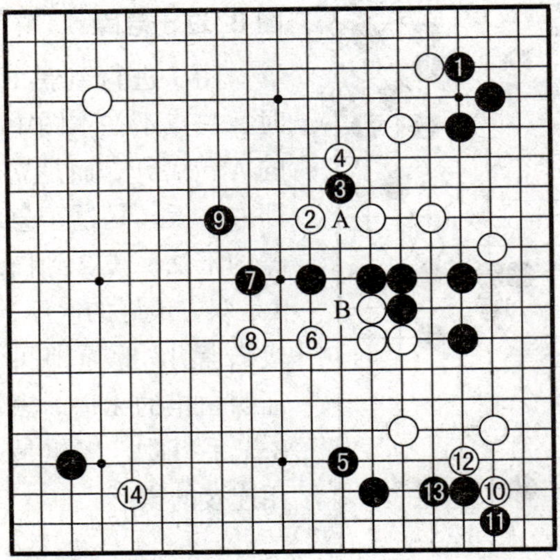

图 10

图 10 实战进行

白棋封锁黑棋时，黑 1 尖是实战的下法。其后白 2 跳，黑 3 刺是希望白 A 连，然后黑 B 虎，但实战中白 4 靠，以下到白 14 为止，白棋的布局很轻快。全局结果是 144 手结束，白棋中盘胜。

正确的定式选择

实战图 6(黑先)

这是第 27 届“王位战”本选赛曹薰铉与韩铁均四段（白）的对局。黑 1 低挂，白 2 夹攻。黑棋应充分考虑到左边黑棋棋子的布置，选择正确的定式。

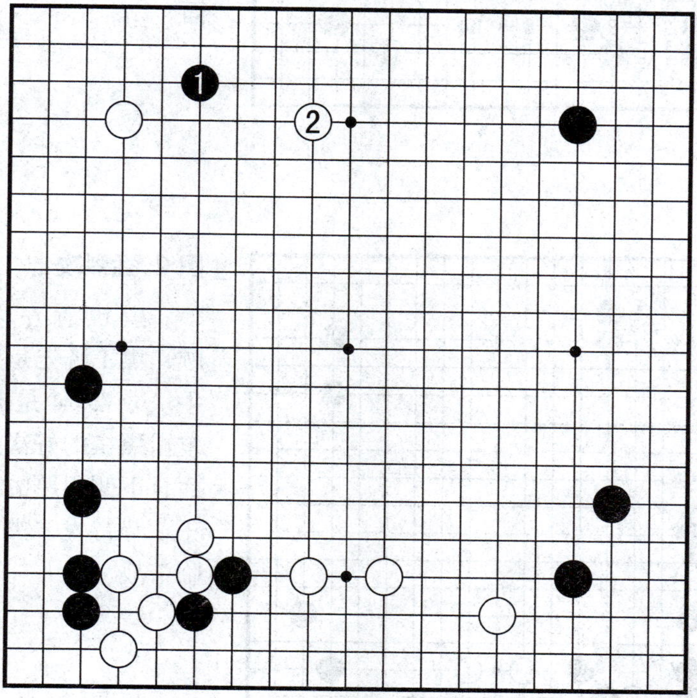

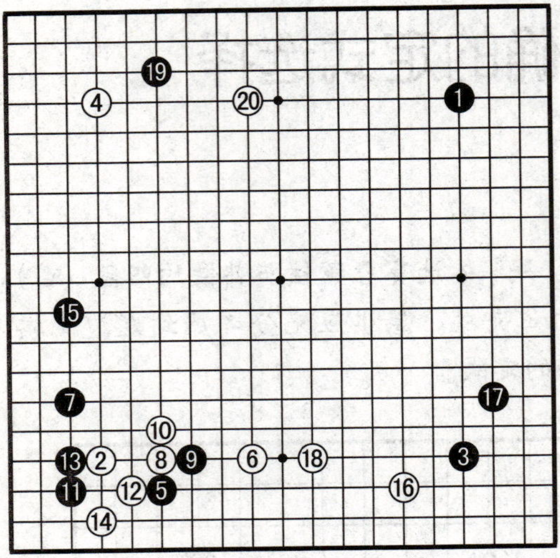

图 1

图 1 经过图

本局黑白双方均以二连星相对。黑 5 低挂，以下到白 18，黑棋两侧占角，而白棋下边也确实得以巩固。黑棋争得先手后，黑 19 低挂，白 20 夹攻，形成实战图的场面。

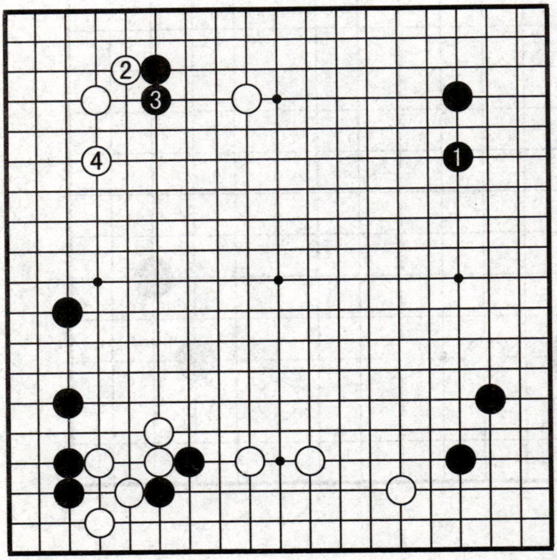

图 2

图 2 猛烈攻击

黑棋置左上不顾，黑 1 脱先是疑问手。白 2、4 是猛烈攻击黑棋的好次序，而且下侧很厚的白棋正蓄势待发，黑棋面临苦战。

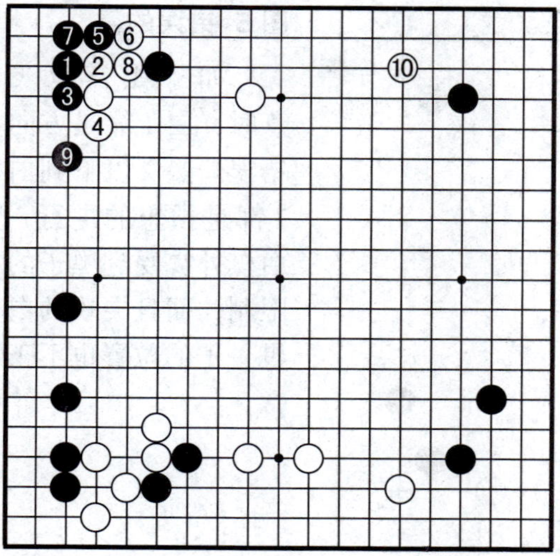

图 3

图 3 黑棋低位

黑 1 点三三是最易考虑的手法。但白 2 以下到黑 9，黑棋被压在低位，黑棋不满。白 10 以势力为后盾挂角，白棋局面好。

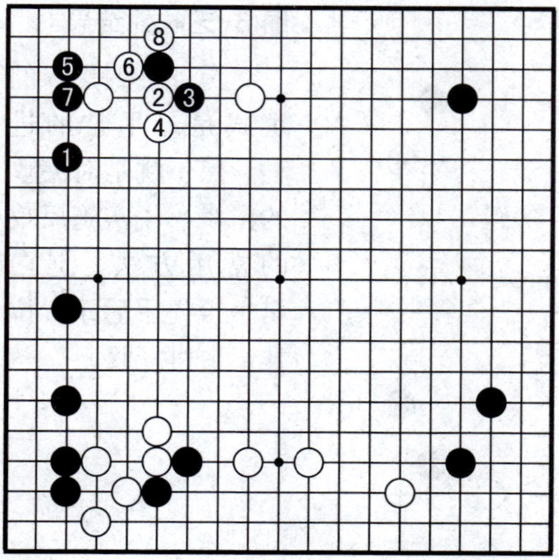

图 4

图 4 大同小异

黑 1 双飞燕，结果仍与前图大同小异。以后白 2 靠到白 8 为止，白棋在上边筑成厚势。左边黑棋全部被压在三线上，黑棋不快。

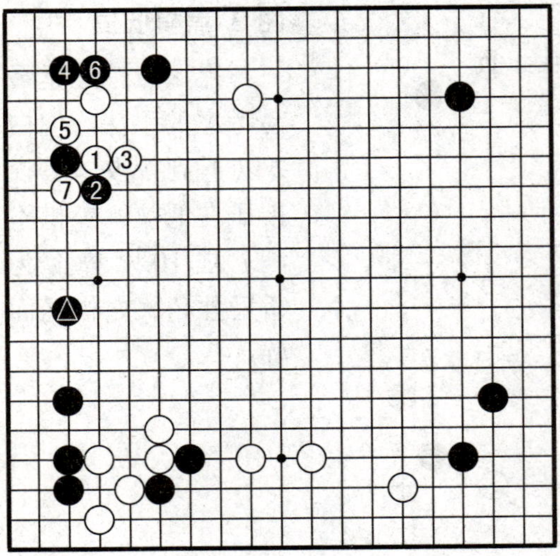

图 5

图 5 错误的靠

如果黑棋双飞燕时，白 1 靠是方向错误。黑 2 以下到白 7 都是预想的进行，白棋外势受到黑子的限制，而且夹攻的白棋一子的位置也不正常。

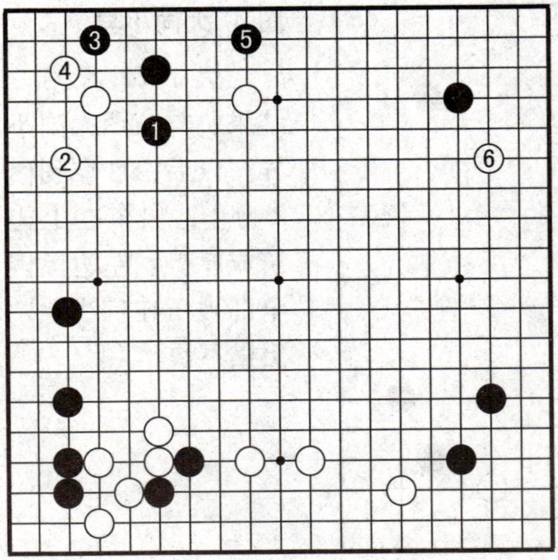

图 6

图 6 乏味的结果

黑 1 跳到黑 5 的定式是最平常的进程。黑 1 跳是对夹攻的白棋一子实施反攻的常用方法。但白棋争得先手后于 6 位挂，白棋舒服。

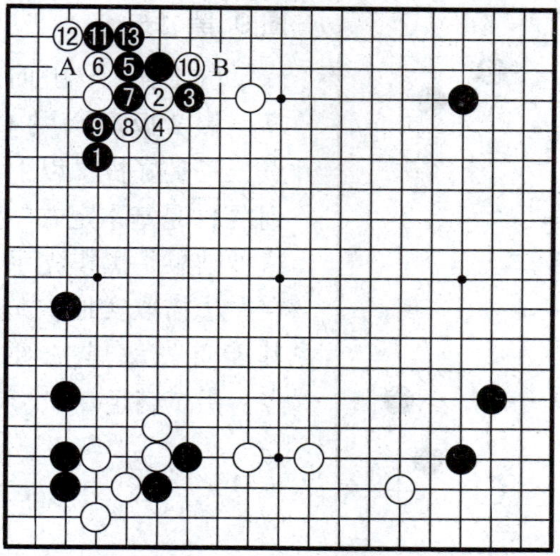

图 7

图 7 正确的选择

黑 1 一间高夹是正确的选择。如果白 2 靠，黑 3、5 是好棋，其后白 6 挡、黑 7、9 断是强手，下至黑 13 时，黑棋有 A 位和 B 位的手段，黑棋非常满足。

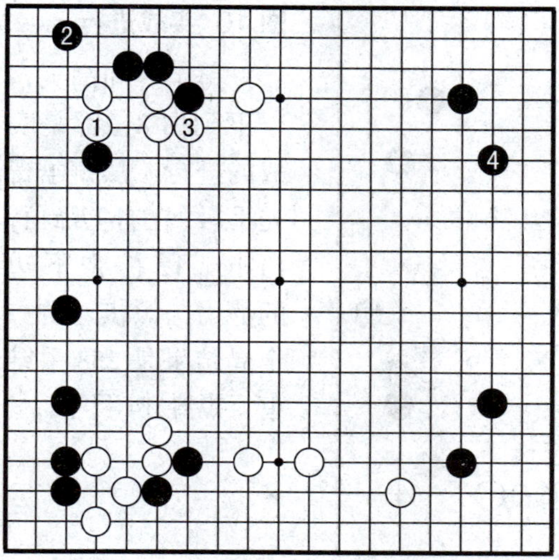

图 8

图 8 牵制势力

白棋不能挡角，只好白 1 双，其后黑 2 飞，到白 3 为止，是外势与实地的必然交换。但在左边，由于白棋势力受到边上黑棋二子的牵制，白棋不满。

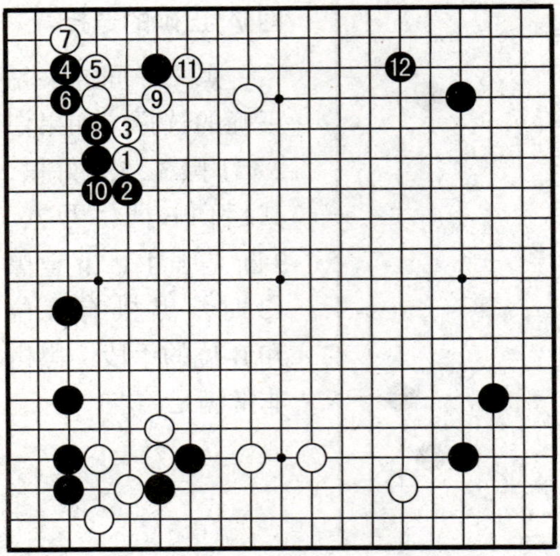

图 9

图 9 黑 好

白 1 换个方向靠，黑 2 扳后，黑 4 点三三是好棋，以下到白 11 是基本定式。这种结果是黑棋先手在左边捞取实地，尤其能首先取黑 12 要点，黑棋满足。

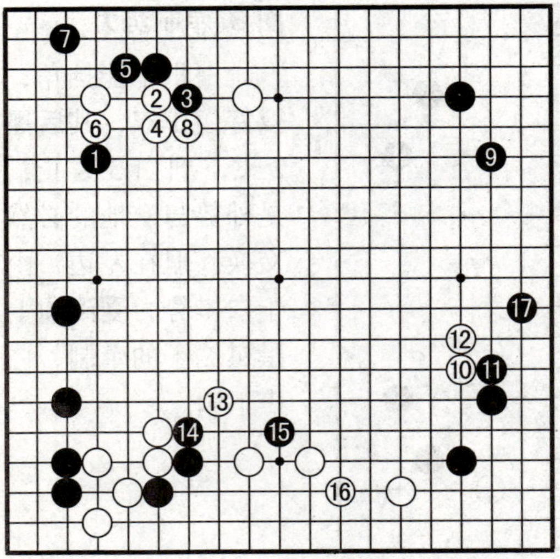

图 10

图 10 实战进行

黑 1 一间高夹，以下到白 8，都是实战的进行。黑棋争得先手后，在右上缔角，白 10、12 扩张下边的势力与黑棋对抗。全局结果是 258 手结束，黑胜 14 目半。

选择的余地

实战图 7(黑先)

这是第1届移动通信杯“倍达王”战冠军决赛第四局曹薰铉与李昌镐（白）的实战图。黑1拦，白2顶，黑3长后，白4占据左边大场。其后黑棋是扩张自己的势力，还是消对方的势力，黑棋面临艰难选择。

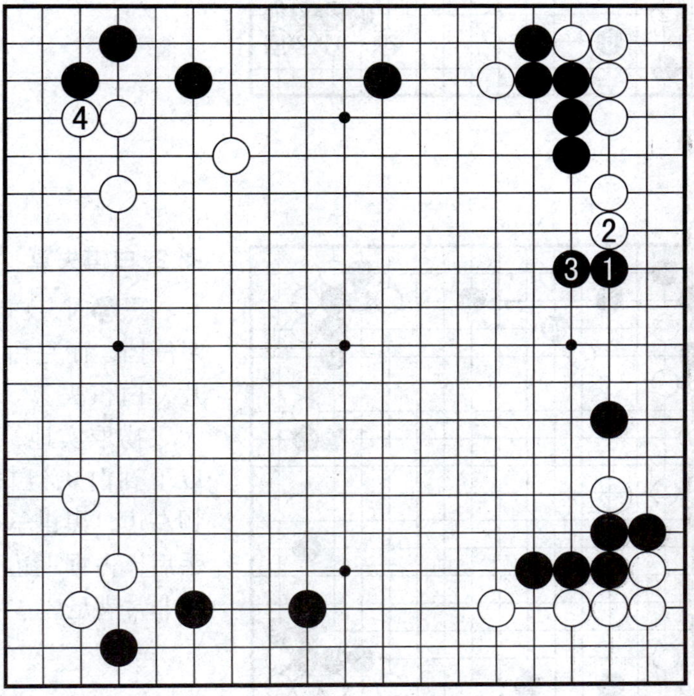

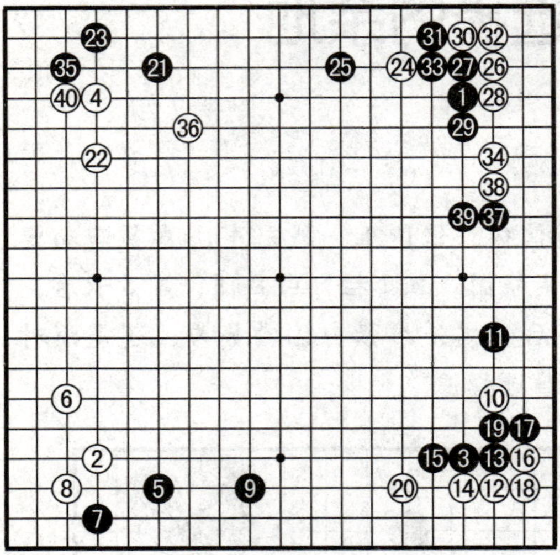

图 1

图 1 经过图

黑白双方均以二连星开局，白棋捞取了不少实地。黑 37 拦，白 38 应后，白 40 他投，是实战的经过。

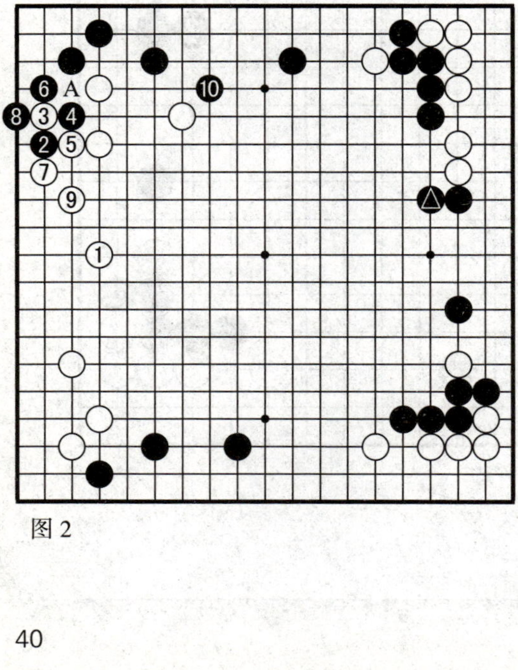

图 2

图 2 白棋失算

黑▲时，白不在 A 位挡，而是白 1 连片，白棋失算。黑 2 大飞捞取实地，白 3 以下到白 9，白棋整顿左边，黑棋争得先手后，占据上边，黑棋非常满足。

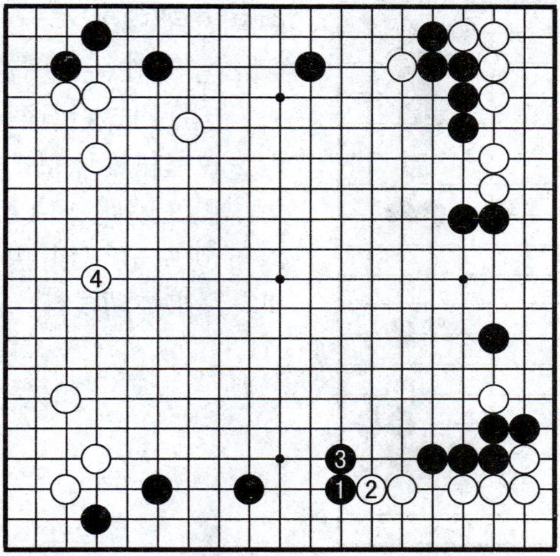
图 3

图 3 黑棋大势落后

黑 1 拆兼拦，且有后续手段，但白 2 顶后黑 3 是后手，白 4 占据左边大场，黑棋在大势上落后。

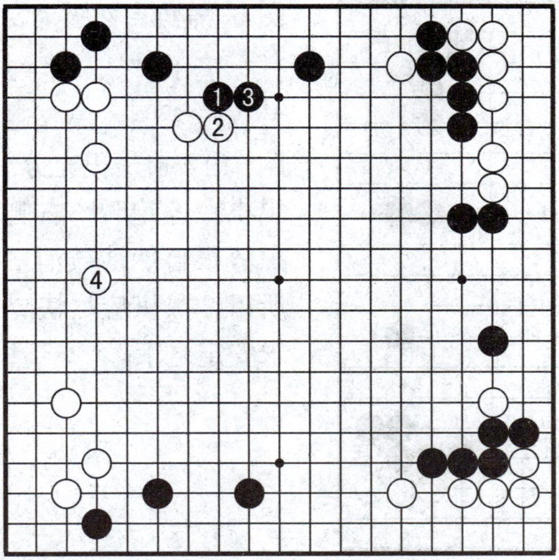
图 4

图 4 消 极

黑 1 防守是重视上边的棋。但黑 1 把势力变成实空的设想却是低级棋手的错误。白 2 争得先手后，白 4 占据左边要点，黑棋布局不利。

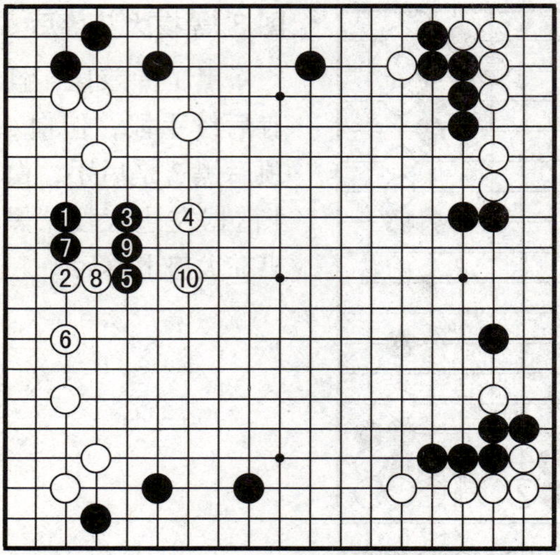

图 5

图 5 单纯逃跑

黑棋在左边打入，但黑 1 选点错误，白 2 破黑棋根地很严厉，黑 3 逃跑，白 4 以下到白 10 攻击黑棋，黑棋被动挨打。

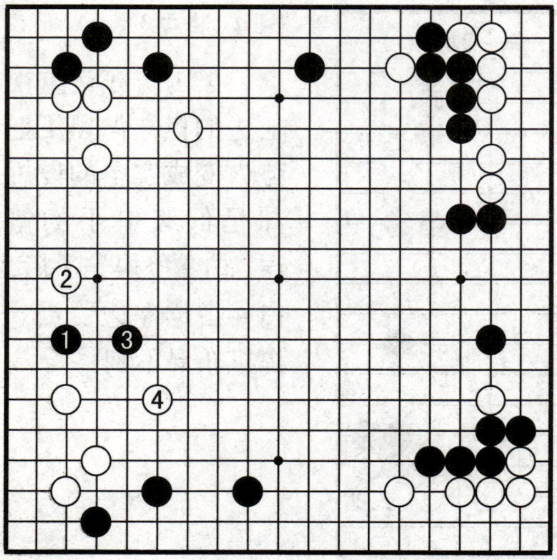

图 6

图 6 黑势自然被消

黑 1 打入，白 2 是攻击要领。黑 3 逃跑，白 4 追击很充分。黑棋在逃跑时，右侧黑势很自然地被消。所以，黑棋应尽快寻求安定之策。

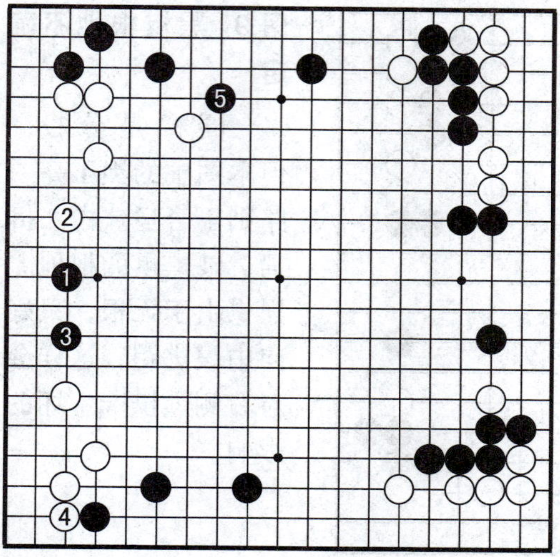

图 7

图 7 正确的分投

黑 1 分投是正确的，白 2 夹攻，黑 3 拆一整形。白 4 确保根地，黑 5 脱先，结果是黑棋占取了全部好点。

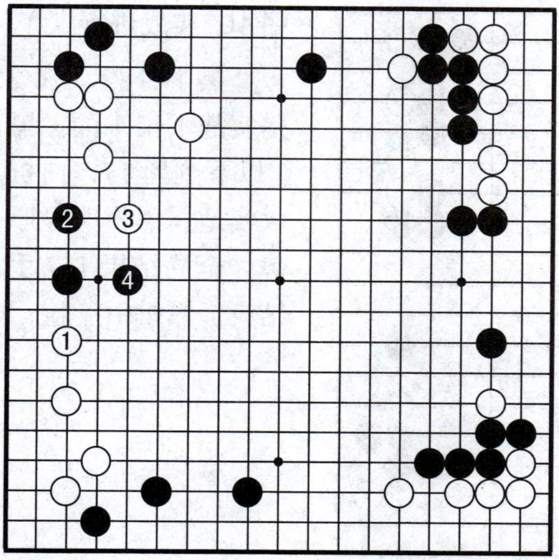

图 8

图 8 攻击不成立

白 1 逼攻时，黑 2 拆是与前图同样的求安定手法。白 3 追攻，黑 4 跳是好棋，由于上侧进攻的白棋本身也是弱形，因此黑棋不再受攻。

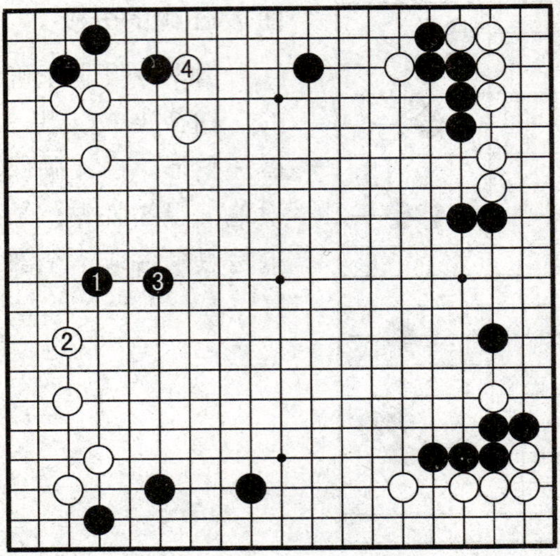

图9

图9 黑棋根地不确定

同样是分投，但本图中的黑1高一路则不合适。白2拆逼，破黑棋的根地。黑棋由于无根，只好向中腹逃跑，这样会对右侧黑棋产生坏的影响。

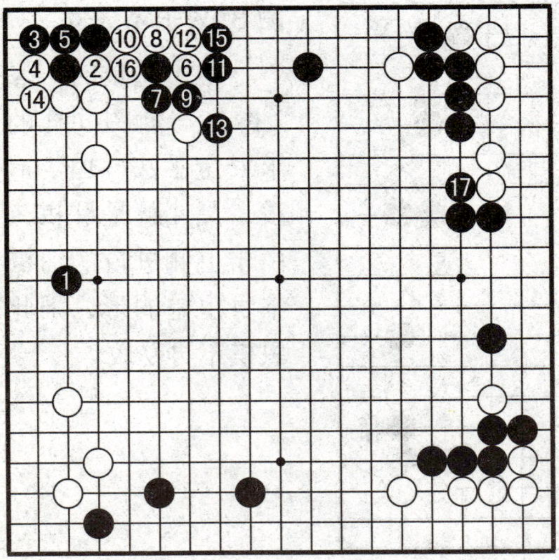

图10

图10 实战进行

黑1分投，白2是实战下出来的。黑3以下到黑17，白棋取实地，黑棋明显厚势。全局结果167手结束，黑棋中盘胜。

如何抓住对方的失误

实战图 8(黑先)

这是第1届移动通信杯“倍达王”棋战八分之一决赛曹薰铉与张秀英九段(白)的实战对局。黑1率先发动攻击，白2飞。白2是没有考虑到棋形弱点的重大失手。黑棋应该如何利用白棋的失误来控制局面?

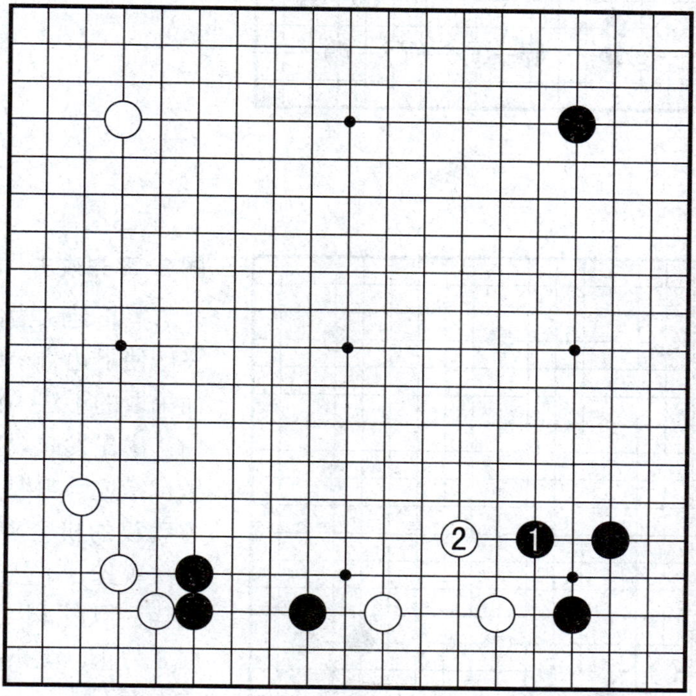

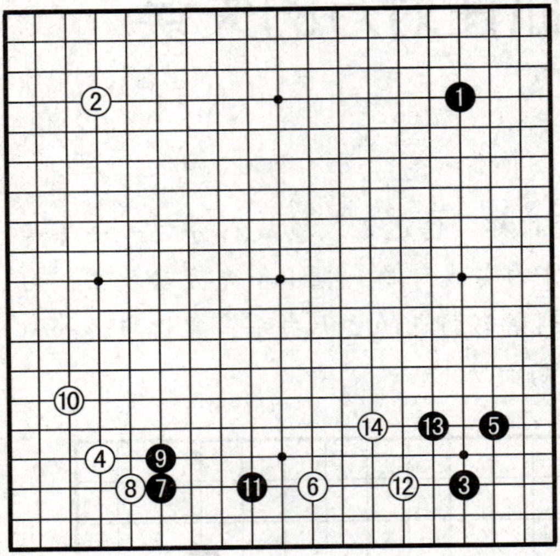

图 1

图 1 经过图

黑 1、3、5 是很坚实的布局，与其相对抗的白 2、4、6 则以速度为主。黑 7 飞挂，白 8 尖顶，以下到白 14，是实战的经过。

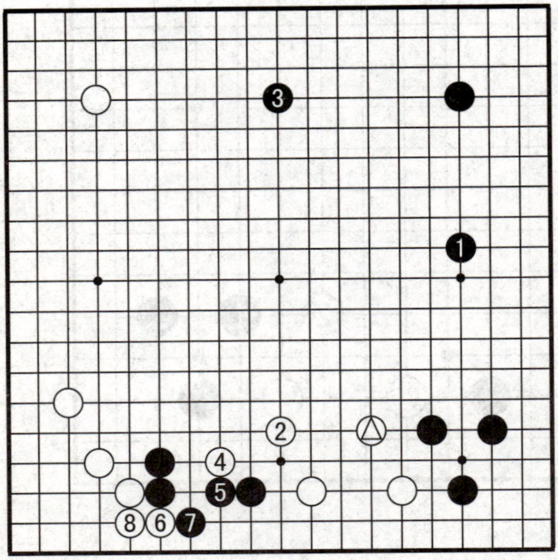

图 2

图 2 率先攻击

黑 1 是认为白△飞已使下边告一段落而采取的手法。但被白 2 率先发起攻击，黑棋错过了掌握大势主动权的机会。黑 3 再次脱先，虽然很有气势，但白 4 以下到白 8 为止，黑棋受到攻击而不满。

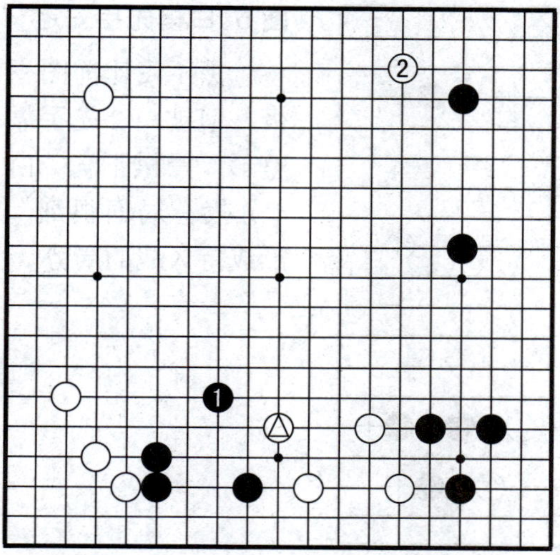

图 3

图 3 黑棋速度落后

白△飞时，黑 1 走象步，是否定前图进行的一手棋，但被白 2 飞挂后，黑棋在速度上落后。

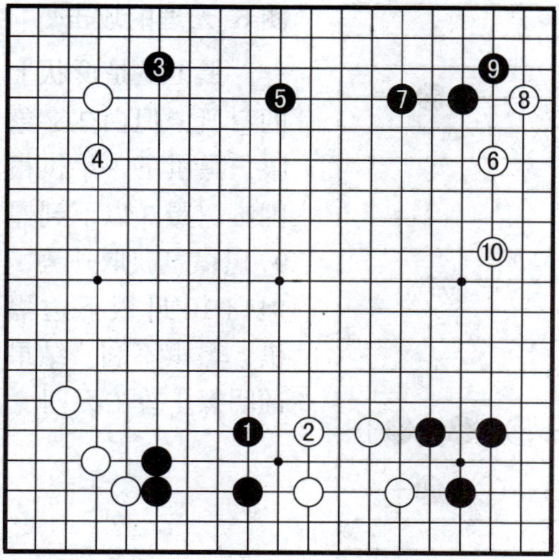

图 4

图 4 黑棋平淡

黑 1、白 2 分别整形是最容易想到的。其后黑 3 在上边挂，到白 10 占据右边，都是预想的结果。但黑棋过于平淡。

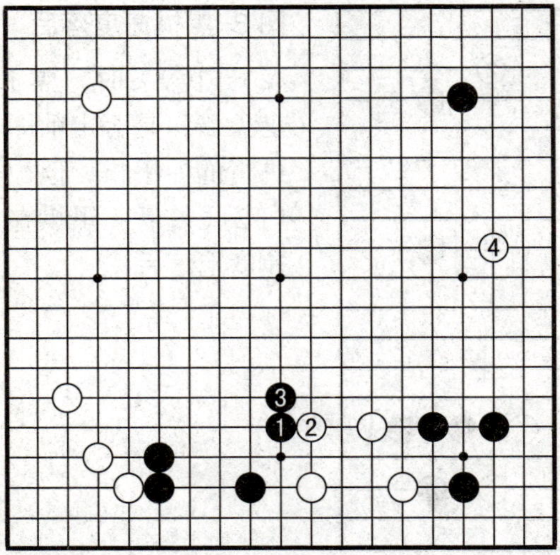

图 5

图 5 白棋先手安定

黑 1 飞比前图积极，但被白 2 先手靠整形，黑棋不满。白 4 分投，局面很细，形成持久战的局势。

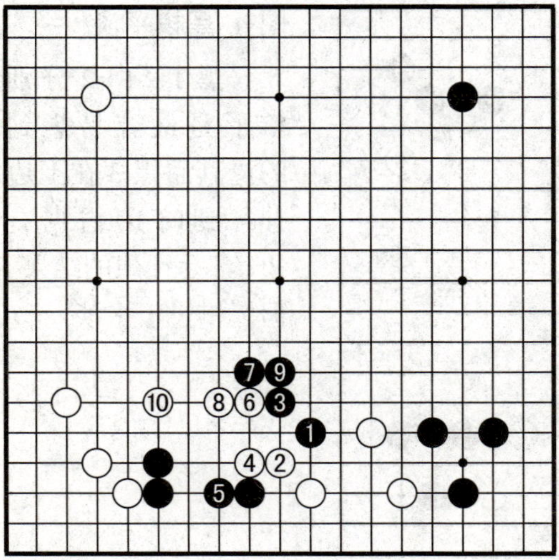

图 6

图 6 无理的攻击

黑 1 虽是形状上的急所，但白 2 穿象眼，黑棋下一手棋很困难。黑 3 以下到黑 9，黑棋虽获取外势，但白 10 封锁下边黑棋，黑棋不利。结果证明黑 1 攻击无理。

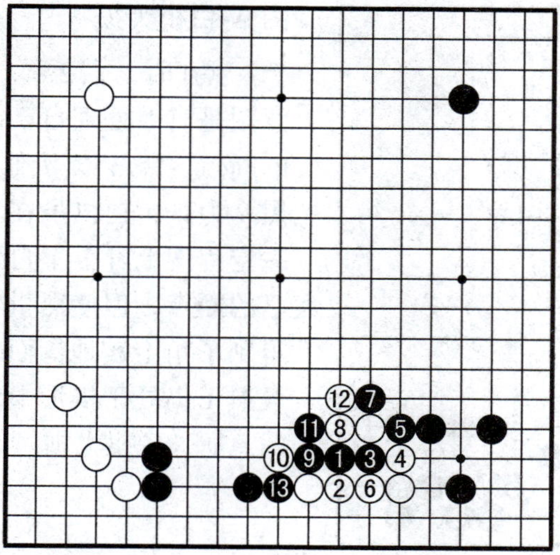

图 7

图 7 攻击的急所

黑 1 穿象眼是严厉的攻击手段。白 2 试图连接，黑 3、5 切断是准备好的强手。其后下到黑 13 时，白棋陷入困境。

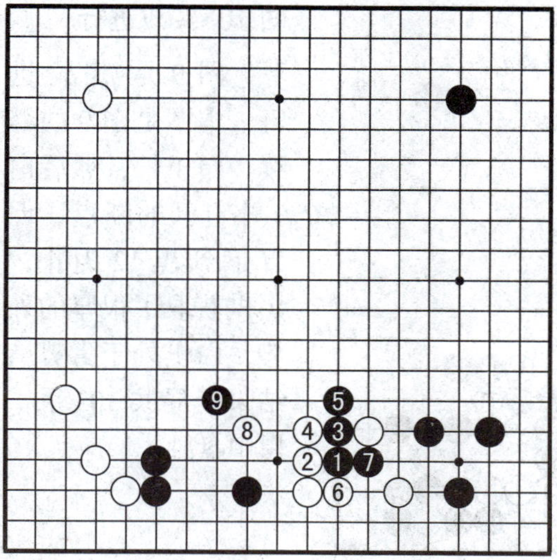

图 8

图 8 黑 好

黑 1 时，白 2、4 极力向中腹出头，以下到黑 7 时，黑棋已确实得到利益。其后黑 9 走田字，是准备好的棋。

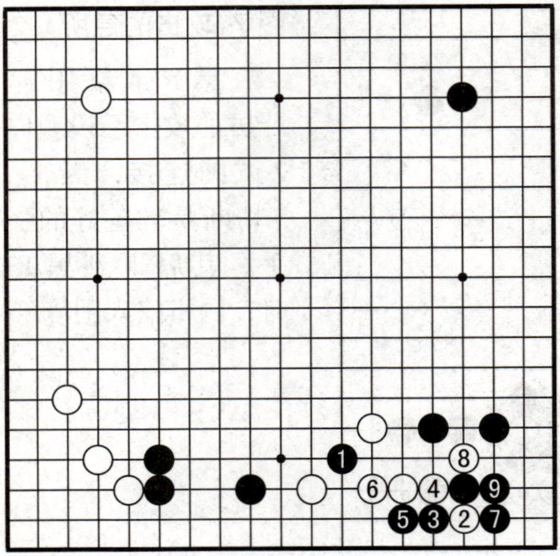

图 9

图 9 白棋大损

黑 1 时，白 2 靠，意图是有效处理自己的断点。黑 3 以下到黑 9 为止，白棋虽在一定程度上补上了自己的断点，但使黑棋得到了角上实地，而且黑 1 仍处于棋形上的急所，白棋大损。

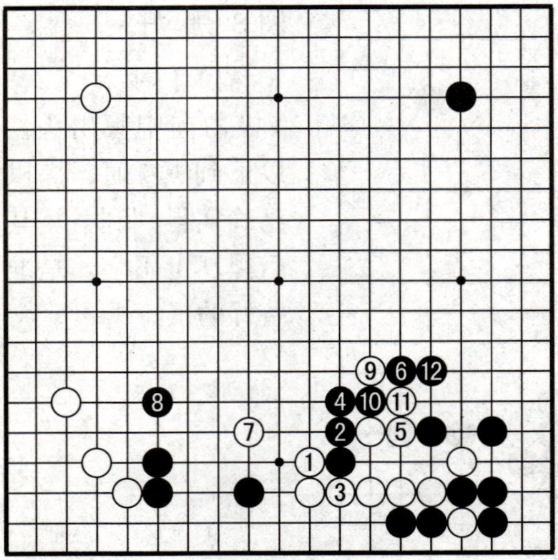

图 10

图 10 实战进行

图 9 是实战进行，本图是图 9 的继续。白 1 长，然后白 3 补自己的断点，但以下到黑 12 为止，黑棋获取了很厚的外势，白棋处于劣势。结果全局共 103 手，黑中盘胜。

维持大势平衡

实战图 9(白先)

这是第 18 届“棋王战”挑战赛曹薰铉与李昌镐（黑）的对局。白 1 向中腹跳，黑 2 重视下边。白棋如何才能追攻脱先的角上黑棋二子，以维持大势的平衡？

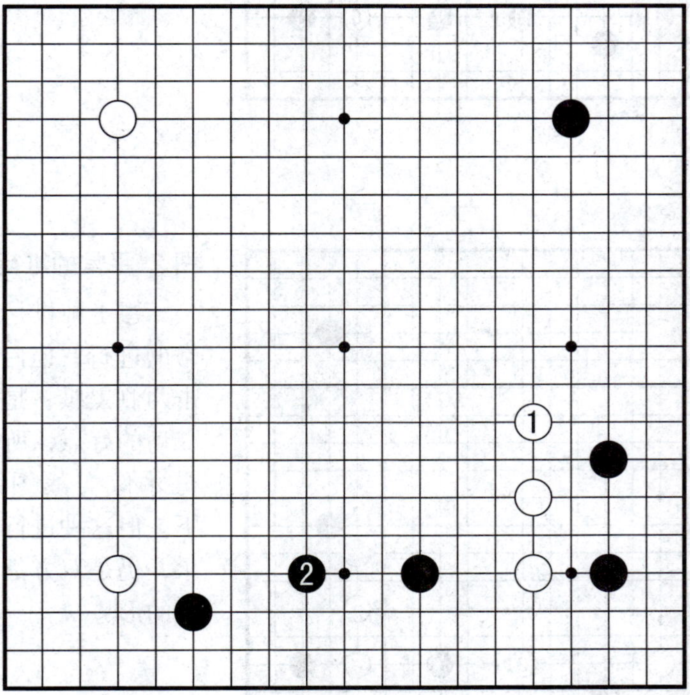

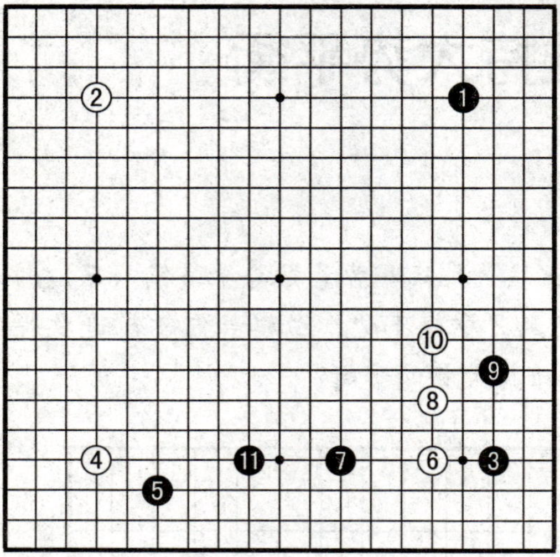

图 1

图 1 经过图

白 8 跳，黑 9 拆二，白 10 再跳，黑棋脱先后，在下边补棋，是实战的经过。

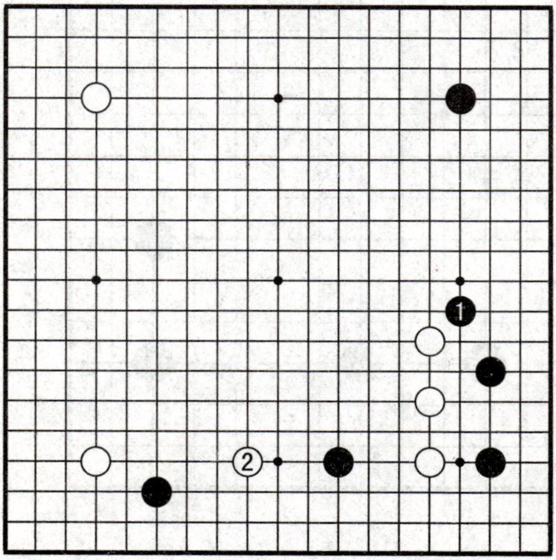

图 2

图 2 平常的进行

黑 1 补棋是最平常的进行，但白 2 攻击两侧黑棋，是一石二鸟的好点，所以黑棋才像实战图那样下。但这种进行的结果，仍是双方都很充分的形势。

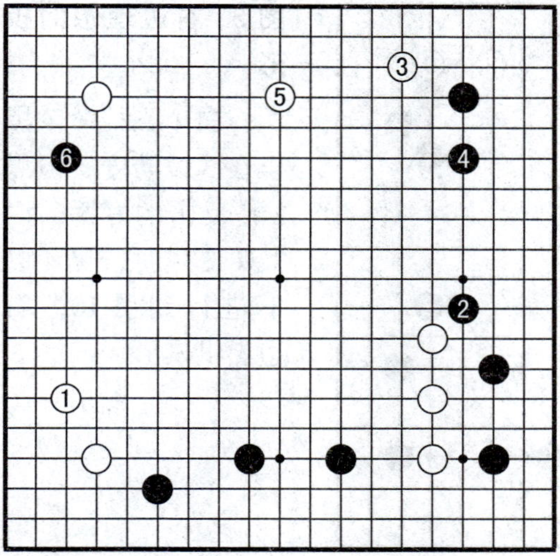

图3

图3 白棋不满

白1是最消极的棋，黑2补后，黑棋变成将下边和右边好点全部抢去了。白3、5占据上边，但白棋必须经常为下侧白棋大龙担心，白棋不满。

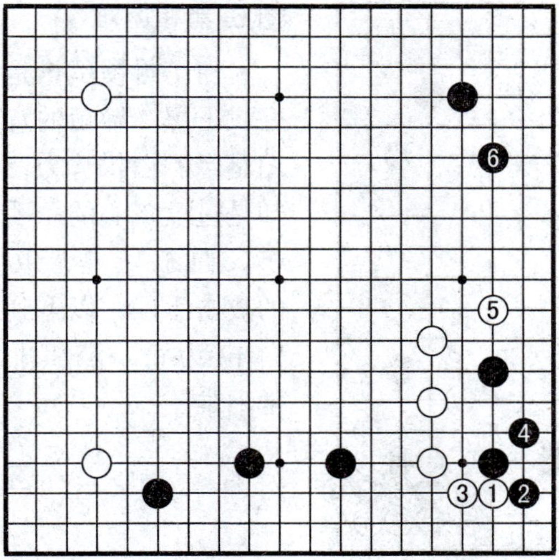

图4

图4 错误的攻击

白1、3试图破黑棋根地并且对其实施攻击，但黑2、4非常具有弹性地整形，白棋不可能继续攻击黑棋。其后白5封，黑棋脱先，黑6飞挂牵制白棋势力，白棋布局失败。

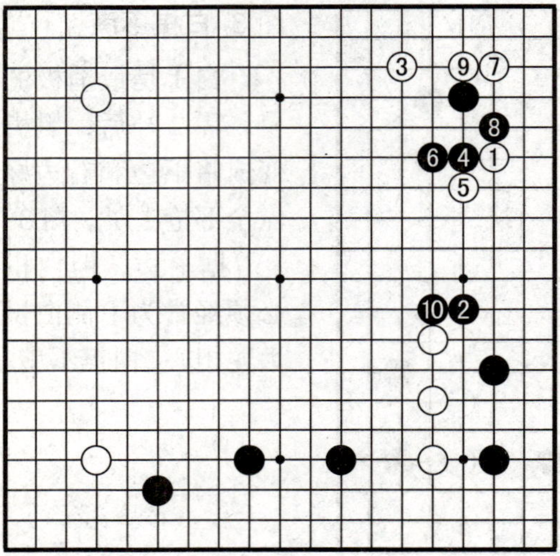

图 5

图 5 右边理想的棋形

白 1 飞挂命令黑棋在 3 位防守，但黑 2 是反击的好手，白 3 双飞燕时，黑 4 以下进行到黑 10，右边黑棋棋形。

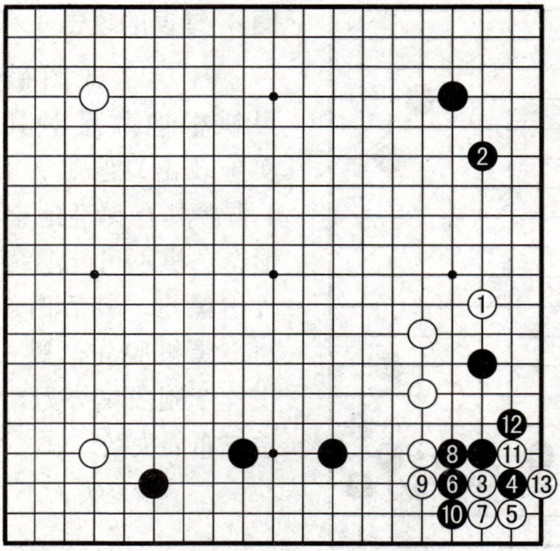

图 6

图 6 黑棋困难

白 1 封锁黑棋是好棋。黑 2 缔角的意图是牵制白棋势力，却是过度贪心的一手棋。白 3、5 是严厉的攻击手段，以下到白 13 为止，黑棋非常困难。

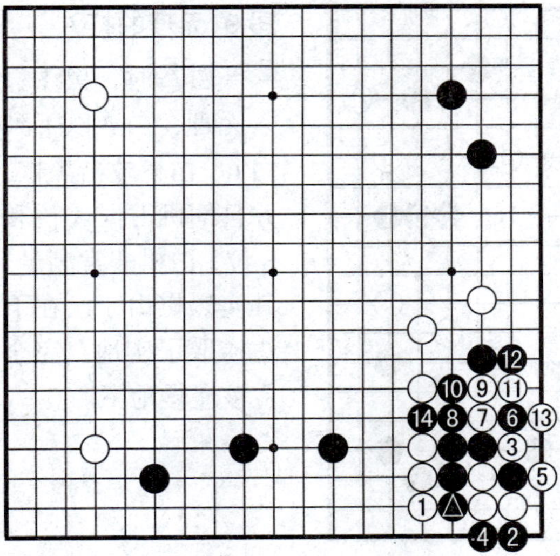

图 7

图 7 白棋的野心

黑▲时，白 1 的目的是全部吃住黑棋，但没有发现黑 2 是手筋，因此，白棋攻击过于急躁。黑 2 以下到黑 14 为止，结果是白棋攻击不成反遭损。

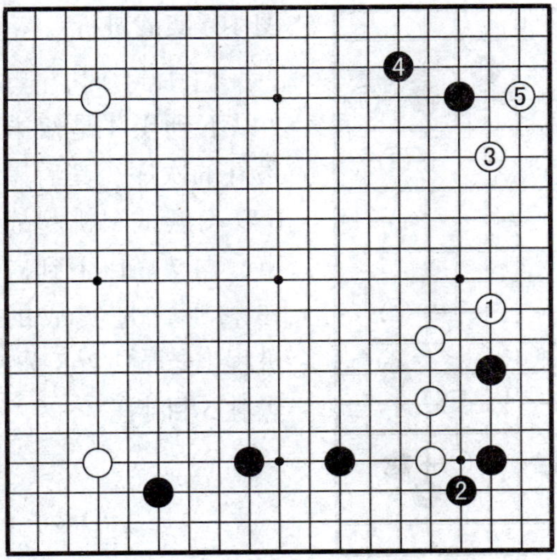

图 8

图 8 双方最佳选择

白 1 封锁，黑 2 尖补是正确的。其后白 3 飞挂是好棋，如果被黑棋占据 3 位，则白棋不满。以下到白 5 为止，是双方最佳的进行。

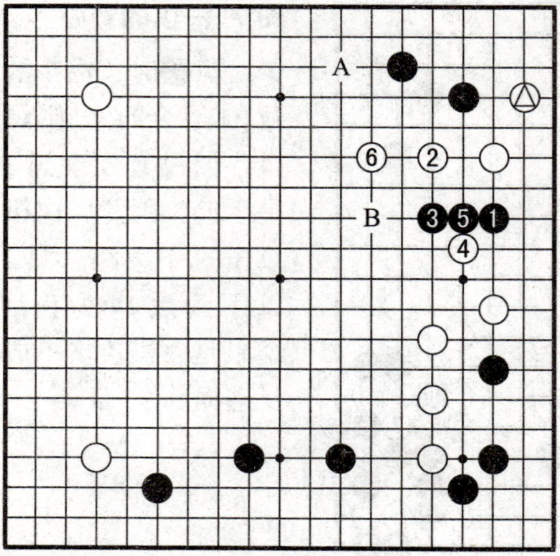

图 9

图 9 无理的打入

白△时，黑 1 打入无理，白 2 以下到白 6，白棋攻击黑棋，并且伺机占据 A 位和 B 位，白棋非常满足。其实黑棋由于已在下边捞取了实地，完全应该慢慢地下。

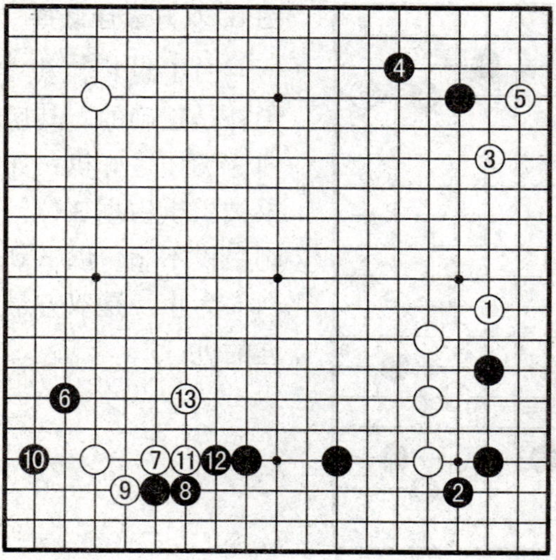

图 10

图 10 实战进行

白 1 封 时， 黑 2 以下到黑 4 是双方最好的次序。其后黑 6 双飞燕试图挑起战事，白 7 靠以下到白 13 整形，是实战的进程。全局共 268 手，黑胜 5 目半。

局面的焦点

实战图 10(白先)

这是第 37 届“国手战”挑战赛曹薰铉与李昌镐（黑）的实战对局。白 1 完成左上角的定式，黑 2 跳捞取实地，现在全局的焦点是白棋如何处理上边三子。

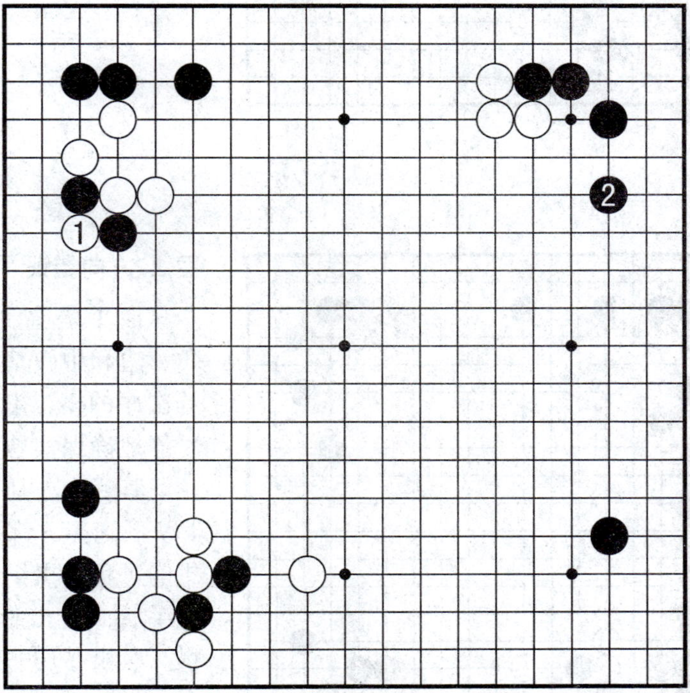

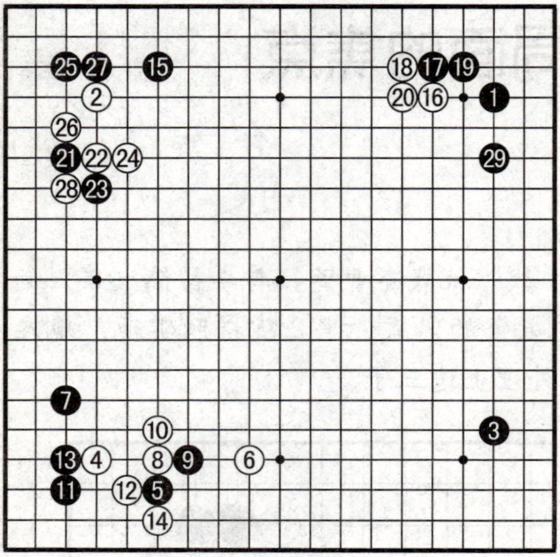

图 1

图 1 经过图

黑 1、3、5 步调很快地布局，白棋以厚势相对抗。进行到黑 29 时，明显是黑棋实地与白棋外势相抗衡的实战经过。以后白棋如何处理右上之子是全局的关键。

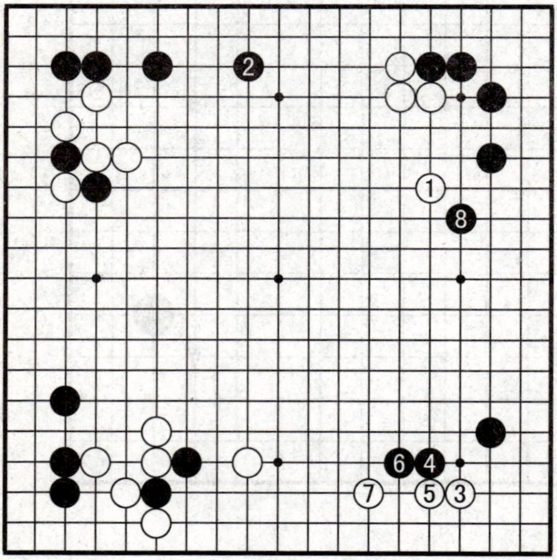

图 2

图 2 方向错误

白 1 是忽视了角、边和中腹基本布局次序的棋，黑 2 拆冷静地确保实地是要领。其后白 3 挂，黑 4 以下到黑 6 都是预想的进程。黑棋争得先手后，黑 8 飞是好棋。黑棋布局非常满意。

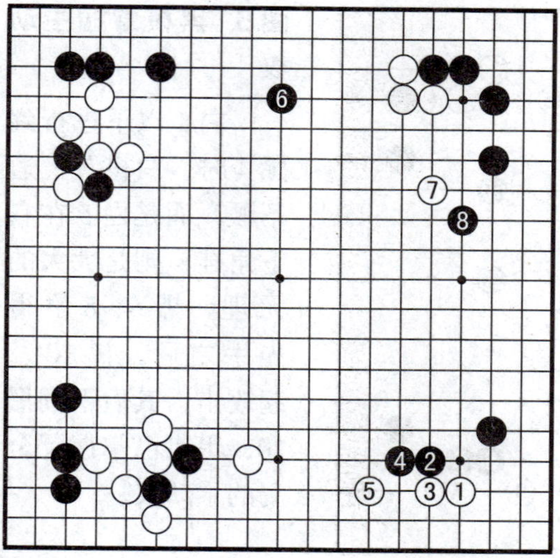

图 3

图 3 大同小异

白 1 挂是在上边走完之后最应优先考虑的位置，但到黑 4，黑棋争得先手。黑 6 是严厉的攻击手段，进行到黑 8，结果与前图大同小异。

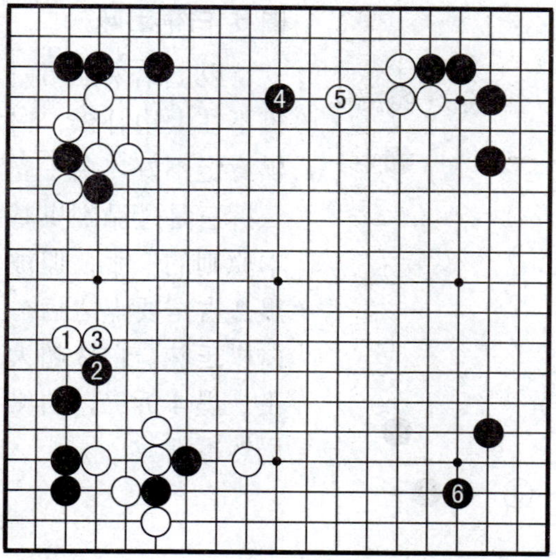

图 4

图 4 白棋迟缓

白 1 拆逼瞄着对方的弱点，并且扩张自己左边势力，但黑 2 争得先手后，黑 4 是很严厉的攻击手段，白棋不满。白 5 之后，黑 6 缔角，黑棋抢占了最重要的位置。

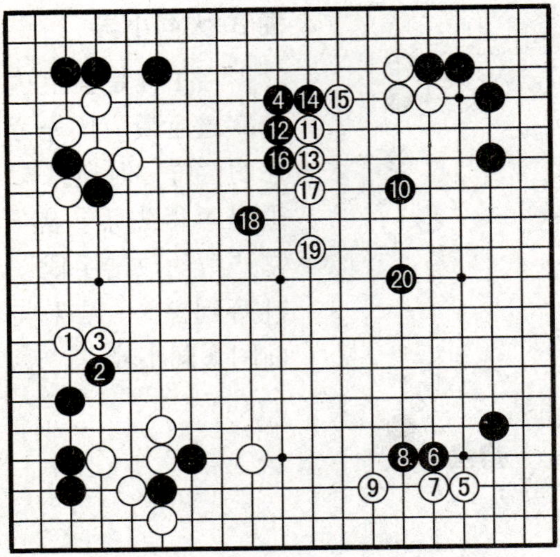

图 5

图 5 黑棋掌握主动权

白 1 以下进行到黑 4 时，白棋置上边不顾，而是白 5 在右下角挂，则是大大的无理。黑 6、8 争得先手之后，黑 10 发起攻击，其后下到黑 20，黑棋已掌握了全局的主动权。

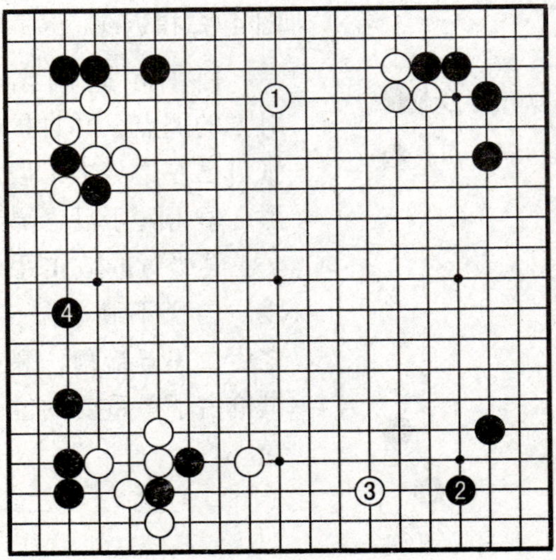

图 6

图 6 白棋乏味

以上结果证明白棋不在上边补棋，白棋肯定不好。白 1 立二拆三是遵循围棋基本原则的一手，但被黑 2 占据要点之后，白棋乏味。白 3 超大飞，黑 4 拆二，白棋仍然不满。

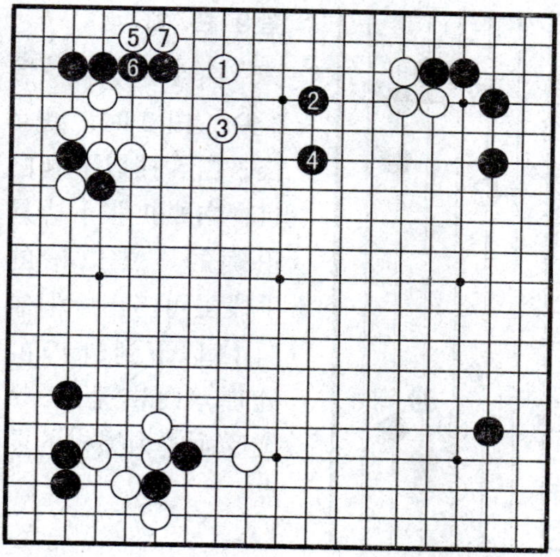
图 7

图 7 有效的拦

白 1 拦是针对黑棋弱点的手法，也是目前状况下最恰当的。黑 2 是黑棋的贪心，白 3 跳争得先手后，白 5 点是很严厉的，到白 7 为止，白棋形成对角上黑棋的进攻态势，白棋非常满足。

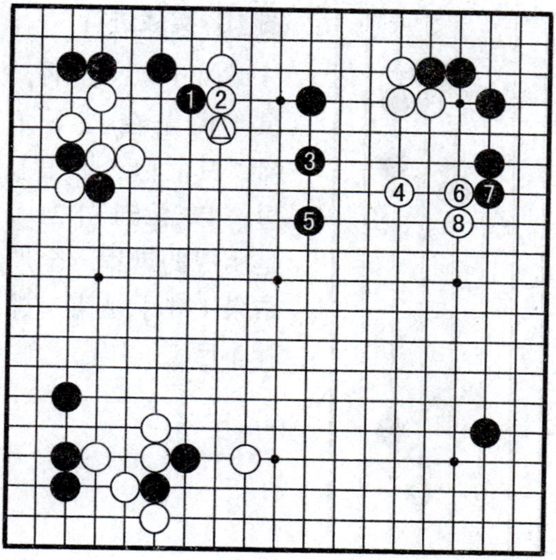
图 8

图 8 黑棋的应急措施

前图中白△跳时，黑 1 刺是临时补自己弱点的一手棋，但黑 1 与白 2 交换实际上也是恶手，白 4、6、8 整形之后，中间黑三子又成为黑棋的负担。

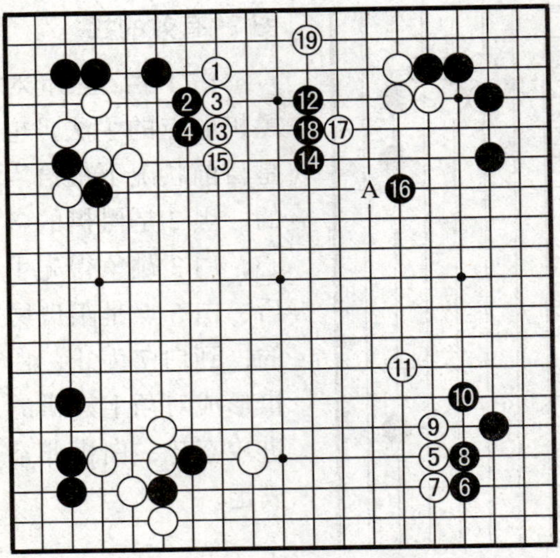

图 9

图 9 白 好

白 1 之后，黑 2 尖。白 3 时，黑 4 长。白 5 挂以下到白 11，白棋扩张下边是正确的。黑 12 吊的手段虽可考虑，但经白 13 以下到白 19 的处理，白棋无碍，A 位反而成为黑棋的弱点。

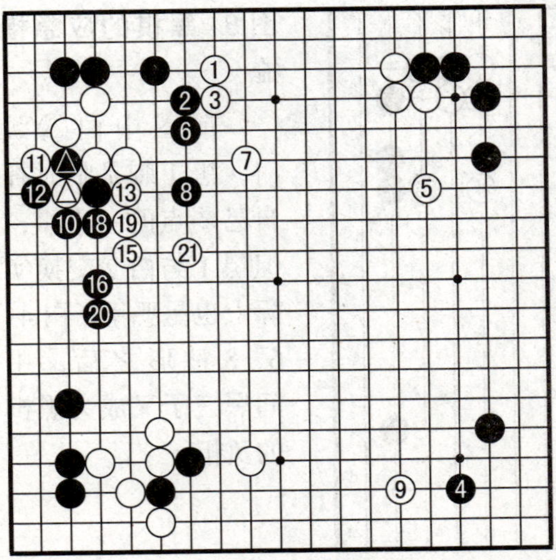

图 10　　⓮=▲　⑰=△

图 10 实战进行

白 1、3 之后，黑 4 脱先在右下角缔，其后白 5 扩张上边，以下到白 21，是实战的进程。全局结果 194 手结束，黑胜 4 目半。

恰当的对策

实战图 11(白先)

这是第 3 届“维萨卡杯”挑战赛曹薰铉与李昌镐（黑）的实战对局。白 1 拆逼时，黑 2 跳向中腹。黑 2 是暗地里瞄着左上白棋七子的好点。白棋对此有何对策？

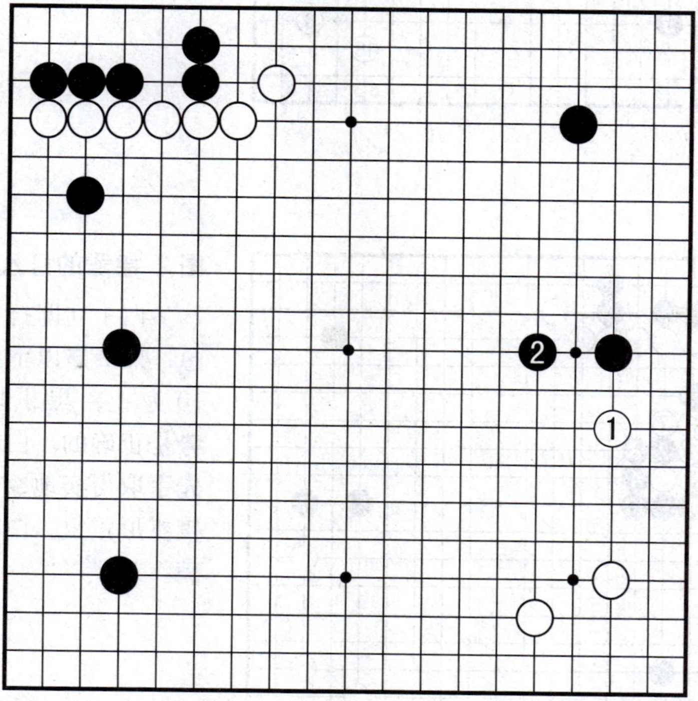

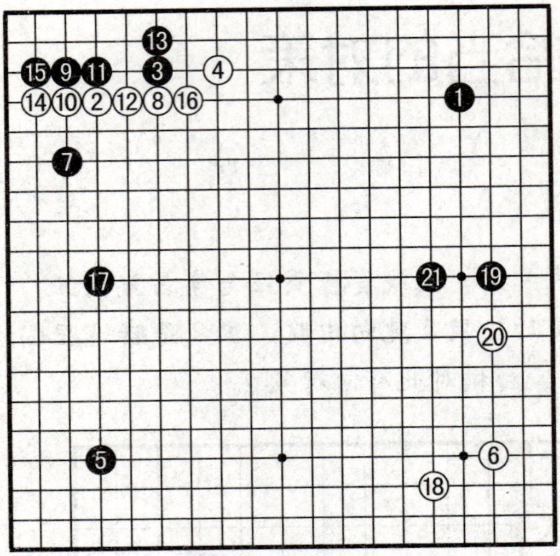

图 1

图 1 经过图

下至白 6 时，黑 7 双飞燕到黑 17，黑棋步调很快地施展自己的作战意图。白 18 缔角，以下到黑 21，形成了实战的经过。

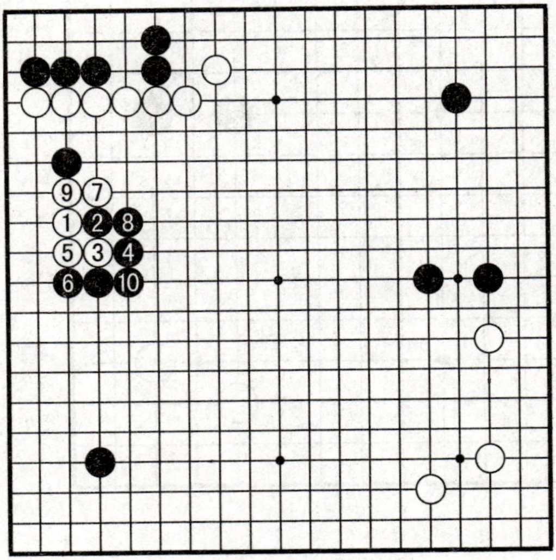

图 2

图 2 急躁的打入

白 1 立即打入过急，黑 2 靠以下到黑 10 为止，黑棋取厚势是正确的。白棋虽先手取得实地，但白棋棋形重复，白棋不满。

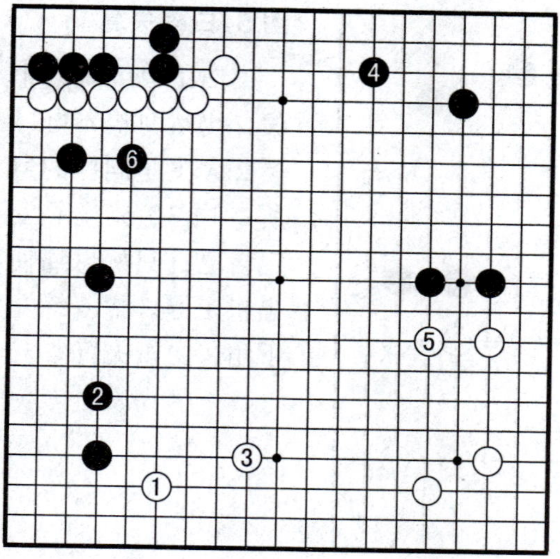

图 3

图 3 大块浮棋

白 1、3 虽是白棋在下边扩张势力的要点，但黑 4 大飞守角，并且还是瞄着上边白棋大龙。白 5 跳，实施连贯的势力作战。黑 6 也跳，上边的大块白棋变为浮棋。

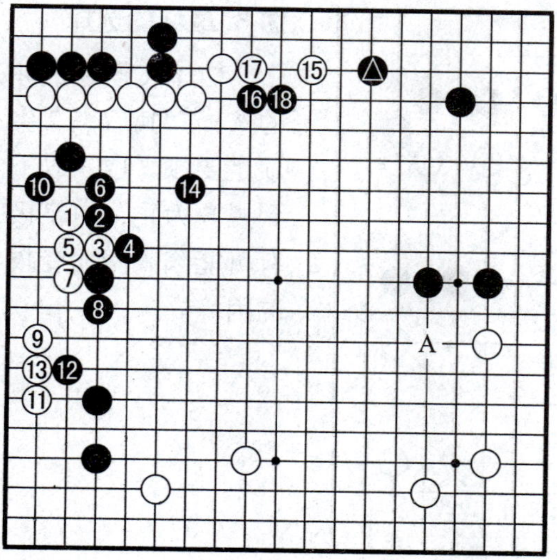

图 4

图 4 缺乏对策

黑▲时，白棋不在 A 位跳，而是白 1 打入，白棋更加不利。白 1 打入后，黑 2 以下到白 13，白棋后手做活是正确的。其后黑棋以势力为后盾，黑 14 以下到黑 18，黑棋对白棋实施攻击，白棋缺乏好的对策。

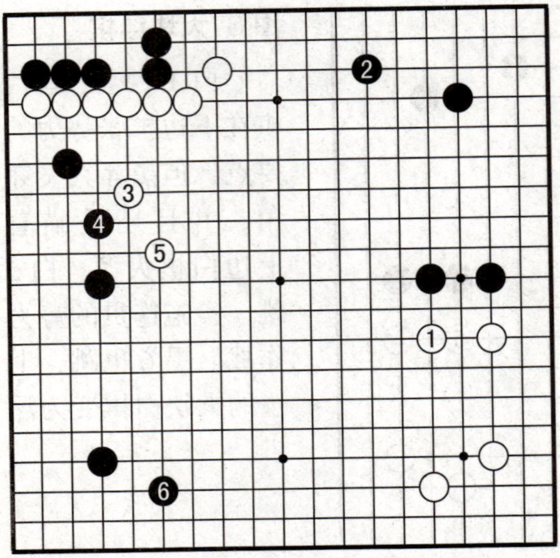

图 5

图 5 白棋失算

白 1 单纯跳向中腹，仍然时机不好。黑 2 大飞是同样的急所。白 3、5 为了安定自己，只好忍痛使黑棋走厚，黑 6 缔左下角，白棋失算。

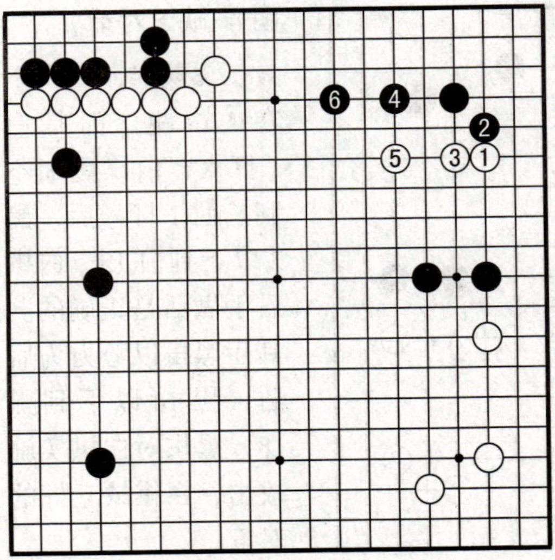

图 6

图 6 最坏的选择

白 1 飞挂是最坏的选择。其后黑 2 尖顶是要领。白 3 以下到黑 6 为止，白棋极有可能陷入两面受攻的困境。

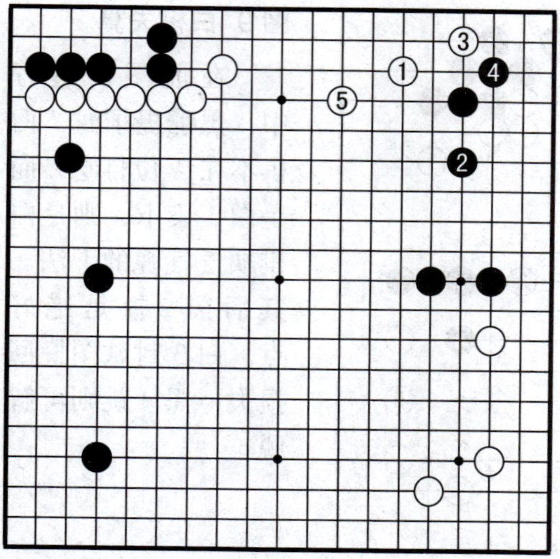

图 7

图 7 正确的方向

白 1 低挂重视上边，是正确的方向。黑 2 如果补，白 3 以下到白 5，白棋稳固上边，而且也为今后的作战打好了基础。

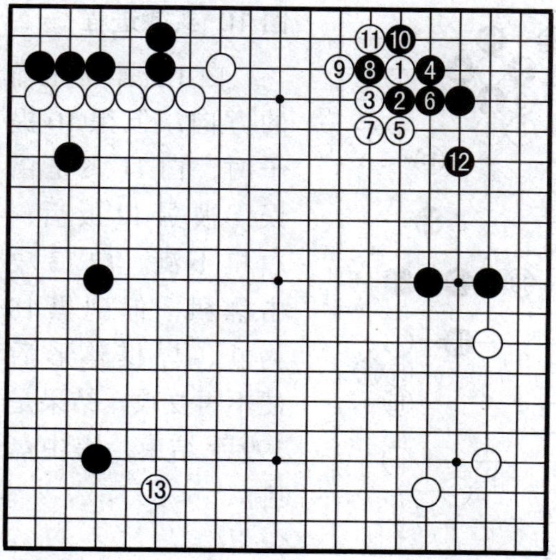

图 8

图 8 其他选择

白 1 飞挂时，黑 2、4 靠挡的手段也是可能的。白 7 接时，黑 8 打吃一子到黑 12 取实地是预定的方案。白棋争得先手后，在左下角挂，白棋形势很充分。

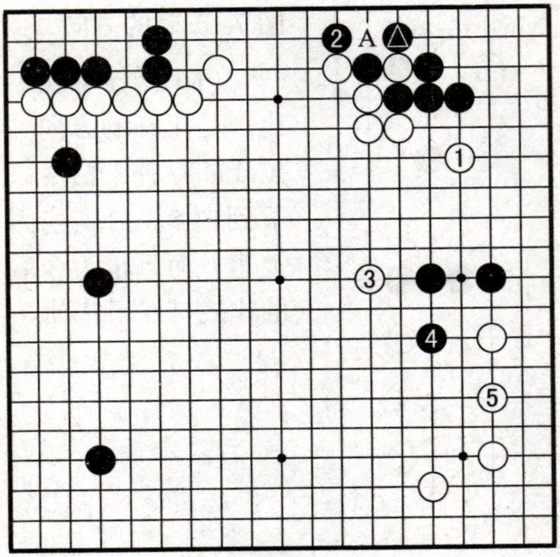

图 9

图 9 白棋失算

在前图的进程中，黑▲提子时，白棋不在A位打吃，而是白1飞下，则是白棋缺乏气魄的下法。其后黑2扳是绝好点，白3封试图挽回损失，黑4跳则可解脱。

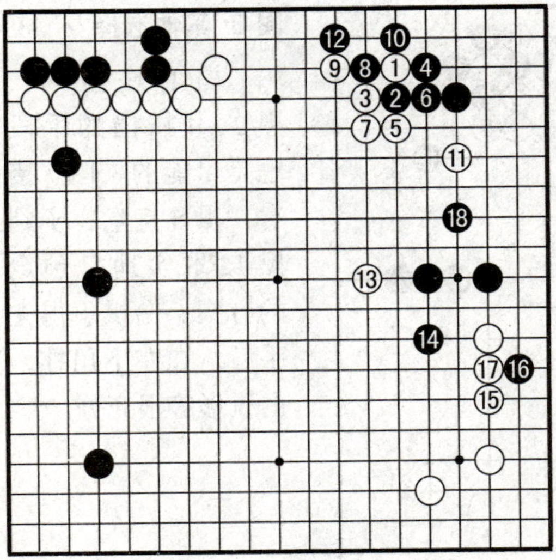
图 10

图 10 实战进程

白1挂虽是正确的方向，但黑10提子时，白11飞是错误，被黑12扳后，白棋不满。白13攻击黑棋，但到黑18为止，黑棋整形后便不再受攻，结果是199手结束，黑中盘胜。

自己扩张还是牵制对方

实战图 12(黑先)

这是第 3 届“维萨卡”杯八分之一决赛曹薰铉与李东奎七段(白)的实战对局。黑 1 飞完成右下角的布置，白 2 占上边大场。黑棋应首先考虑扩张自己的势力？还是牵制对方的势力？

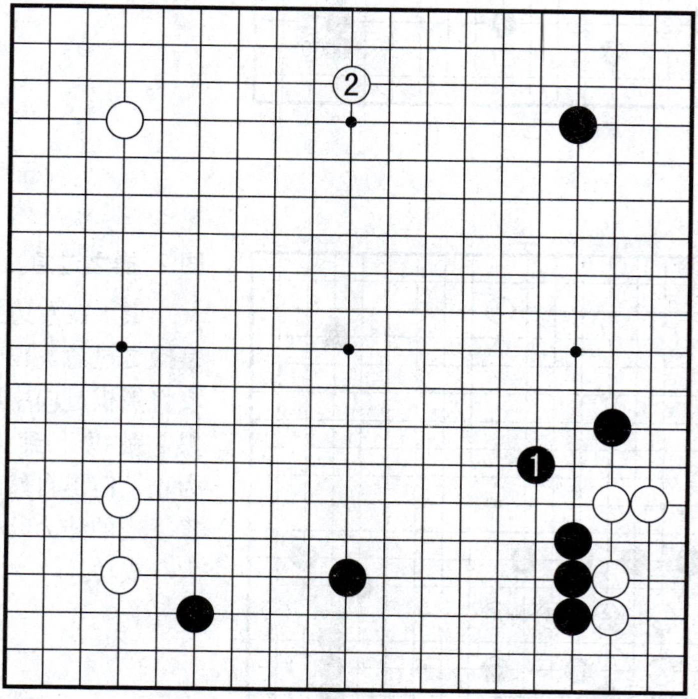

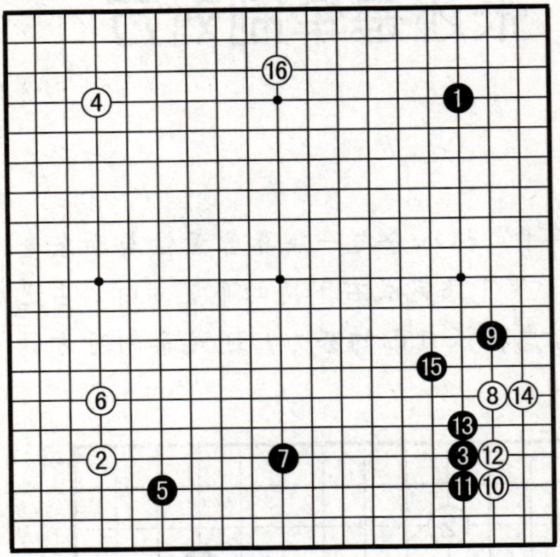

图 1

图 1 经过图

黑白双方均以二连星布阵。白 8 以下到黑 15 为止，是实战中经常出现的定式。到白 16 的展开，是实战的进行。

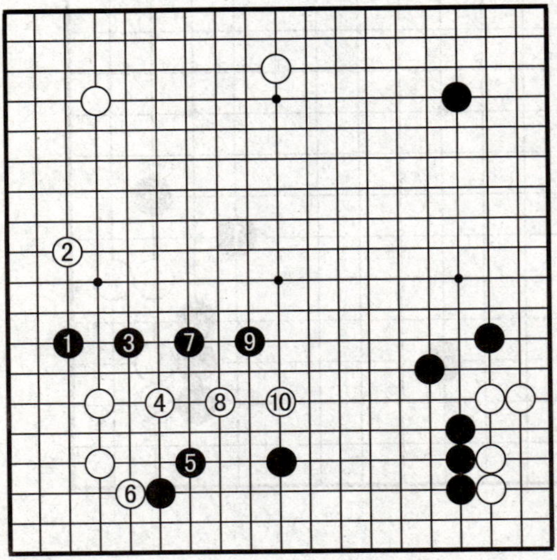

图 2

图 2 操之过急

黑 1 在左边打入是操之过急。白 2 夹攻将黑棋赶向中腹，黑 3 跳以下到白 10 为止，白棋自然消黑棋下边的势力，白棋大获成功。

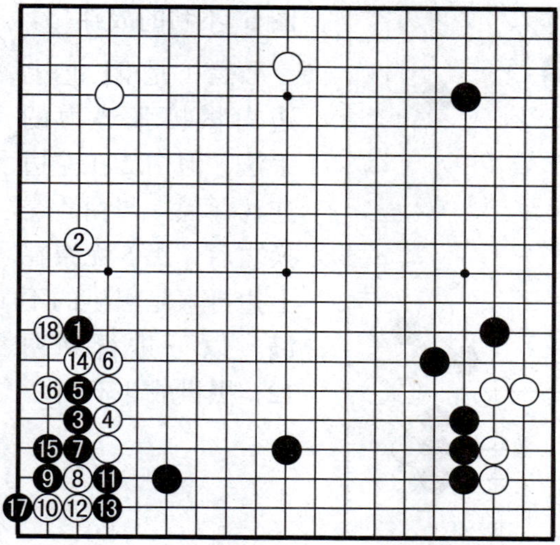

图 3

图 3 贪小失大

黑 1、白 2 时，黑 3 是尽快安定自己的手法，但白 4 以下到白 18 为止，黑棋贪小失大。

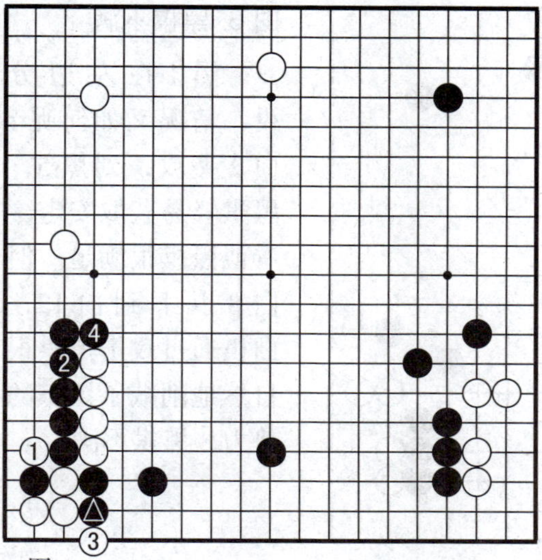

图 4

图 4 情况逆转

在图 3 的进程中，黑△挡时，白棋在 2 位冲是重要的次序，如果白棋不冲而白 1 打吃黑棋一子，则是大恶手。黑 2 时，白 3 只好求活，白棋非常痛苦。黑 4 占据要点之后，情况发生了逆转。

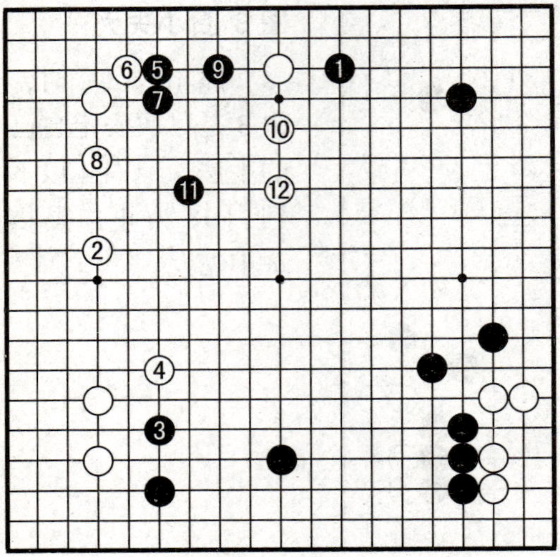

图 5

图 5 不利的战斗

黑 1 是阻止上边白棋扩张势力的手法，但白 2 在左边连片，黑 3 与白 4 交换之后，黑 5 无奈在上边打入是黑棋的不满。以下进行到白 12，黑棋战斗不利。

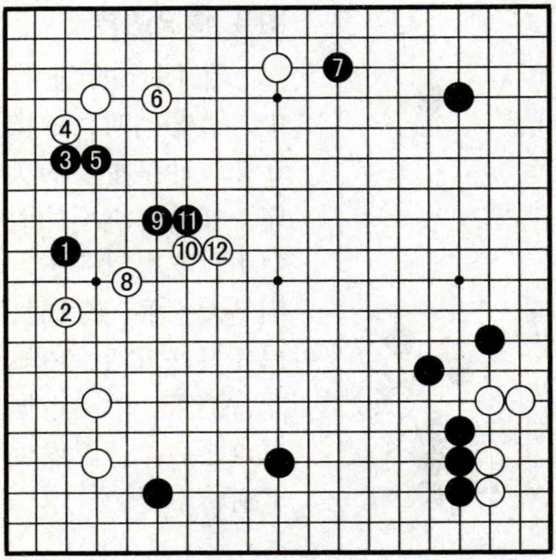

图 6

图 6 黑棋不满

黑 1 在左边分投，情况又如何呢？白 2 夹攻，到黑 5，黑棋轻易获取安定，看似黑棋很满足。但白 8 以下到白 12，白棋通过攻击黑棋很自然地削减了黑棋的势力，黑棋不满。

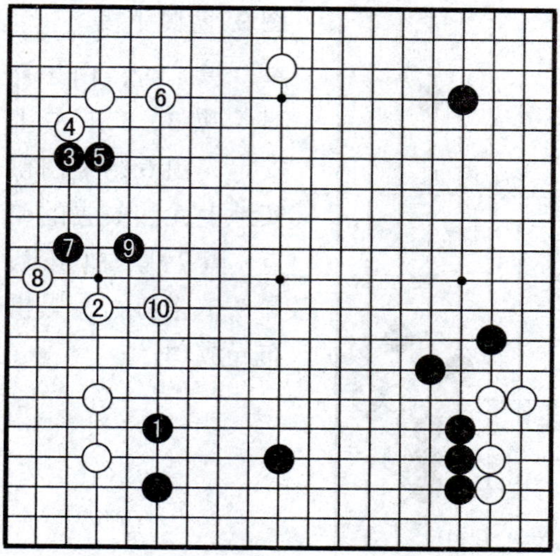

图 7

图 7 大同小异

黑 1 极力扩张下边势力，白 2 则不慌不忙地在左边下棋，并诱使黑棋打入。黑 3 打入之后，白 4 以下到白 10 为止，白棋通过攻击很自然地消黑下边势力。

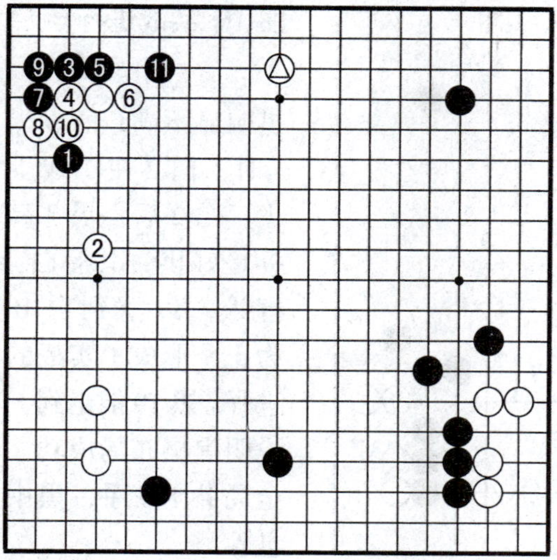

图 8

图 8 正确的挂

黑 1 飞挂是既牵制白棋势力，又照顾到下边黑棋的手法。黑 1 时，白 2 夹攻是很难想象的一手棋，黑 3 点三三，以下到黑 11 是定式，黑轻易夺角，而且白△的位置不理想。

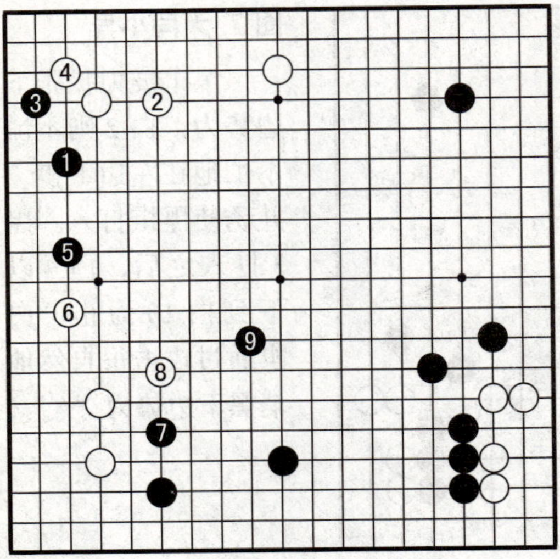

图 9

图 9 两侧下棋

黑 1 时，白 2 补棋，黑 3、5 在左上安定，白 6 则是白棋实地上无法失去的要点。黑 7 跳，白 8 飞，黑 9 扩张势力，黑棋布局成功。

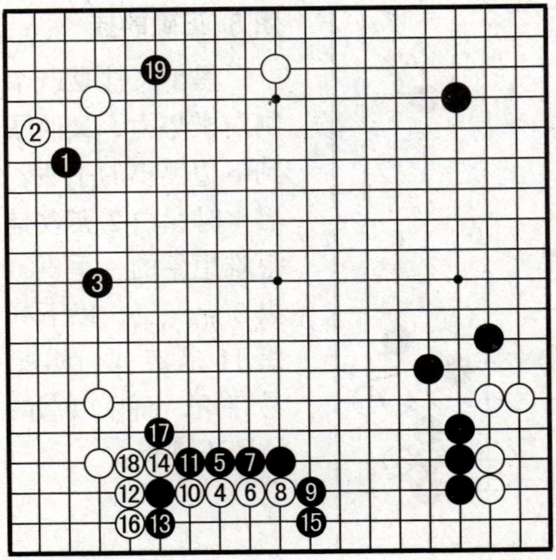

图 10

图 10 实战进行

前图中的进行白棋明显不满，所以黑 1 时，白 2 在二线上飞。白 2 后，黑 3 高拆是好棋，其后白 4 打入，以下到白 18 为止，形成了实战的进程。黑 19 能走到，说明黑棋布局成功。全局共 141 手，黑中盘胜。

局势的头绪

实战图 13(白先)

这是第 16 届“国技战”本选赛曹薰铉与文勇植四段(黑)的实战。左下角是定式。现在白棋从哪里来寻找局势的头绪？

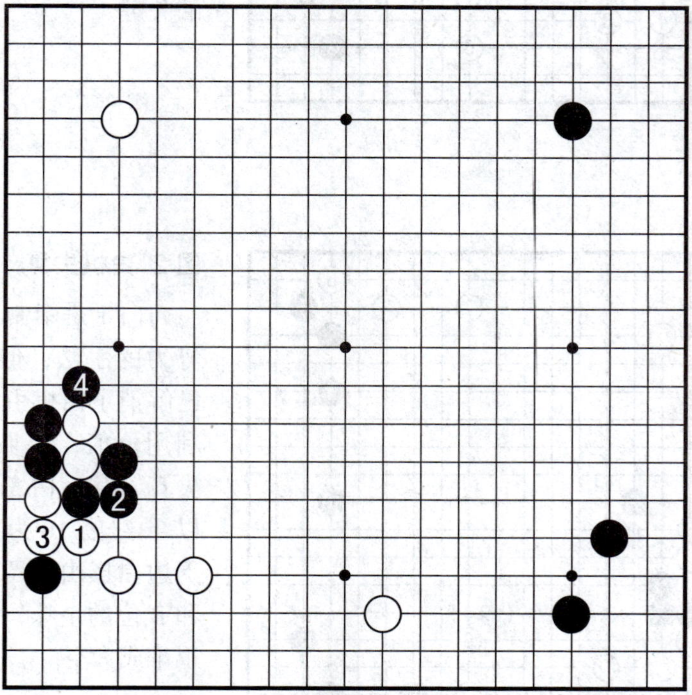

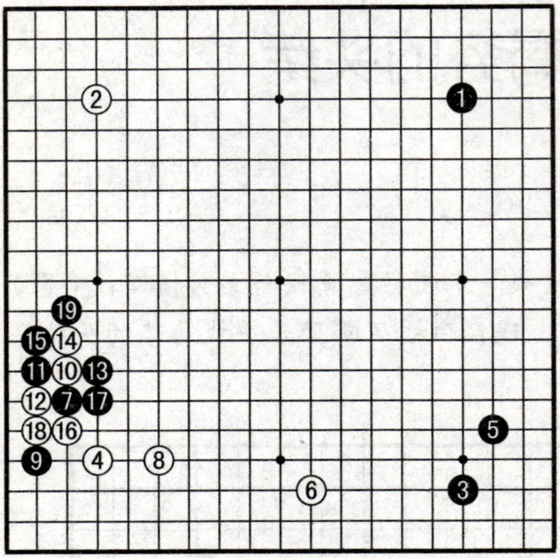

图 1

图 1 经过图

从开盘到黑 9 都是很平常的次序，白 10 则是拒绝平常进行的手段，黑 11 以下到黑 19 形成白棋实地与黑棋势力的转换。以后白棋如何利用引征，则是定式后的关键。

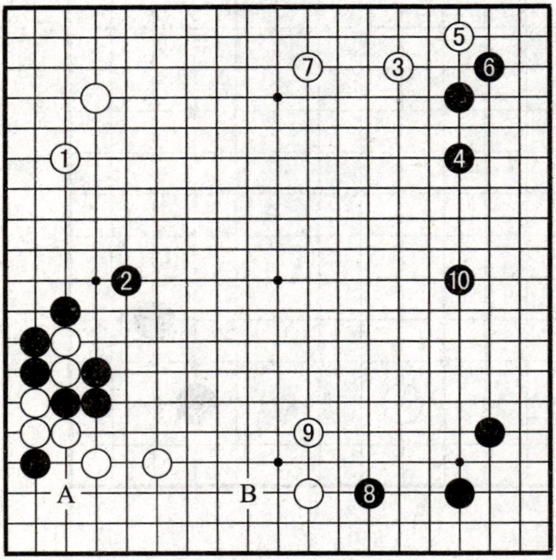

图 2

图 2 白棋失算

白 1 是牵制黑棋势力的手法，但黑 2 已解消了白棋引征的利用价值，结果白 1 失算。其后白 3 挂，以下到黑 10 为止，下边白棋由于留有 A 和 B 位的余味，白棋很难成大空。

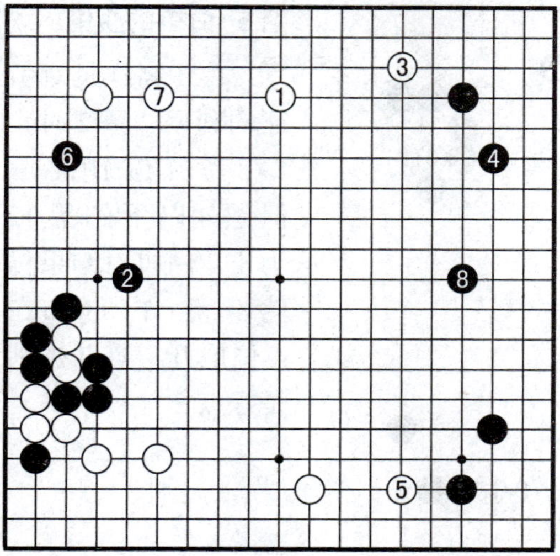

图 3

图 3 轻率的决定

白 1 利用引征，但实际是非常不明智的一手棋，黑 2 飞解消引征的利用是好棋。其后白 3 以下到黑 8 的进行，左边黑棋形成很厚的棋形。

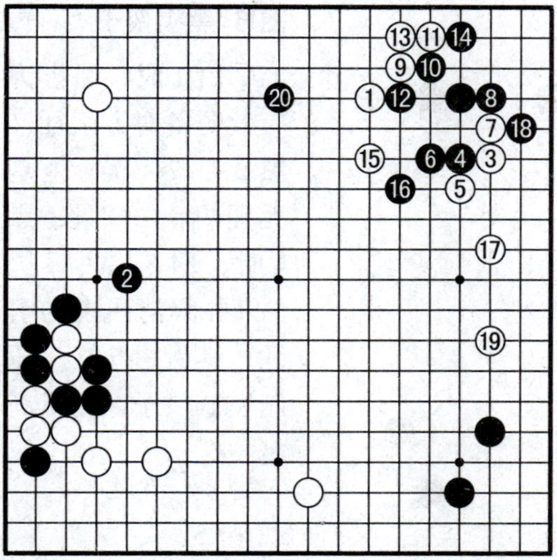

图 4

图 4 白棋不满

白 1 对引征的利用要比前图更积极一些，但被黑 2 解消后，白棋缺少后续手段。白 3 双飞燕，以下到黑 20 为止，结果白棋不满。其中白 19 补是绝对的一手。

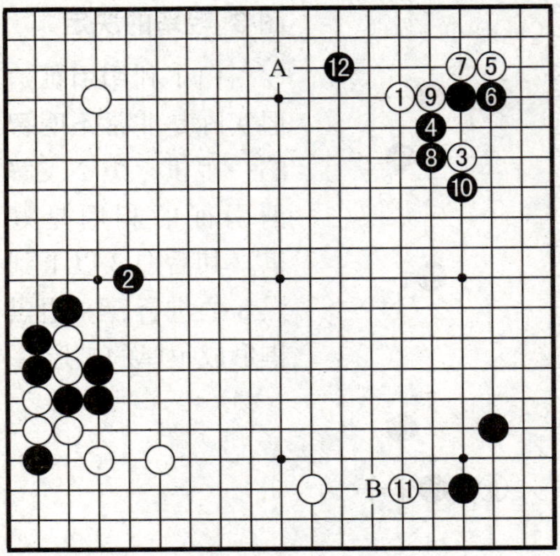

图 5

图 5 白棋的企图

白 1 高挂是对引征的利用，黑 2 时，白 3 是白棋的用心。但黑 4 以下到黑 12 为止，白棋对结果仍然不满。白 11 如在 A 位展开，黑 B 拆则是好点。

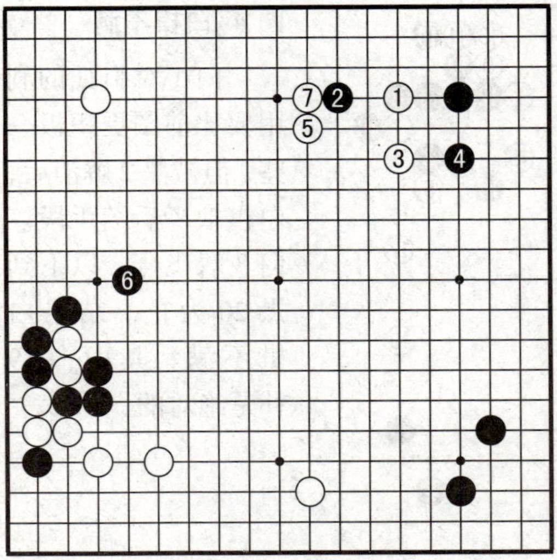

图 6

图 6 黑棋蛮干

白 1 时，黑棋为有效防备对方引征，黑 2 夹攻，实际上是无理的。白 3 跳，黑 4 时，白 5 尖冲，黑 6 只好解消白棋的引征，其后白 7 挡，压制黑棋一子，白棋满足。

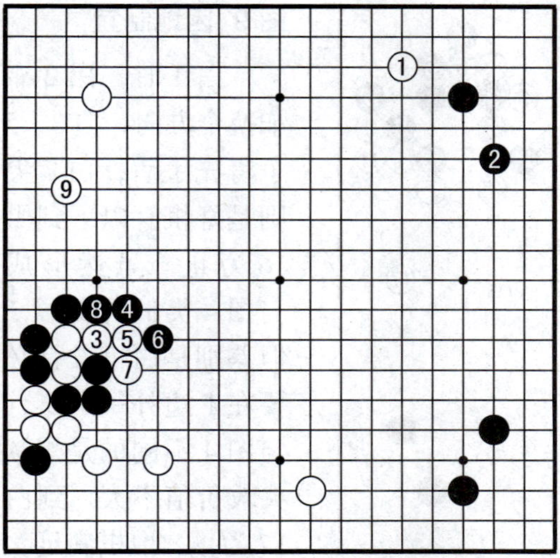

图 7

图 7 正确的引征

本图中白 1 低挂是正确的引征，黑 2 补棋，白 3 救活白棋二子，白棋非常满足。其后黑 4 以下到黑 8，黑棋虽最大限度地减少损失，但到白 9 为止，黑棋仍然受损。

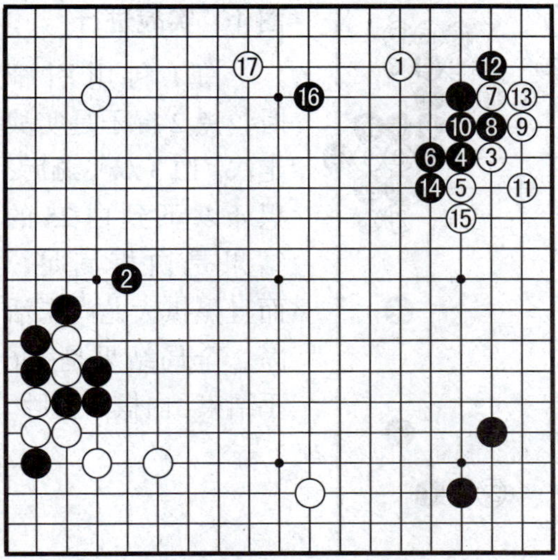

图 8

图 8 白棋活跃

白 1 时，黑 2 解消白棋的引征，白 3 双飞燕是好棋。黑 4 靠时，白 5 争得先手后，白 7 靠是正确的定式选择。黑 16 之后，白 17 再逼住，白棋得到了实惠。

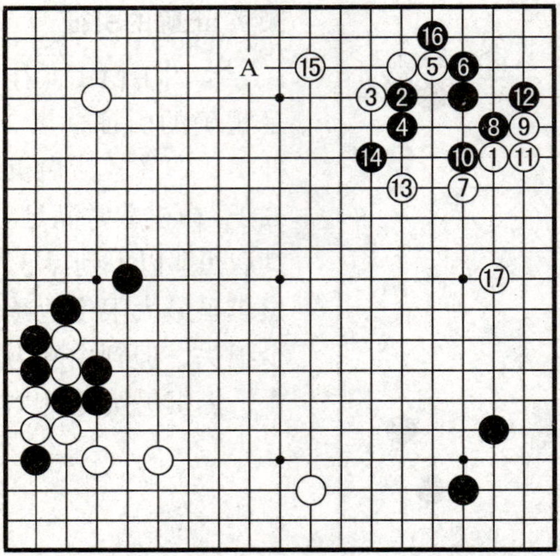

图 9

图 9 因地制宜

白 1 时，黑 2 靠如换个方向，白 3、5 争得先手后，白 7 尖则是好棋。以下到黑 16 为止，虽然形成与图 4 类似的棋形，但差别是白棋没有必要在上边补一手棋，与图 4 不同的是黑 A 夹攻价值不大。到白 17 为止，白棋满足。

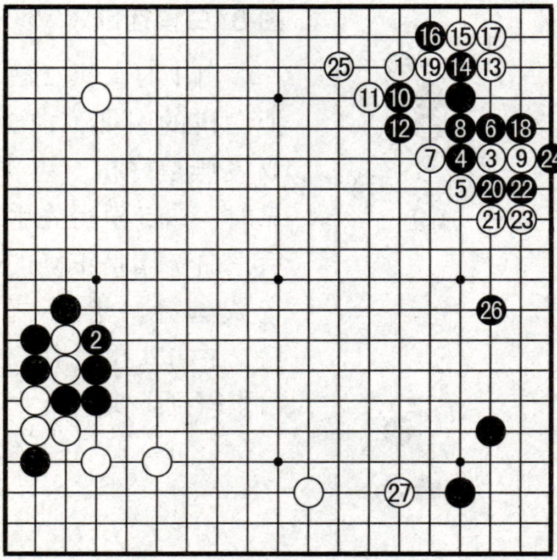

图 10

图 10 实战进行

白 1 利用引征时，黑 2 提子是实战走法。白 3 双飞燕后，黑 4 以下到白 25 的结果是白棋满足，而且黑棋大龙尚未活净。全局结果是 146 手结束，白棋中盘胜。

对方问应手时

实战图 14(黑先)

这是第 10 届“伯卡斯杯”半决赛曹薰铉与李昌镐（白）的实战对局。白 1 飞挂，黑 2 时，白 3 在右上脱先。白 3 包含有试探的意味，黑棋如何下才不会上对方的当？

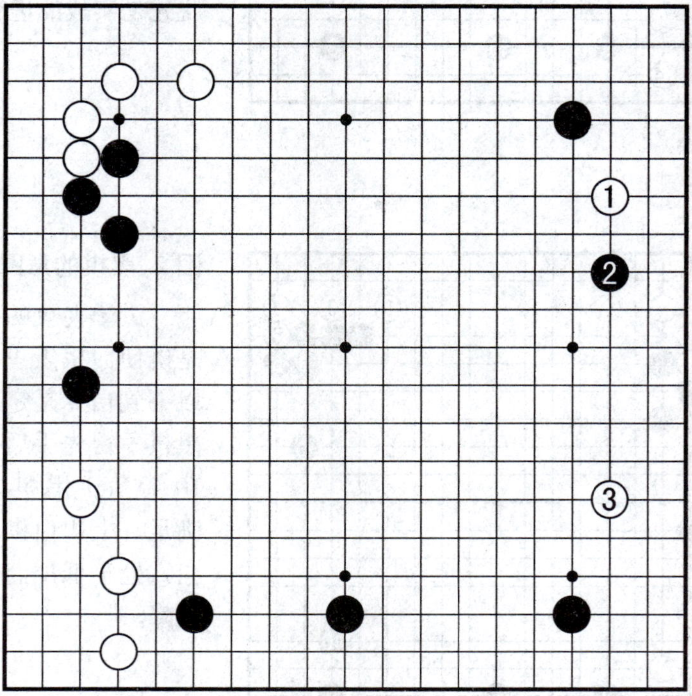

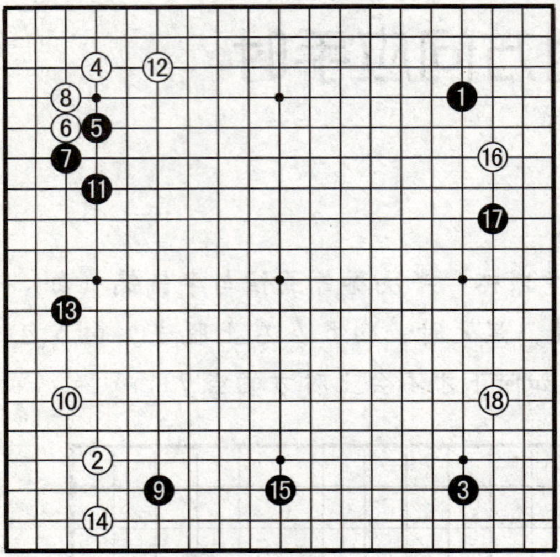

图 1

图 1 经过图

白 8 时，黑棋不急于决定左上，而是黑 9 在左下飞挂，白 10 飞补，以下到黑 13 为止，黑棋完成定式的布置。其后白 16 在右边飞挂，黑 17 立即夹攻，白 18 脱先是实战的进行。

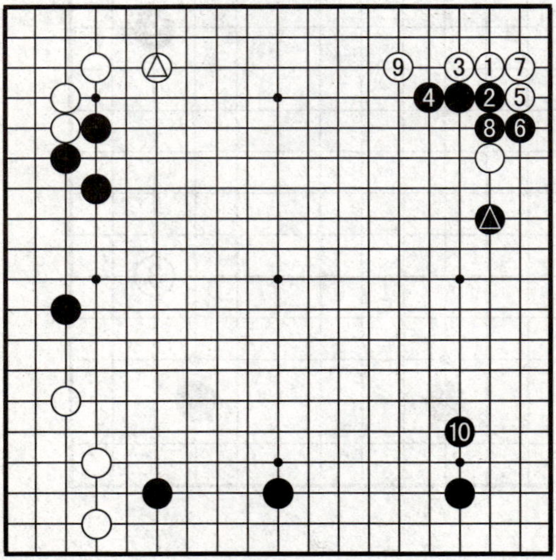

图 2

图 2 黑棋的意图

黑▲夹攻的意图是诱使白棋点三三，以下到白 9 是定式。黑棋争得先手后，黑 10 缔角，黑棋非常满足。上边白棋由于白△处于低位而价值大降。

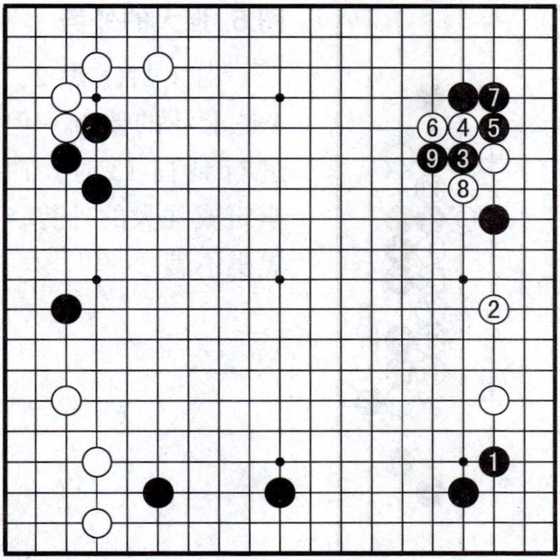

图 3

图 3 白棋征子不利

黑 1 尖是重视实地的下法，这时如果白 2 很平常地拆二，黑 3 靠压是正确的。其后白棋如果在 5 位求活则是白棋的屈服，因此白 4 挖，黑 5 以下到黑 9 为止，白棋由于征子不利而受损。结论是白 2 不好。

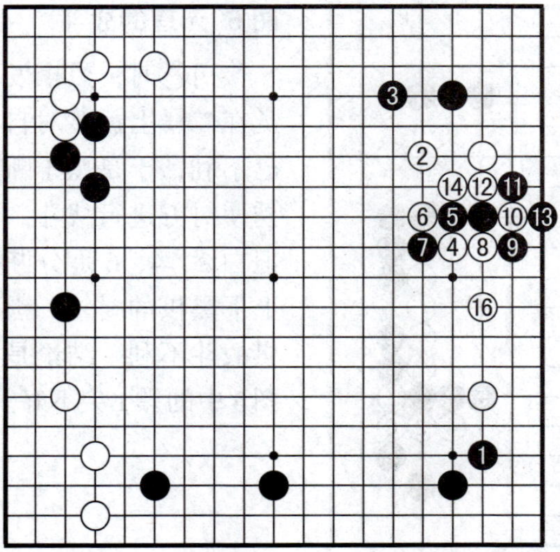

图 4　⑮=⑩

图 4 严厉的手筋

黑1尖，白2跳，黑 3 时，白 4 封是正确的。黑 5、7 试图抵抗，白 8 挡，黑 9 扳时，白 10 断是手筋，以下到白 16 为止，黑棋绝望。

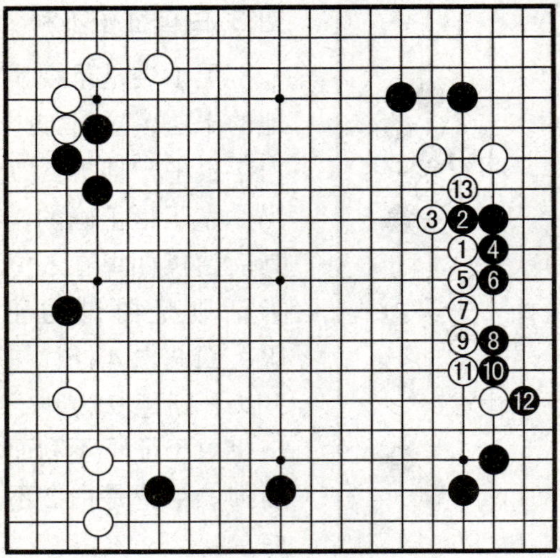

图 5

图 5 强大的外势

白 1 封，黑 2、4 是求活的要领，但进行到白 13 时，白棋筑成强大的外势，黑棋不满。

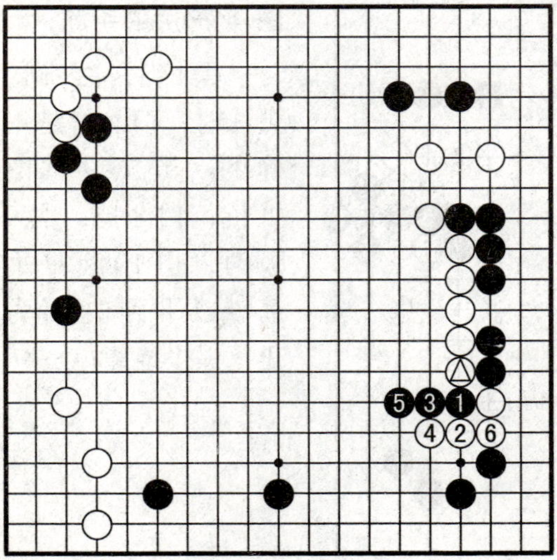

图 6

图 6 无理的战斗

白△时，黑棋发觉在二线上扳渡对自己不利，于是黑 1 断诱使对方进行战斗。但白 2、4、6 是分断上下黑棋的要领，黑棋战斗不利。结论是图 4 中的黑 1 尖不好。

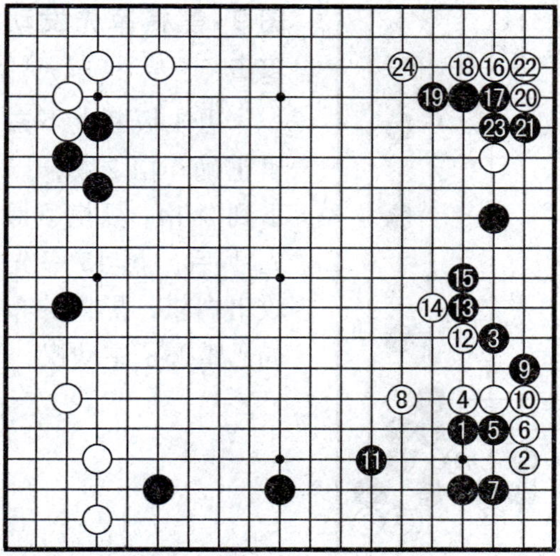

图 7

图 7 两侧下棋

黑 1 尖冲情况又如何呢？这时白 2 飞取实地是正确的，如果黑 3 夹攻，白 4 以下到黑 15，白棋先手定形，然后白 16 点右上角。以下进行到白 24 时，白棋形成两侧下棋的局面。

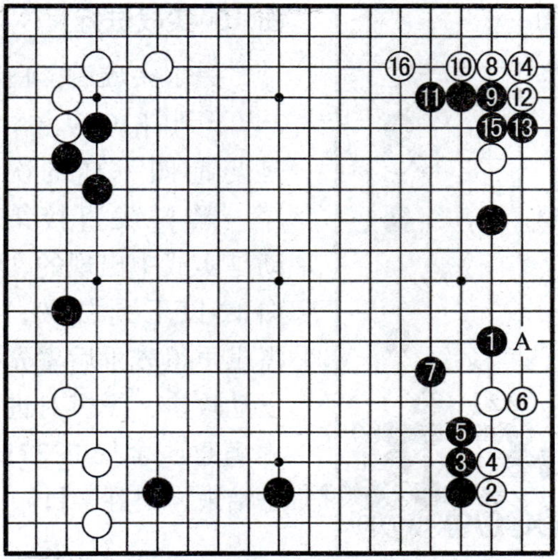

图 8

图 8 后门敞开

黑 1 夹攻是正确的选择。白 2 靠试图化解，黑 3 以下到黑 7 定形是疑问手。白 8 在右上角点三三，到白 16 为止，结果与前图大同小异。黑棋由于在右边 A 位的后门敞开，其价值不大。

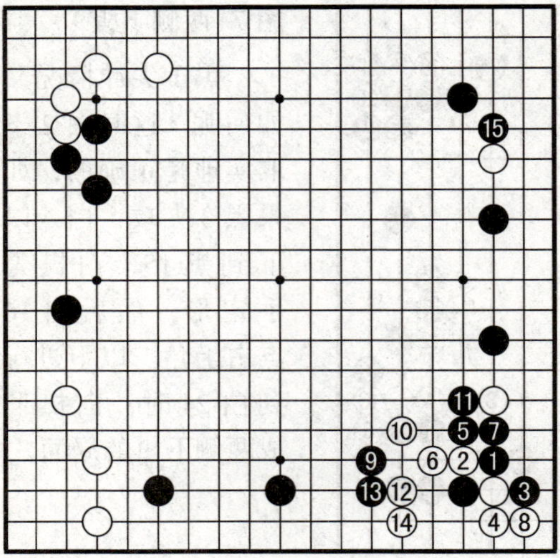

图 9

图 9 黑棋率先发动攻击

黑 1 扳断上下白棋正确。白 2 断，以下到白 14，黑棋争得先手后，黑 15 率先攻击白棋，黑棋的布局已掌握了主动权。

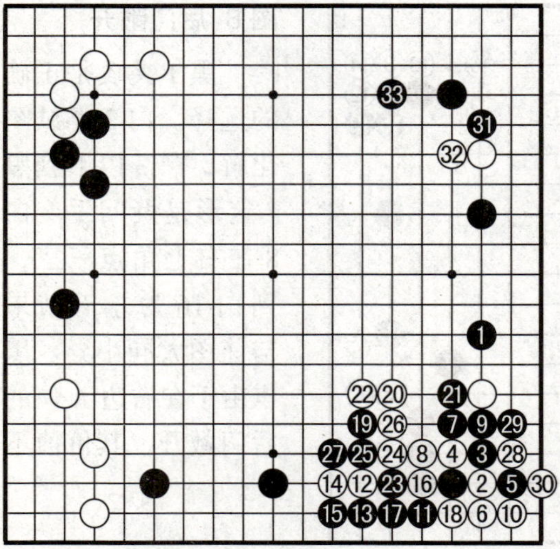

图 10

图 10 实战进行

黑 1 夹攻后，白 2 以下到白 10 为止，是与前图一样的次序。黑 11 尖直接策动是实战中出现的，白 12 以下到白 30，黑棋争得先手后率先发动攻击，黑棋对进程满意。全局共 271 手结束，白胜半目。

应付飞封

实战图 15(黑先)

这是第 11 届“大王战”挑战赛曹薰铉与李昌镐（白）的对局。黑 1 时，白 2 飞向中腹扩张势力，黑棋如何应付？

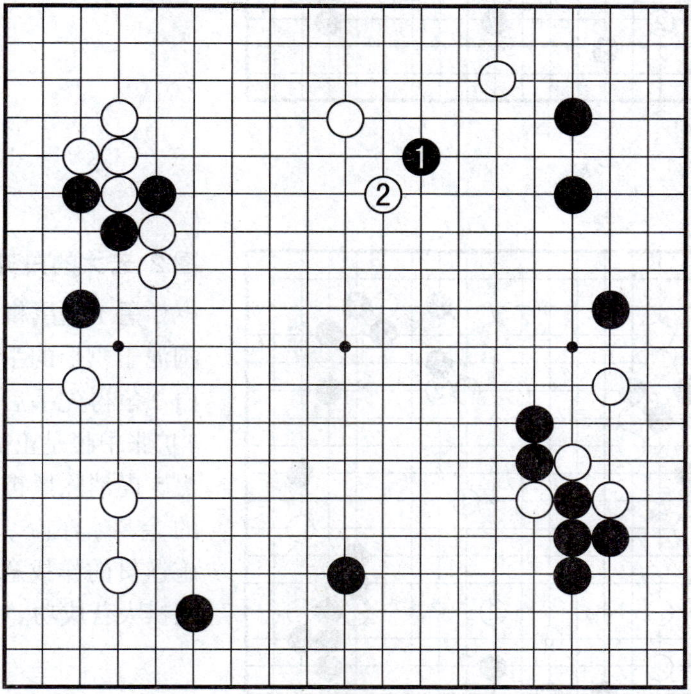

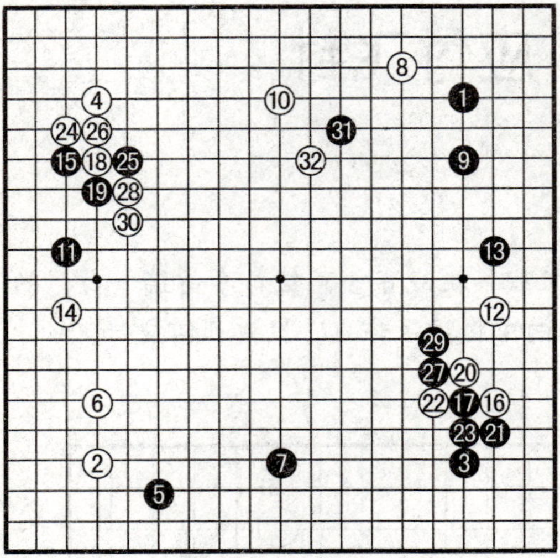

图 1

图 1 经过图

从开盘到黑 31 都是套路棋。从白 32 开始抛弃套路，而形成实战的场面。

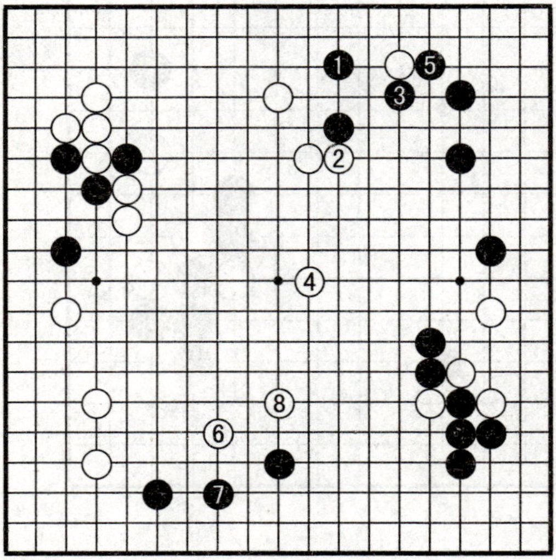

图 2

图 2 宏大的白势

黑 1 是黑棋过于拘泥于棋形的手法，白 2 争得先手后，白 4 扩张中腹是正确的。黑 5 虎消除黑棋角上的余味，白 6、8 实施连贯的作战意图，白棋大获成功。

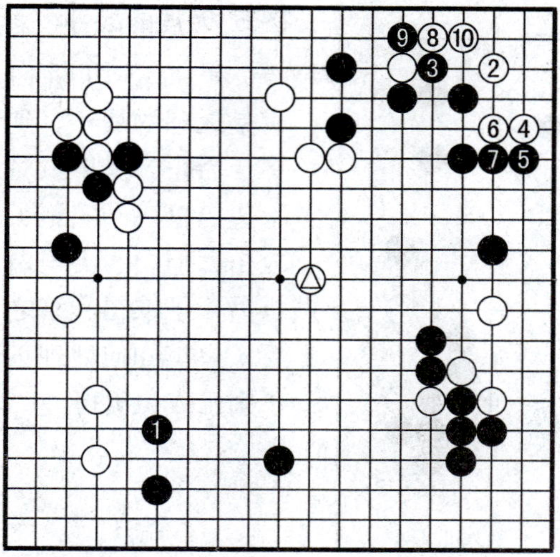

图 3

图 3 实地很大

白△时，黑棋不控制角，而是黑1跳寻求变化。其后白2立即点入三三是好棋，白△由于能够恰当地限制黑棋的势力，而且也是扩张白棋势力的要点，结果白棋布局成功。

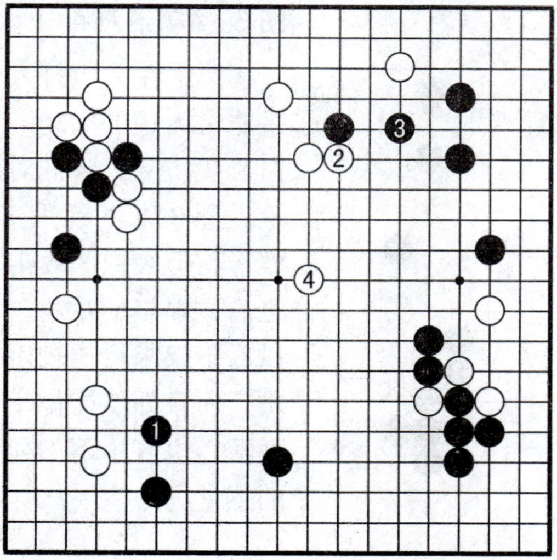

图 4

图 4 大同小异

黑1单纯地向中腹跳，但白2争得先手后，白4抢先占据中腹，而且右上方白棋一子仍然有希望求活，结果与前图大同小异。

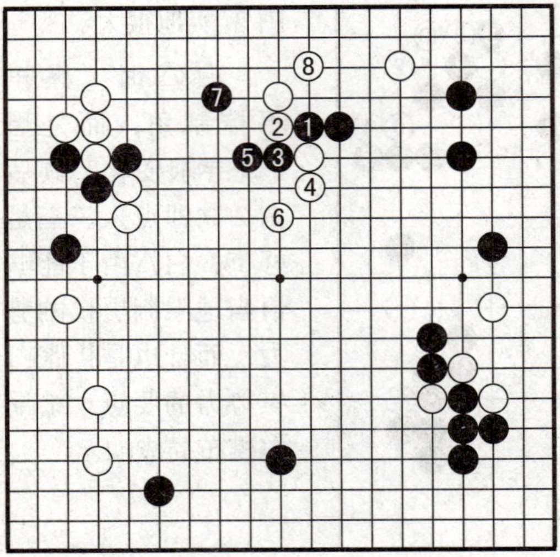

图 5

图 5 无理的战斗

黑 1、3 切断白棋是无理的战斗。到黑 7 为止，黑棋虽对上边白棋三子实施了攻击，但白 8 尖与白棋另一子取得联络之后，黑棋如何处理三子则已成为负担。

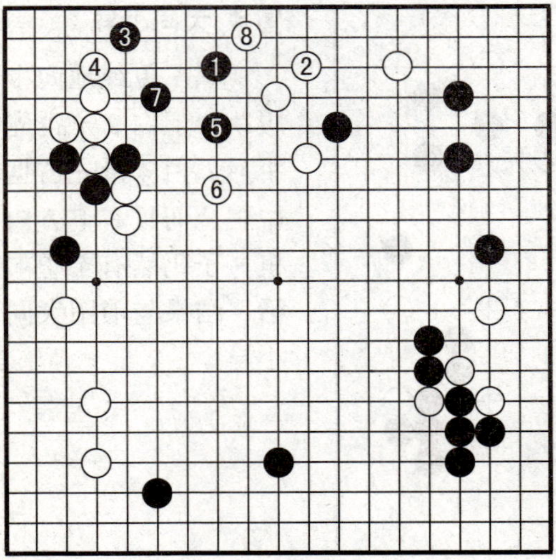

图 6

图 6 黑棋形难看

黑 1 在上边打入是非常无理的举动。白 2 尖是恰当的对策，黑 3 以下到黑 7 整形，但被白 8 攻击之后，黑棋形难看。以后不仅求活比较困难，而且即使能侥幸做活，也有生不如死的感觉。

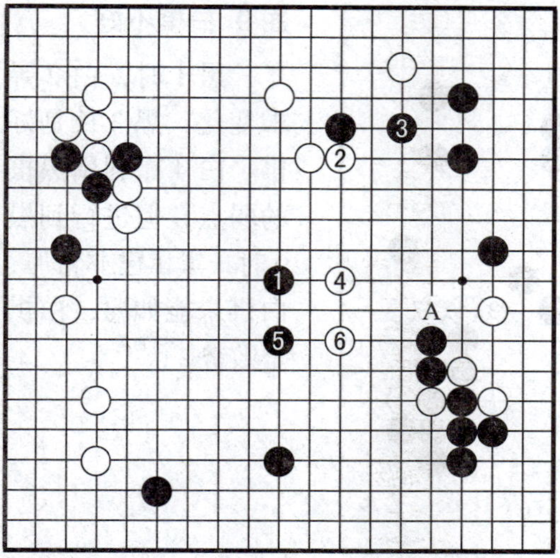

图 7

图 7 余 味

黑 1 占据天元，但仍不很满意。白 2 以下到白 6，白棋不仅消黑势，而且还有 A 位靠的余味。

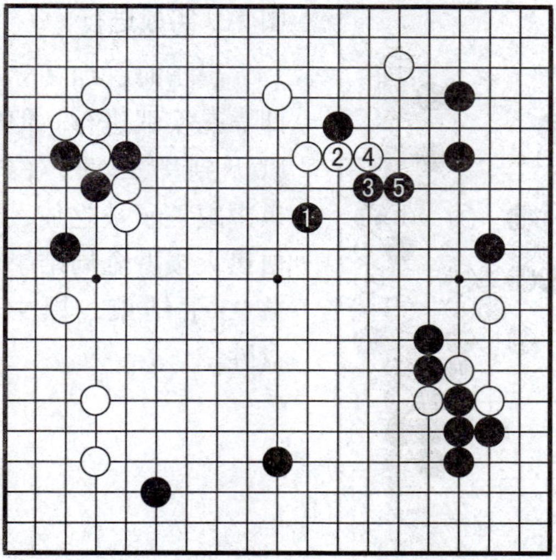

图 8

图 8 大势的把握

黑 1 是利用白棋的弱点扩张势力的要点，等白 2 长后，黑 3、5 取势。这样黑棋一举确立了优势地位。

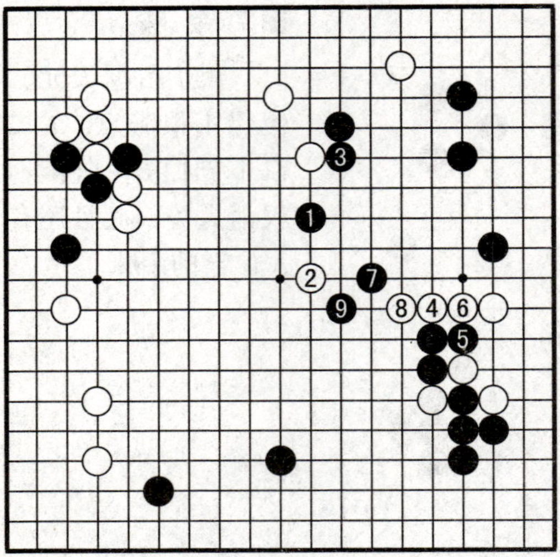

图 9

图 9 白棋不好

黑 1 时，白 2 寻求变化，黑 3 长是好棋。白 4 靠利用黑棋的弱点，但进行到黑 9 时，黑棋已非常厚，白棋未能如愿，白棋呈败势。

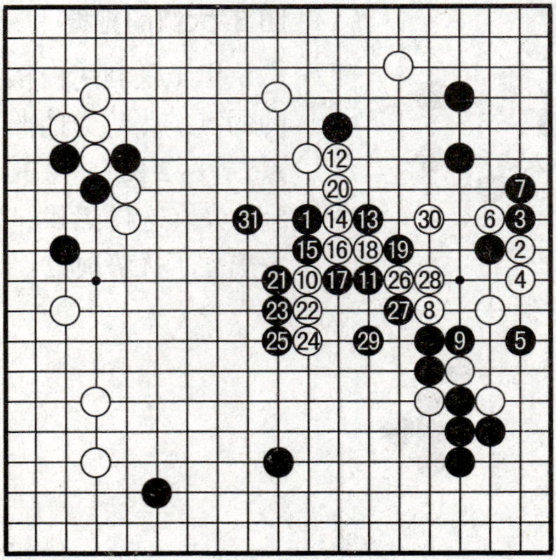

图 10

图 10 实战进行

黑 1 时，白 2 立即靠是实战进行。但以下到黑 25 时，白棋中腹三子被吃住，白棋大损。全局结果共 93 手结束，黑中盘胜。

局面均势的焦点

实战图 16(白先)

这是第 11 届“大王战”挑战赛曹薰铉与徐奉洙九段（黑）的实战对局。黑 1 跳占据实地之后，黑白双方已明显形成实地对外势的局面。白棋如何才能维持局势的平衡？

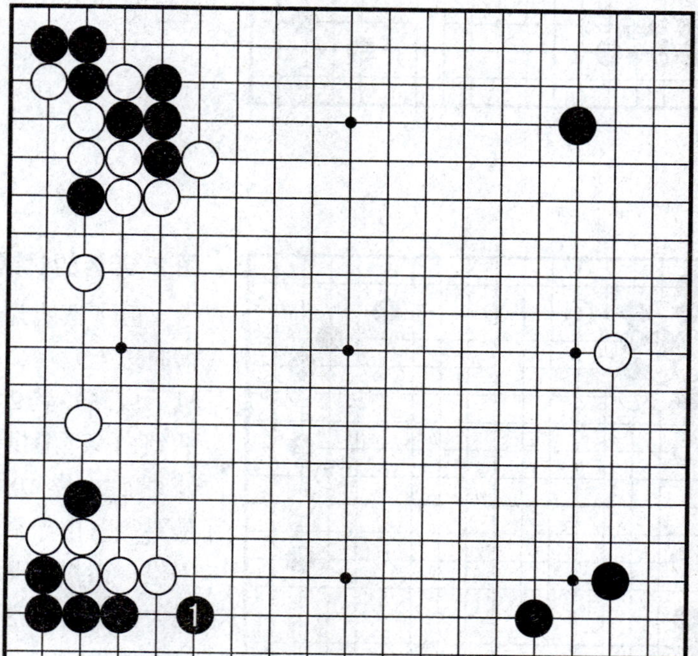

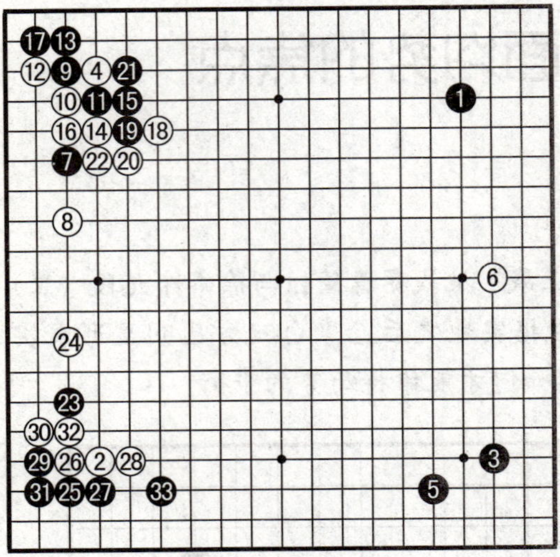

图 1

图 1 经过图

黑 7 很温和地大飞挂，但白 8 夹攻则是拒绝这种温和行棋。黑 23 飞挂，白 24 是坚持一贯作战的手法。黑 25 点三三，以下到黑 33 为止，形成了实战的经过图。

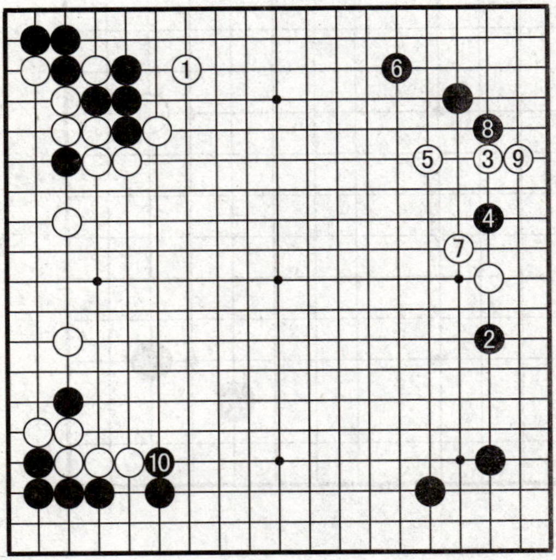

图 2

图 2 无为的封锁

白 1 虽能封锁黑棋向边上发展，但时机不成熟。黑 2 拦以下到白 9，黑棋先手处理后，黑 10 挺头是要点。由于白 1 是闲棋，白棋在开盘就在大势上处于落后地位。

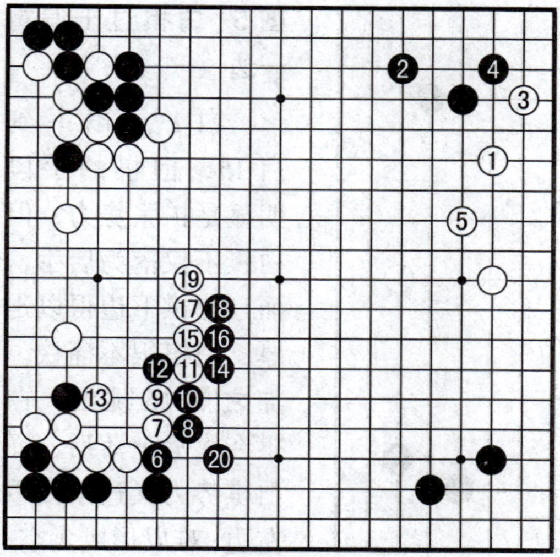

图 3

图 3 白棋脱离主战场

白 1、3、5 是安定右边白棋一子的重点手法，却脱离了主战场。黑 6 是大势要点，白 7 以下到黑 20 是双方必然的次序，下边黑势过于庞大，白棋不满。

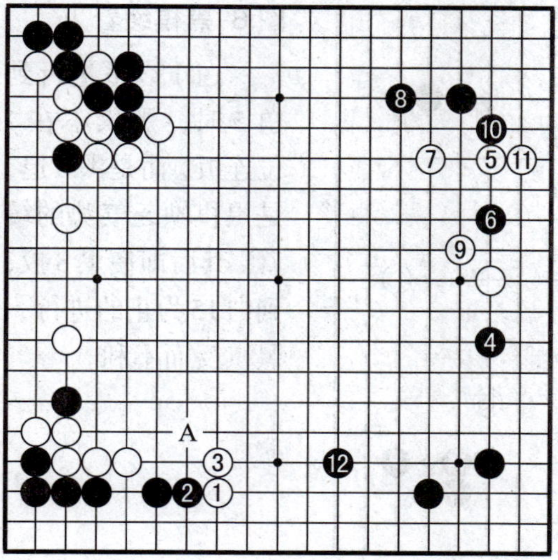

图 4

图 4 白棋弱形

白 1 是攻击对方弱点的要点，同时也是消黑势的位置。白 1 之后，黑 2 顶，黑棋争得先手后在右边行棋是正确的。经过白 5 到白 11 的次序，然后黑 12 展开，黑棋形势好。以后白棋必须补 A 位的弱点，白棋呈弱形。

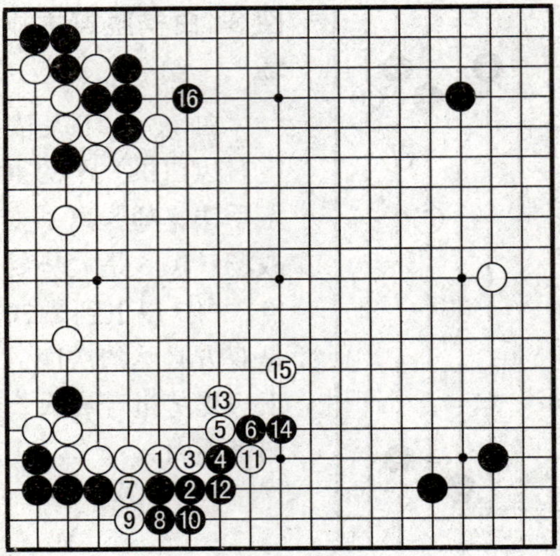

图 5

图 5 白棋过于偏重一边

白 1、3 以下到白 15，白棋的手段明显是扩张势力，但白棋不仅落为后手，而且黑棋下边得以走厚，白棋很不痛快。加之黑 16 跳出，白棋在大势上落后，而白棋势力又过于偏重左边，难以形成大空。

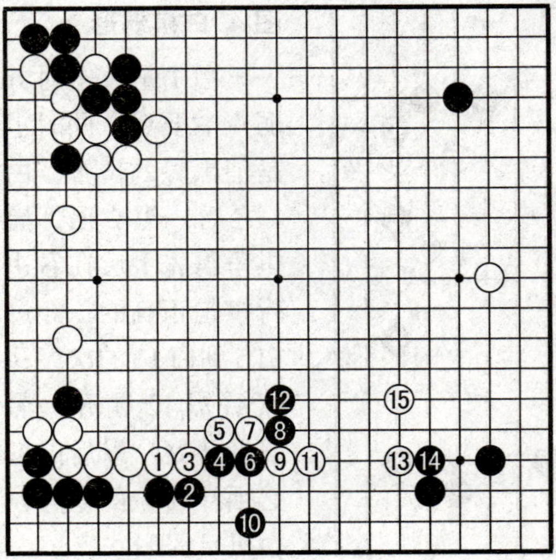

图 6

图 6 黑棋缓着

白 1 以下进行到白 5 时，黑棋不在 7 位连扳，而是黑 6 退，是黑棋缺乏气势的缓着。其后即使黑 8 扳，到白 15 为止的进行，黑棋反而不利。

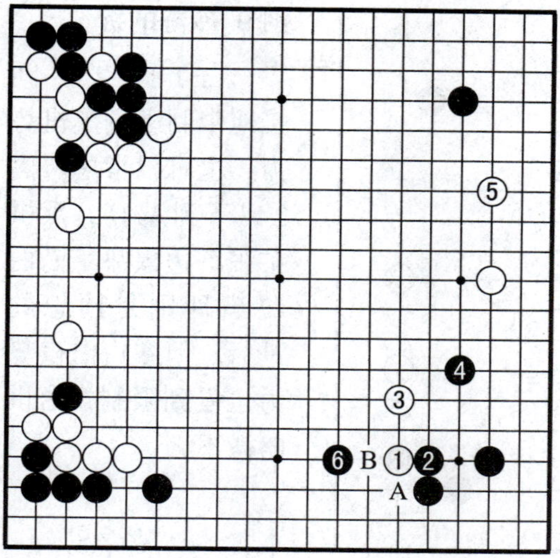

图7

图7 白棋浮棋

白1肩冲的打算是希望黑A长，然后白B长，这是因为白B长后，对白棋左边势力的形成有所帮助。不料白1之后，黑2将白棋向中腹赶，白3跳以下到黑6为止，白棋变成浮棋，全局局势黑好。

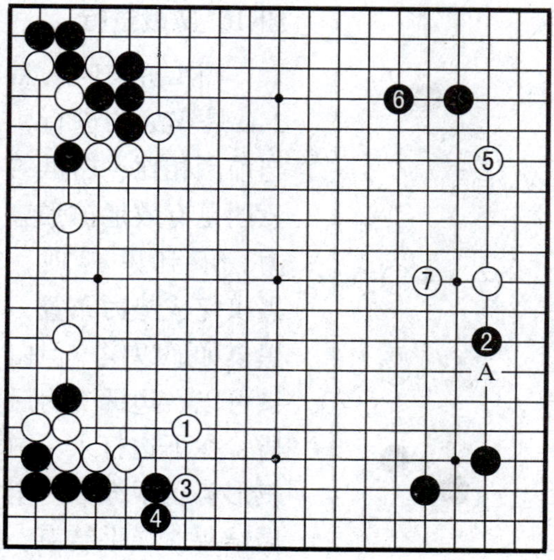

图8

图8 本 手

白1飞是好棋，也是本手。黑2拆后，白3得以利用，白棋心情上不坏。以下到白7为止，白棋先手消下边黑棋外势，并在右边腾挪，白棋形势很充分。如果黑2下在白3位置，则白A拆，白棋满足。

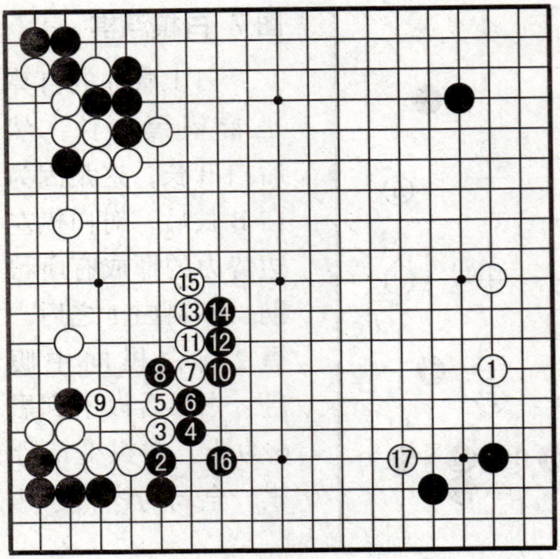

图 9

图 9 冷静的拆

白 1 拆二，间接地牵制下进黑棋势力，也可以考虑。黑 2 以下到黑 16，黑棋扩张下边黑势，而白 17 肩冲则是预想的进行。但左边白棋势力也受到限制，白棋略微不满。

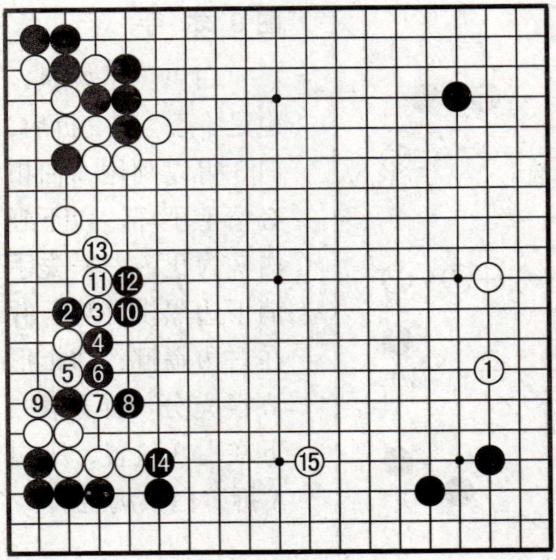

图 10

图 10 实战进行

白 1 拆二时，黑 2 靠是实战的进行。与前图相比，白棋的意图是有效地扩张势力。下到黑 14 时，黑棋完成势力布置，黑棋如愿以偿。但白棋可以右边拆二为后盾，在下边打入，白棋形势仍很充分。全局结果 222 手结束，黑胜 15 目半。

积极的对策

实战图 17(白先)

这是第 11 届“大王战”挑战赛曹薰铉与金秀壮八段(黑)的实战对局。黑 1 不紧不慢地大飞挂，白 2 尖时，黑 3 拆。此时，白棋应以积极的方法对抗，争取掌握局面的主动权。

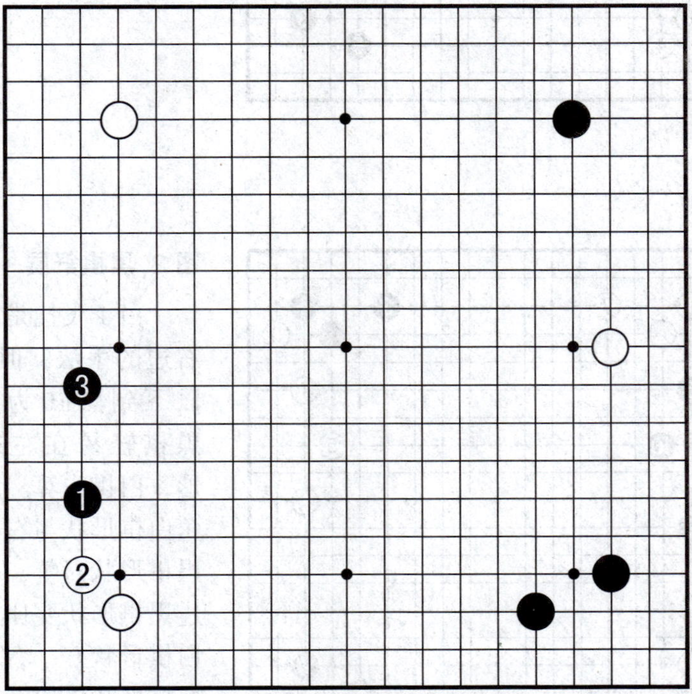

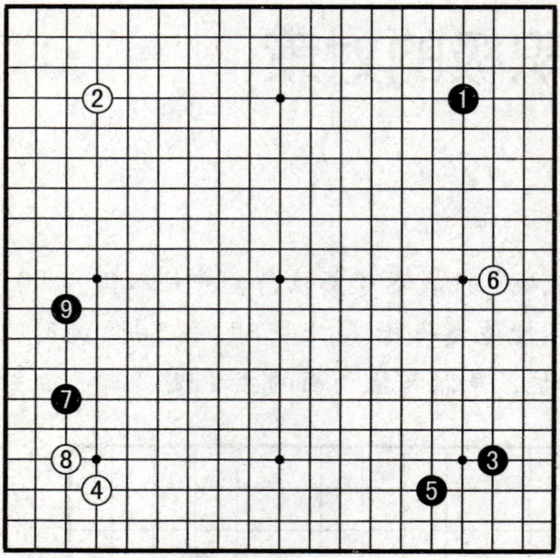

图 1

图 1 经过图

从黑 1 到白 6 都是很平常的进程，黑 7 飞挂时，白 8 尖是以实地为主的战法，黑 9 拆二，形成实战的经过。

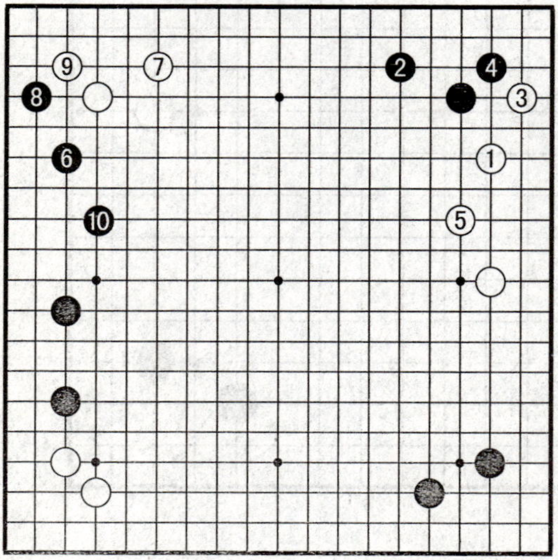

图 2

图 2 黑棋舒展

白 1 飞挂是重视右边的手法，但黑 6 以下到黑 10 为止，黑棋轻易在左边定形，白棋失算。左上角白棋形状与右上角黑棋形状对等，而左边黑棋形状要比右边白棋形状好，右下角黑棋形状也比左下角白棋形状好。

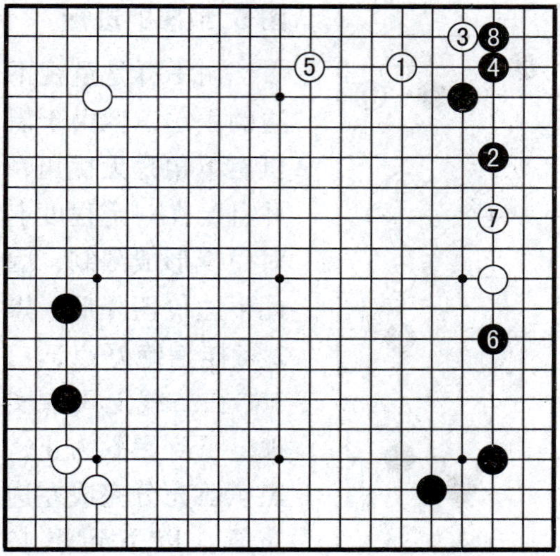

图 3

图 3 白棋不好

白 1 飞挂虽是重视上边的手法，但是落后手，白棋不满。黑 6 夹攻，白 7 形状难看，黑 8 守角，黑棋布局很坚固。

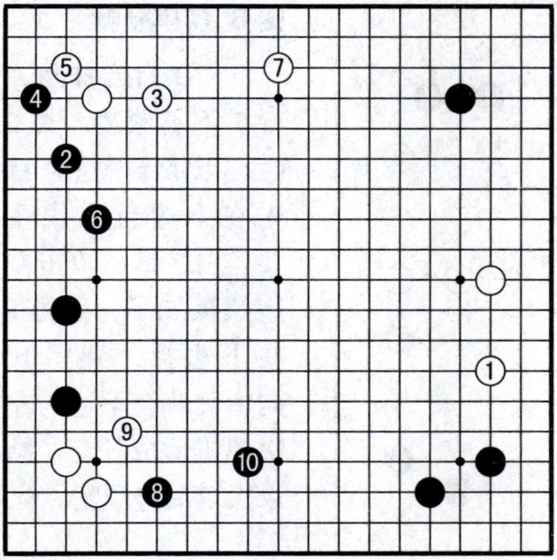

图 4

图 4 艰难的出头

白 1 拆二，其意图是限制黑棋以角地为基础拆扩张外势。但黑 2 以下到黑 6，黑棋轻易完成左边的布置，因此白 1 有脱离主战场的感觉。黑 8 时，白 9 很困难地出头，白棋不满。

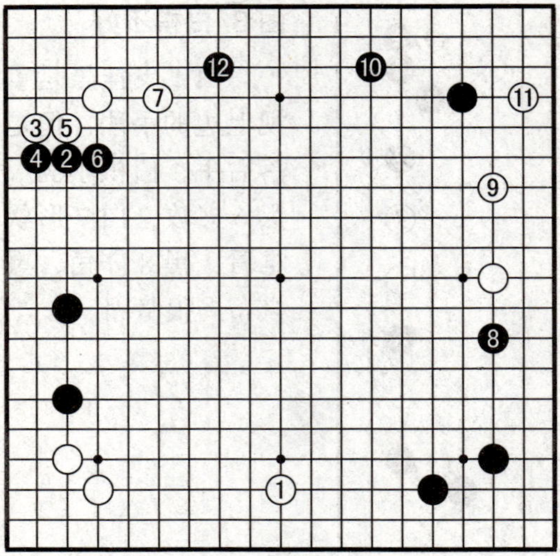

图 5

图 5 预想的进行

白 1 拆是重视下边的手法，但由于黑棋右下角是无忧角，并且已在一定程度上对白棋形成限制，因此下边价值降低。黑 2 飞挂是绝好点，白 3 如在二线上飞取实地，下到黑 6 为止，黑棋已充分完成左边布置。以下到黑 12 都是预想的进行。

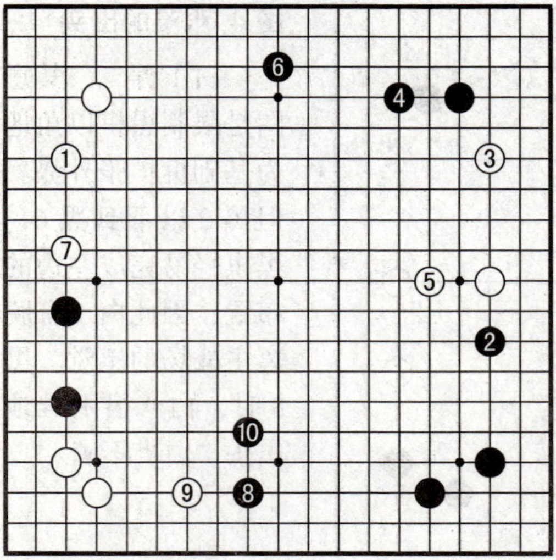

图 6

图 6 黑棋顺畅

白 1 自己补角，行棋不够紧凑。黑 2 拦，以下到黑 6，首先在上边行棋很重要。白 7 试图攻击左边黑棋二子，但黑 8 在下边拆，到黑 10 向中腹跳，下边与左边黑棋形成呼应。结果黑棋局势顺畅。

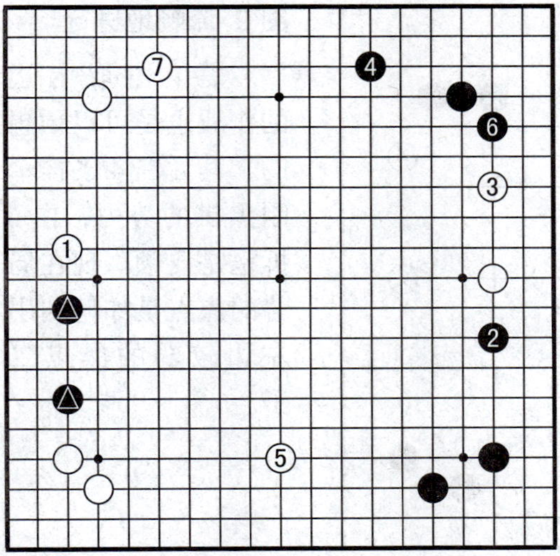

图 7

图 7 积极的手法

白 1 最大限度地压缩左边黑棋二子是好棋。如果黑 2 拦逼右边白棋，白 3 拆二。黑 4 时，白 5 占下边大场是要领。由于黑△是弱形，因此黑棋不敢轻易在左边或下边打入。

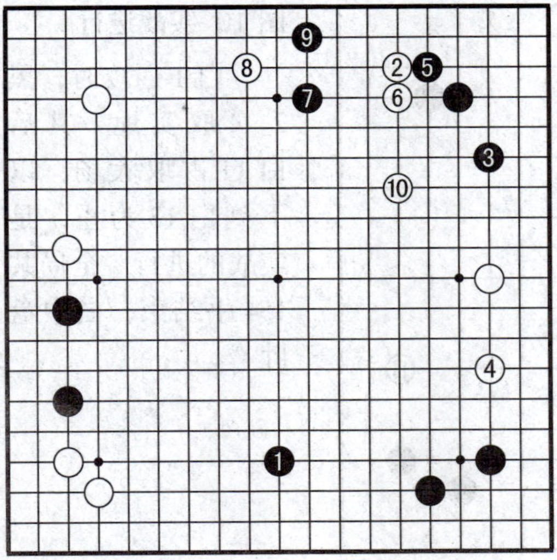

图 8

图 8 主动作战

黑 1 取下边时，白 2 在上边飞挂。黑 3 时，白 4 在右边拆二是要领。黑 5、7 对白棋的攻击是可以预想到的，但由于左边黑棋二子是弱形，白棋充分可以与黑棋作战。以下到白 10 为止，白棋局势主动。

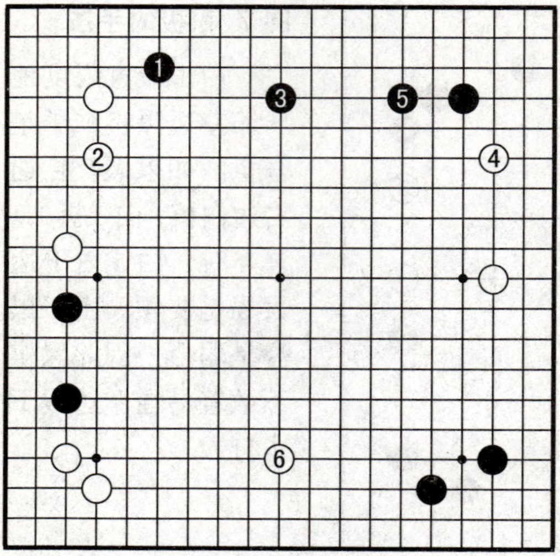

图 9

图 9 流畅地进行

黑 1、3 取上边的作战也是可以预想的。其后白 4 飞挂牵制黑棋的势力，白 6 拆也是要领。现在局势的焦点是如何利用左边较弱的黑棋二子。

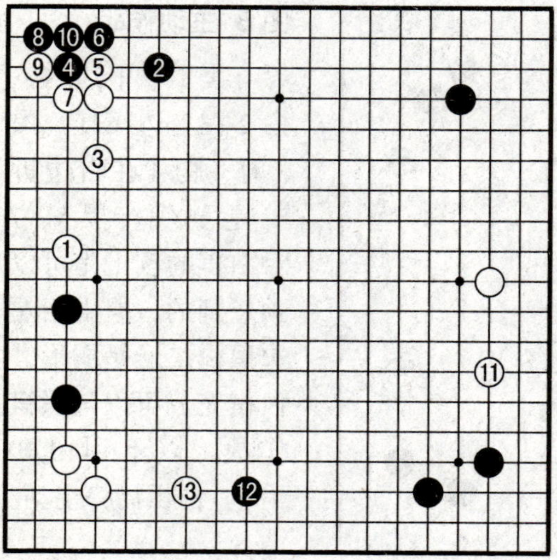

图 10

图 10 实战进行

白 1 逼攻时，黑 2、4 取实地。其后白 11 占取大场，以下到白 13 为止，是实战的进行。全局共 154 手结束，白中盘胜。

以快步调对付厚势

实战图 18(黑先)

这是第 36 届“国手战”挑战赛曹薰铉与李昌镐（白）的实战对局。黑 1、3 扳接争得先手。现在黑棋与白棋的厚势对抗，需尽快地控制局面。首先考虑的应是如何牵制左上方白棋的外势。

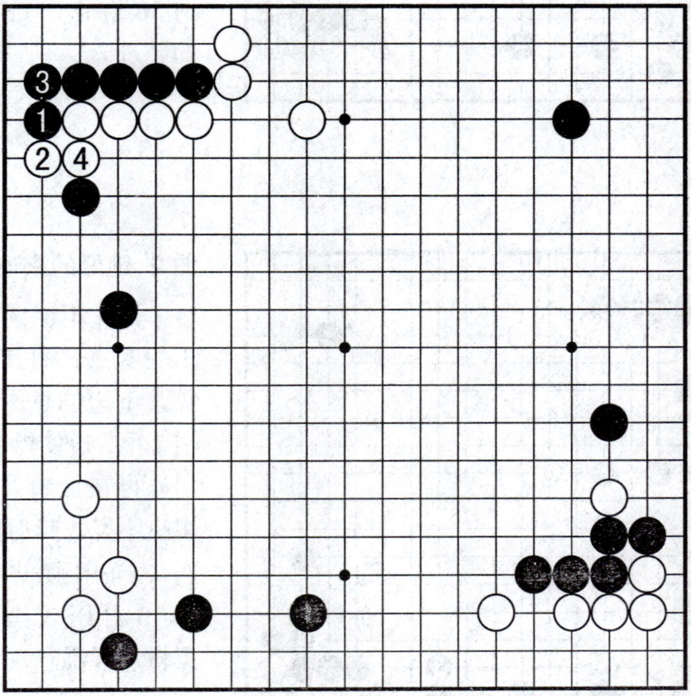

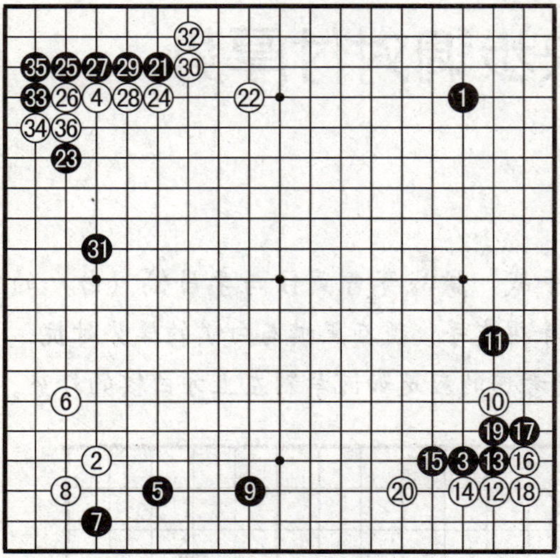

图 1

图 1 经过图

黑和白均以二连星开局，均是重视速度的布局。白 10 飞挂时，黑 11 夹攻，其意图是争得先手后开拓上边。白 22 夹攻，使黑棋未能如愿。黑 23 双飞燕以下到白 36 为止，是实战的经过。

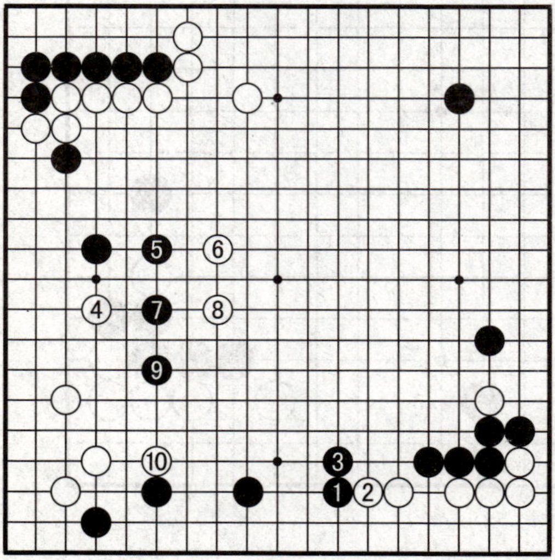

图 2

图 2 绝好的夹攻

黑 1 不但瞄着白棋的弱点，而且还有扩张下边的意图。但白 2 顶，迫使黑 3 长，白 4 再在上边夹攻，黑棋不好。其后黑 5、7、9 向中腹逃跑，白 10 再压攻黑棋，黑棋形混乱。

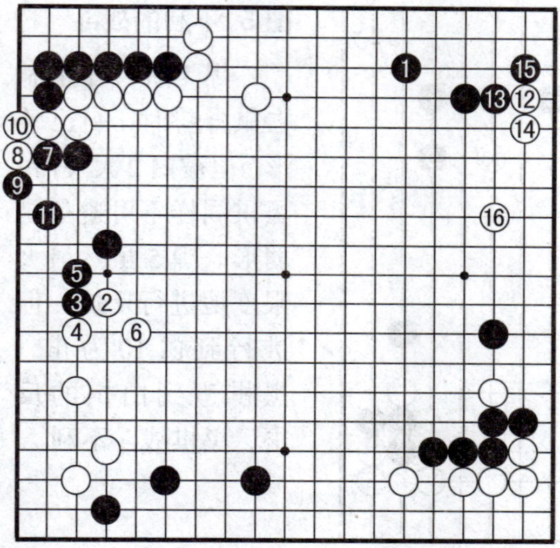

图 3

图 3 白棋步调快

白 1 飞是牵制白棋势力的手法，但被白 2 大飞后，黑棋不好。黑 2 托，白 4、6 很厚地整形是好棋。黑 7 以下到黑 11 补棋之后，白 12 在右边打入，白棋满足。

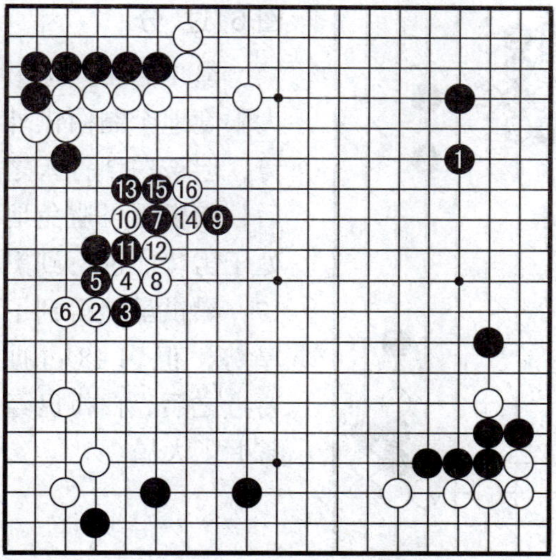

图 4

图 4 黑棋困难

黑 1 虽是试图扩张右边的手法，但被白 2 大飞后，结果与前图大同小异。如果黑 3 上靠整形，白 4 扳断是强硬的手段，其后到白 16 为止，黑棋困难。

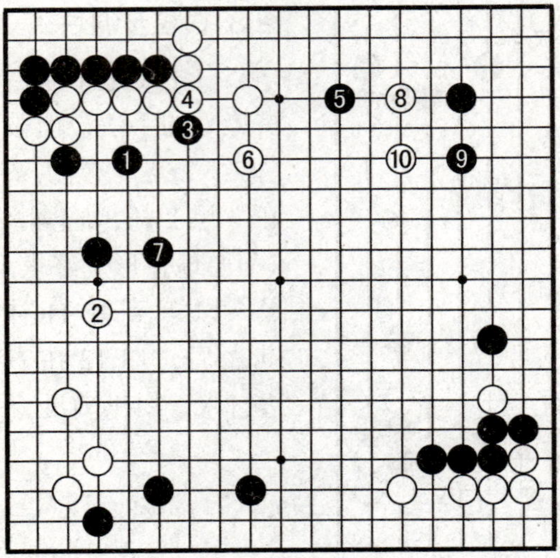

图 5

图 5 不利的战斗

黑 1 跳，在牵制白棋外势时，自己整形。但被白 2 大飞后，黑棋同样不可避免是弱形。黑 5 虽然最大限度地进行反抗，但进行到白 10 为止，黑棋遭到白棋的反击，黑棋战斗不利。

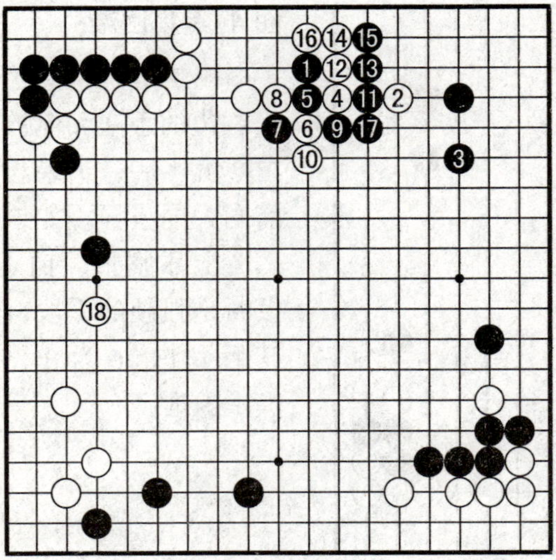

图 6

图 6 过 分

黑 1 目的是最大限度地牵制白棋外势，但被白 2 打入之后，黑棋不可避免地处于劣势。进行到黑 17，黑棋虽然得到了厚势，但白 18 占据要点之后，白棋已经掌握了大局。

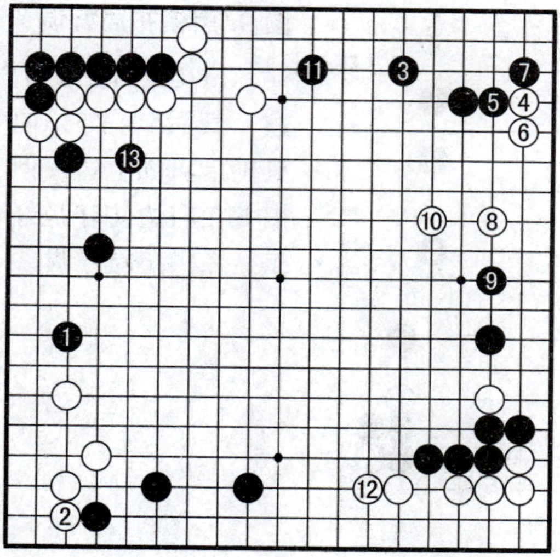

图 7

图 7 有效的处理方法

黑 1 在左边拆，先手处理左边是正确的方向。白 2 补角，黑 3 飞牵制白棋势力。白 4 以下都是预想的进行，到白 10，右边白棋成活。黑 11 拆二，黑棋非常充分。如果白 12 并，黑 13 在上边跳，攻击左上方白棋。

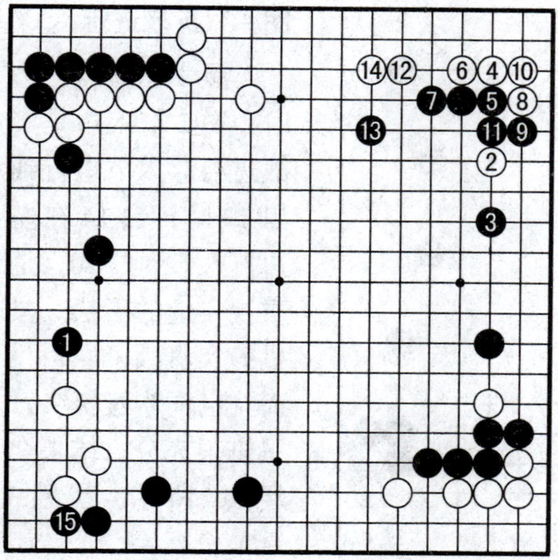

图 8

图 8 先发制人

黑 1 时，如果白 2 挂，黑 3 当即夹攻，诱导白棋占三三角。以下到黑 13，黑棋先手处理后，黑 15 占据根地的要点，黑棋非常满足。

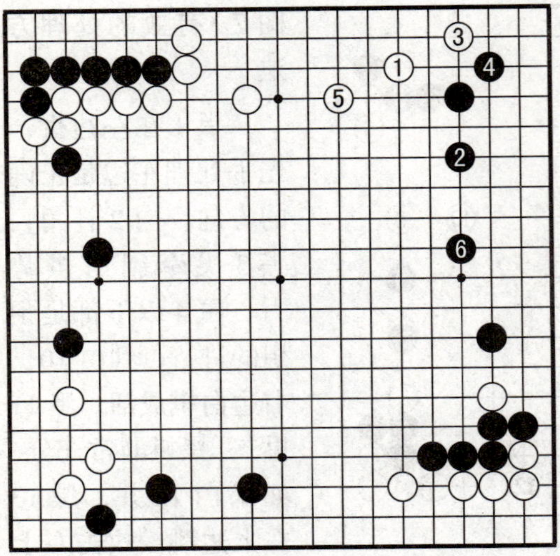

图 9

图 9 黑棋布局好调

白 1 飞挂取上边，其后到白 5，白棋确已巩固上边，但黑 6 在右边防守是好棋，黑棋布局好调。

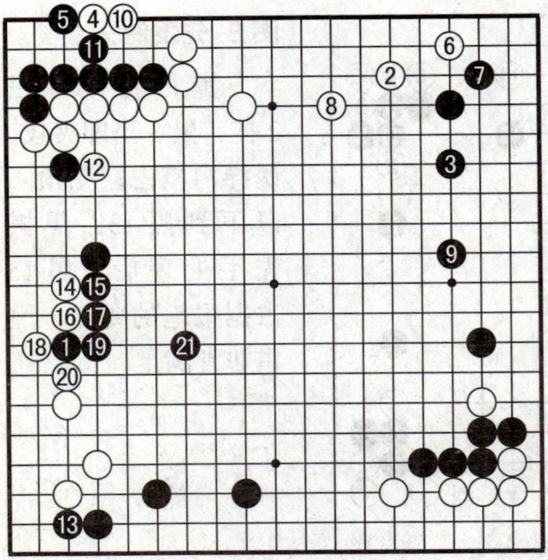

图 10

图 10 实战进行

黑 1 占取左边时，白 2 取上边是实战进行。以下进行到黑 13 时，白 14 在左边打入，到白 20，是重视实地的下法。黑棋确实巩固了左边，而且已向中腹挺头，黑棋很充分。结果全局共 220 手，黑胜 3 目半。

棋子的配置

实战图 19(白先)

这是第 36 届“国手战”挑战赛曹薰铉与李昌镐（黑）的实战对局。白 1 连，黑 2 跳，白棋的下一手应在右边的一个位置上，而且要考虑到右上角棋子的配置，以寻求最有效的方法。

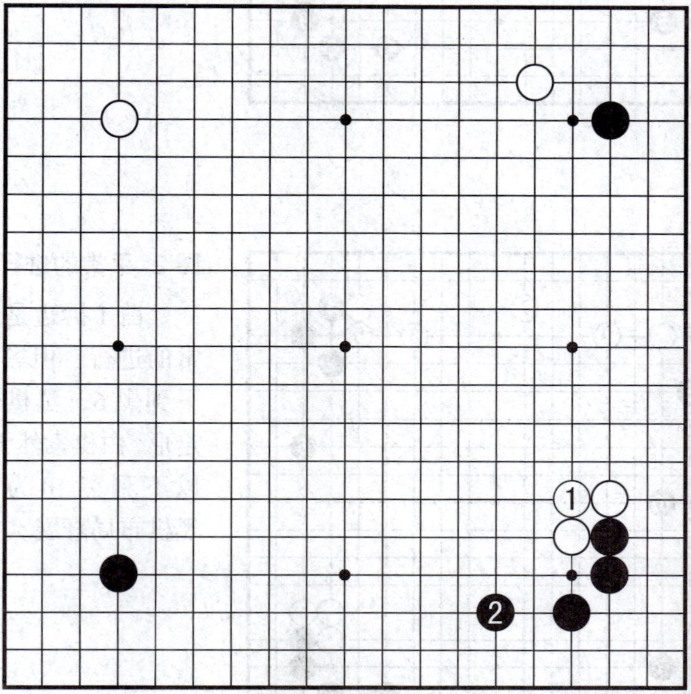

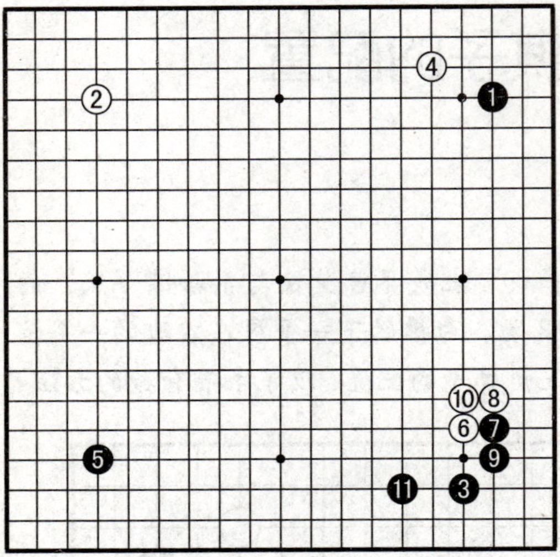

图 1

图 1 经过图

面对黑 1、3、5 的布局，白棋积极应对。白 6 挂，黑 7 托，以下到黑 11，是实战的经过。以后白棋如何处理右下方三子是问题的关键。

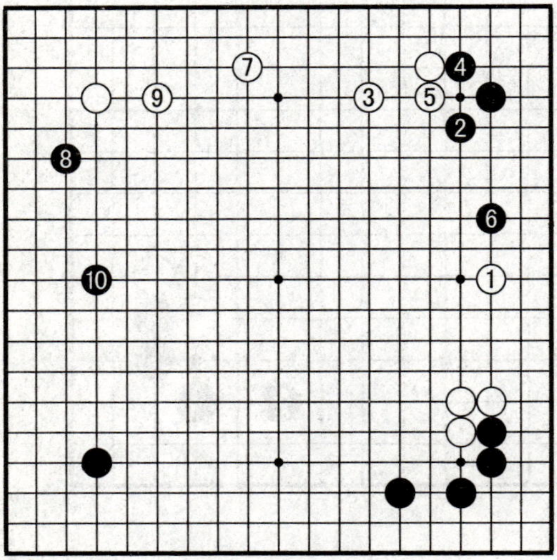

图 2

图 2 平常的进行

白 1 拆边是最平常的进行。但黑 2 以下到黑 6，黑棋轻易定形，白棋索然无味。以下到黑 10 为止，黑棋布局舒展。

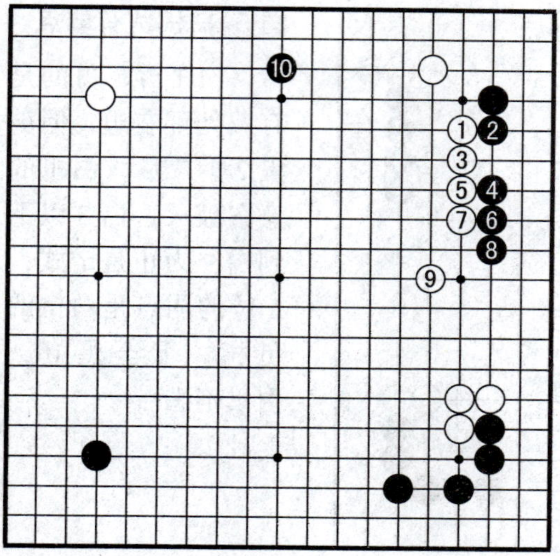

图 3

图 3 白棋失算

白 1 飞压是重视势力的手法，但以下到白 9，白棋不可避免地成为后手，白棋不满。黑 10 分投是绝好点，结果白棋失算。

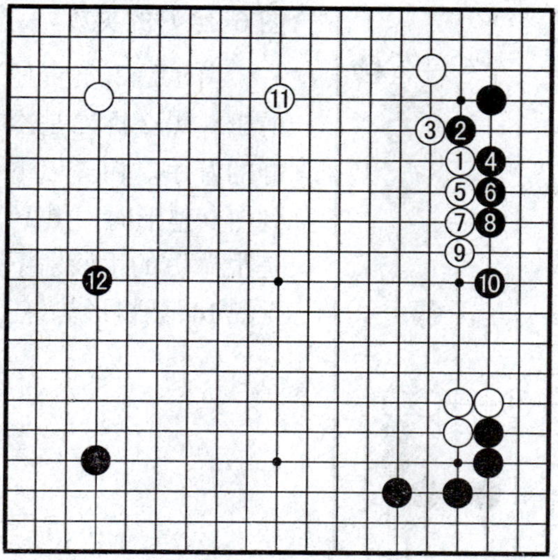

图 4

图 4 大同小异

白 1 的意图是诱导对方开展有利于自己的战斗。但黑 2、4 以下到黑 10 为止，黑棋取实地是正确的作战方针。白 11 占据上边后，白棋过于偏重一侧。黑 12 在左边展开，黑棋局势不错。

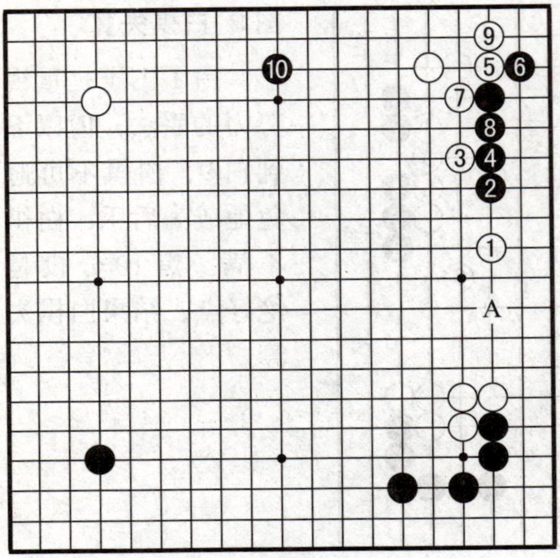

图 5

图 5 白棋留有弱点

白 1 拆，目的是有效处理右边，但被黑 2 拆二后，白棋的意图破灭。白 3 以下到白 9 为止是定式，A 位的弱点是白棋的负担。下至黑 10，白棋不满。

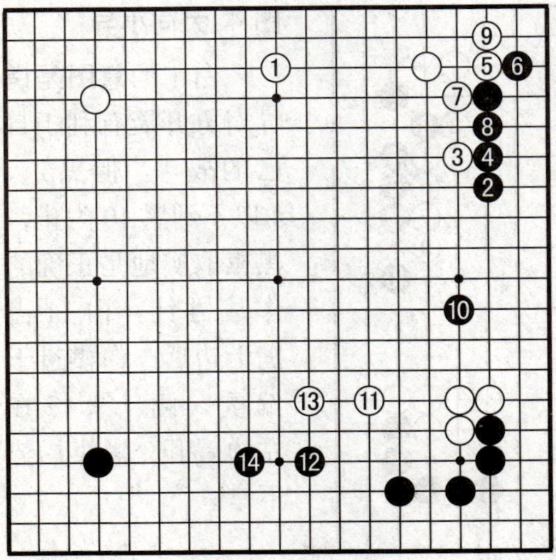

图 6

图 6 绝好的夹攻

白 1 是不负责任的棋，黑 2 拆二是冷静的好手。白 3 以下到白 9 整形时，黑 10 是很严厉的手段，下至黑 14，黑棋形势好。

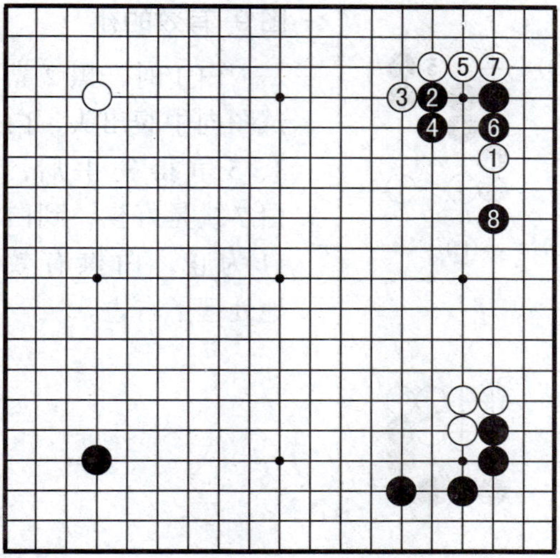

图 7

图 7 猛烈的夹攻

白棋通过夹攻角上黑棋一子处理右边，是正确的方针。但白 1 的夹攻却是过急行为，黑 2、4、6 整形后，黑 8 反击的手段可以成立，因而白棋不满。

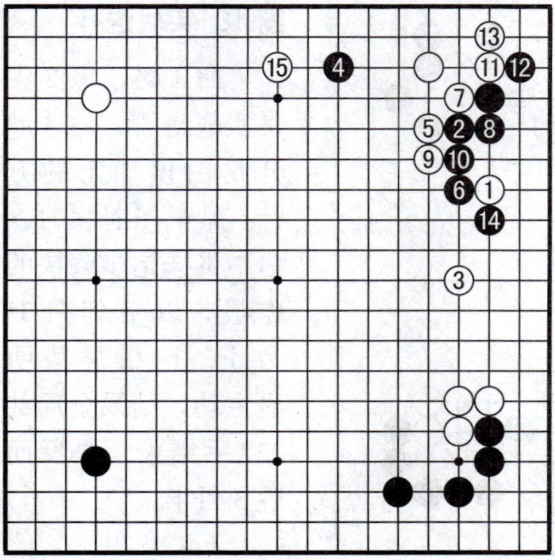

图 8

图 8 正确的夹攻

白 1 二间夹，间隔恰如其分。如果黑 2 尖，白 3 飞则是准备好的连贯手法。黑 4 反击，白 5 靠以下到白 13，白棋的处理很重要。黑 14 后，白 15 夹攻，白棋大获成功。

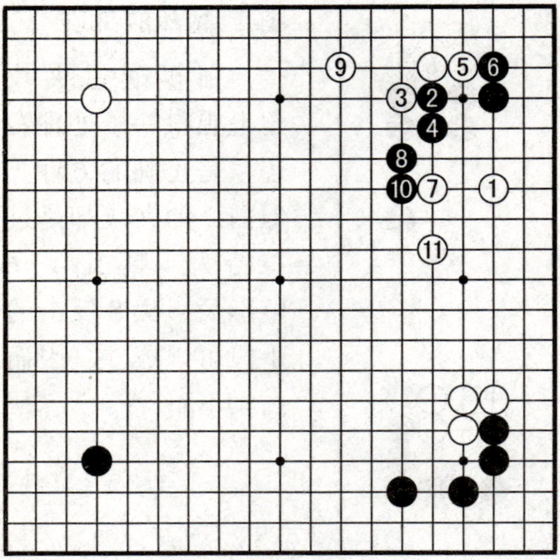

图 9

图 9 有效的补

白 1 时，黑 2 靠试图向中腹出头，白 3、5 争得先手后，白 7 跳是好棋，到白 11 为止，白棋有效地处理了右边。

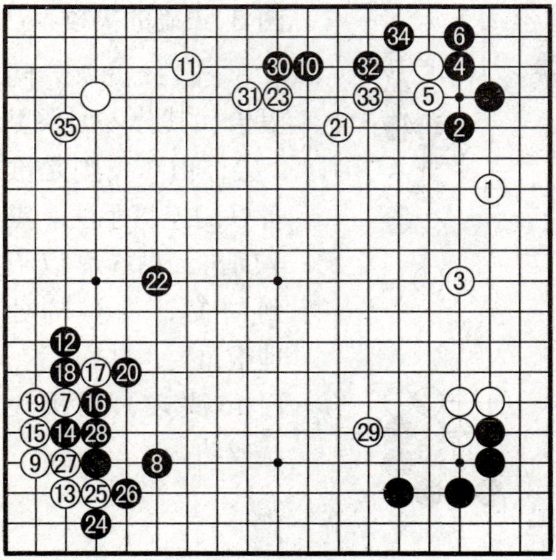

图 10

图 10 实战进行

白 1 时，黑 2 尖是实战进程，白 3 展开是白棋预定的方针。黑 4、6 补棋时，白 7 飞挂是步调快的作战。以下到白 35 为止，白棋局势明显主动。结果全局共 227 手结束，黑反而胜 3 目半。

下法的决定

实战图 20(白先)

这是第 2 届“维萨卡杯”挑战赛曹薰铉与李昌镐（黑）的实战。现在是黑 1 靠，其后白棋应如何应对？

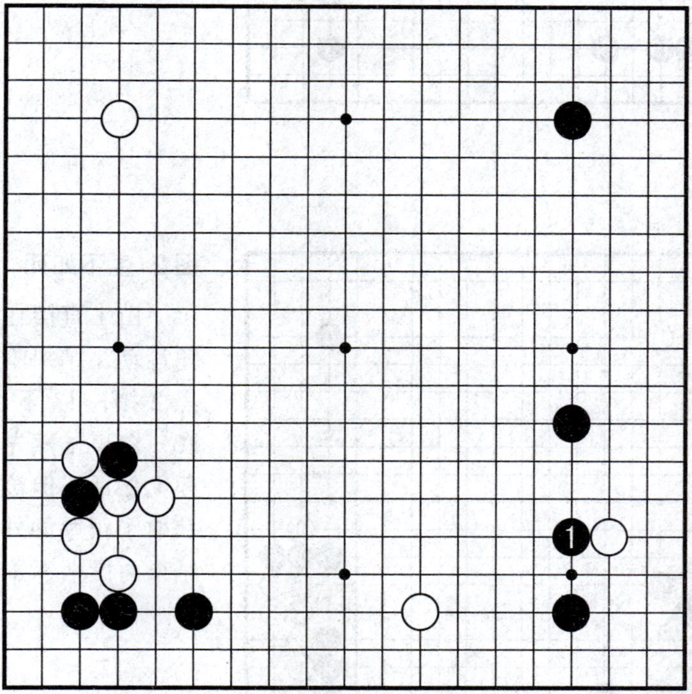

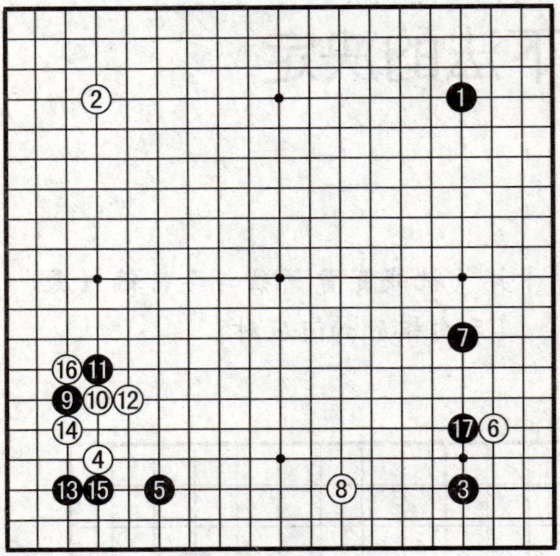

图 1

图 1 经过图

黑 7 夹攻时，白 8 打入希望黑棋在 17 位补，然后攻击左下角的黑 5。黑棋却断然置右下角不顾，而在 9 位双飞燕，下至黑 17 是实战的经过。

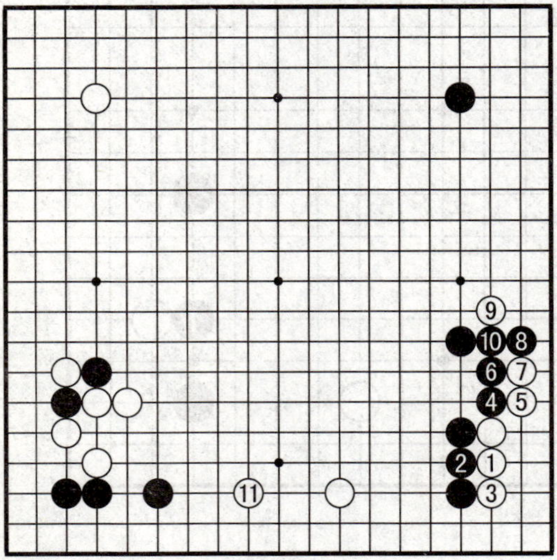

图 2

图 2 生不如死

白 1 直接在右下角运动，结果不好。黑 2 挡，以下到黑 10，白棋虽然先手在角上做活，但被黑棋获取了很厚的外势，结果白棋生不如死。

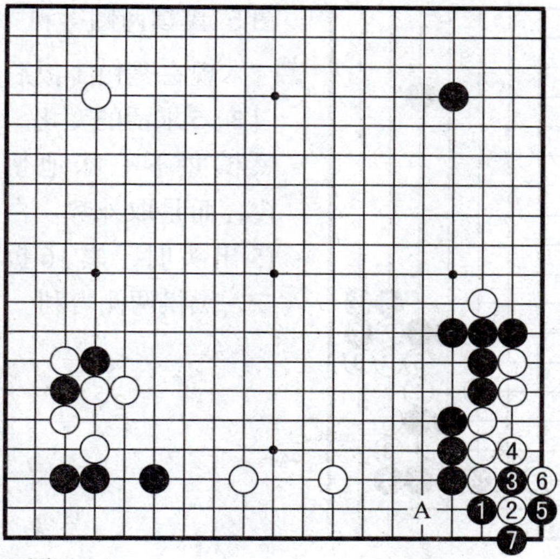

图 3

图 3 角上的余味

右下角白棋的棋形由于有黑 1、3 以下到黑 7 造劫的余味，即使黑棋不直接施行这种手段，但由于黑棋有 A 位的先手，黑棋更为有利。

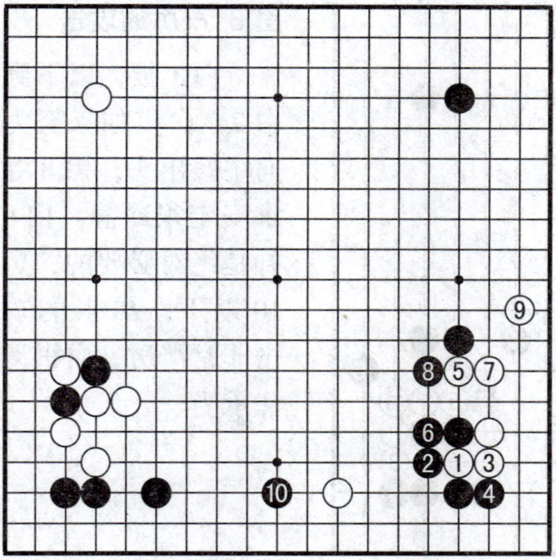

图 4

图 4 绝好的夹攻

白 1 挖接的意图，是利用征子对自己有利的条件，将棋活得大点，到黑 9 为止，即使后手做活，形势似很充分。但其后黑棋以势力为后盾，在 10 位夹攻，局势对黑棋绝对有利。

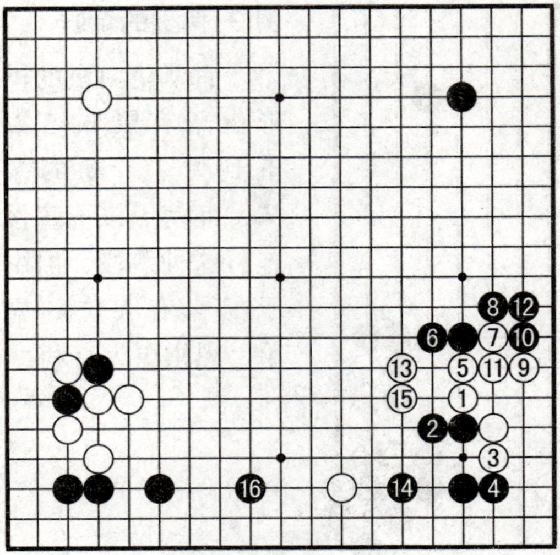

图5

图5 黑棋两侧得利

现在是白1扳后白3、5求活的变化。黑棋并不一味地蛮攻，而是取外势。白15出头时，黑16拆二，黑棋两侧得利。

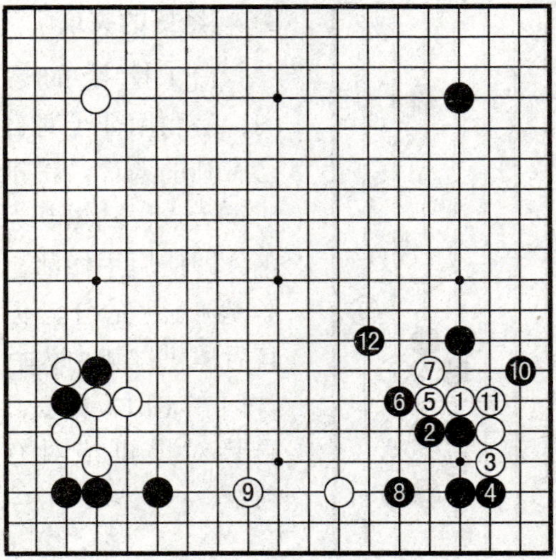

图6

图6 严厉的攻击

白1扳，以下到白7，白棋如果努力向中腹出头，黑8寻求安定很冷静。白9补是绝对必要的，黑10以下，黑棋的攻击非常严厉，白棋无法承受。

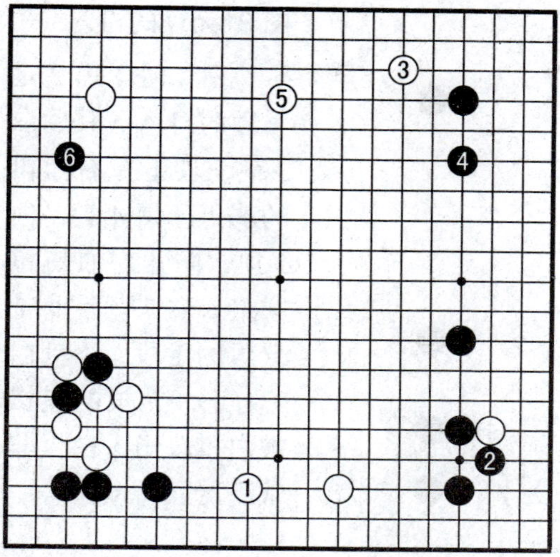

图 7

图 7 白棋平淡

白棋发现在角上直接运动对自己不好，因而在下边拆是当然的选择。但白 1 拆二缺少谋略，黑 2 控制角，以下到黑 6，白棋行棋平淡。

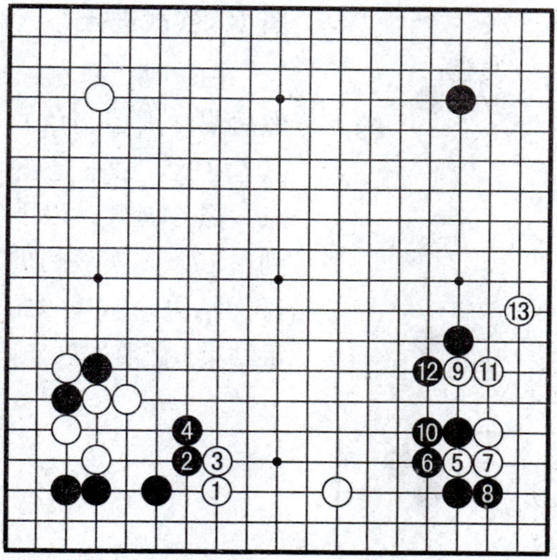

图 8

图 8 弱点的利用

白 1 拆 三， 最大限度地利用黑棋弱点。黑 2 尖补是黑棋当然的选择。白 3 时，黑 4 长，白 5 以下到白 13，白棋成功处理了两块棋。

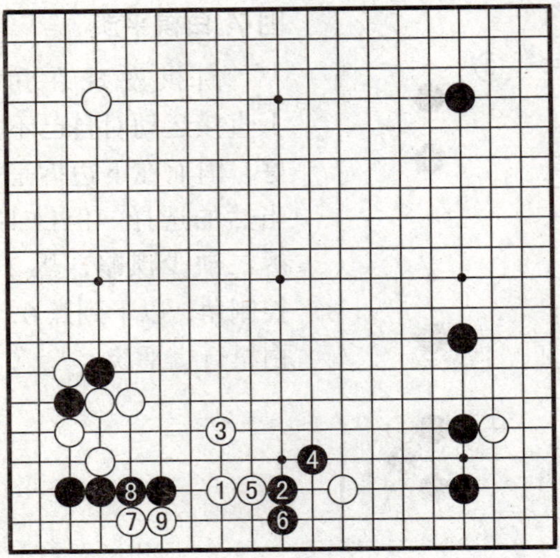

图 9

图 9 无理的打入

白 1 时，黑 2 是无理的打入。其后白 3 跳，攻击左右黑棋的弱点。黑 4 尖，白 5 顶，防止左右黑棋联络。白 7 刺是非常严厉的手段；下到白 9 为止，无根的黑棋被白棋攻击，白棋非常满足。

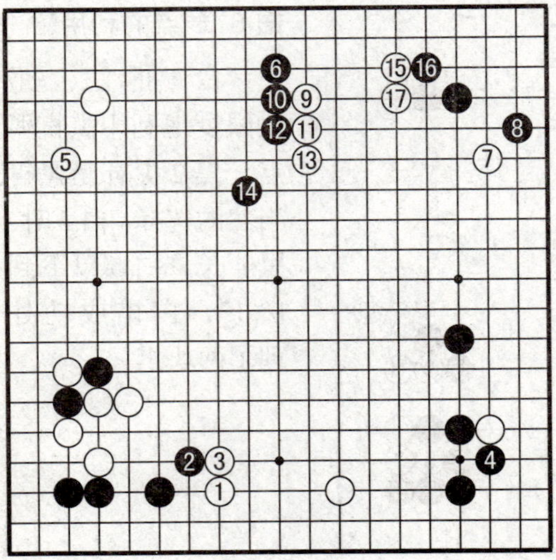

图 10

图 10 实战进行

白 1 时，黑 2 尖，然后黑 4 虎控制角。其后白 5 飞补是好点，黑 6 展开，以下到白 17，是实战的进行。结果全局共 250 手结束，黑胜 6 目半。

温和地控制局势

实战图 21(白先)

这是第 28 届“霸王战”挑战赛曹薰铉与尹成铉三段（黑）的实战对局。白 1 展开占据大场，黑 2 拆针锋相对。其后白棋应判断是温和地控制局势，还是采用激烈的方式。

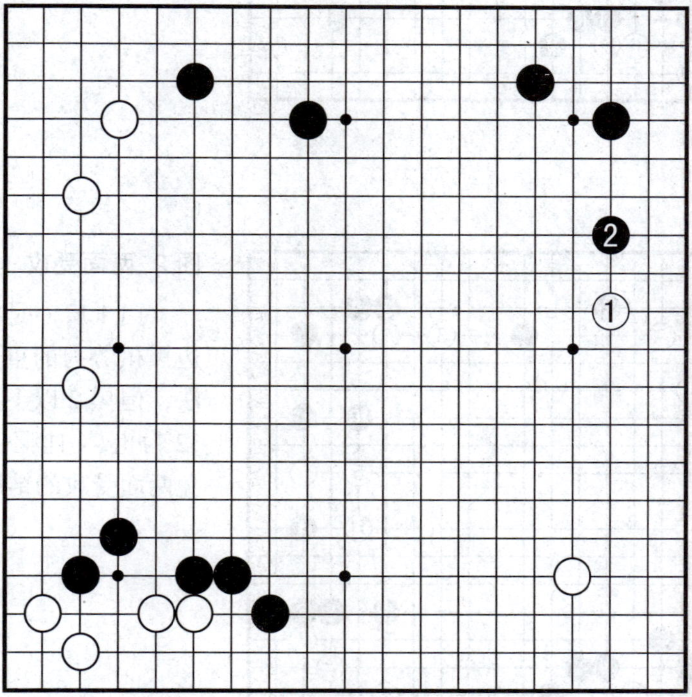

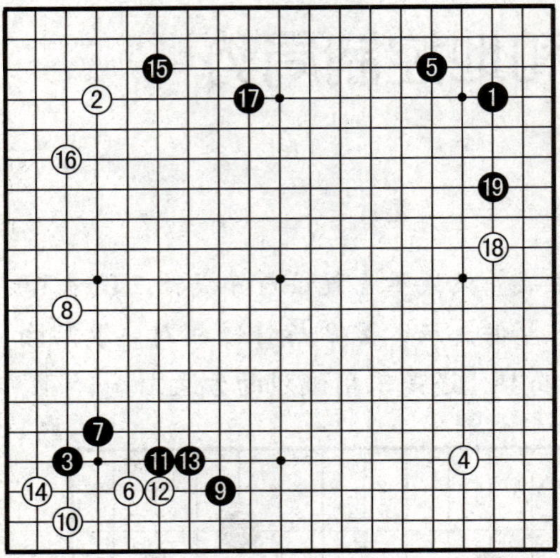

图 1

图 1 经过图

黑白双方以对角线的布局开盘，在开盘不久就已战云笼罩。此后到黑 19，白棋以很快的步调占据大场，黑棋以坚实的实地与白棋抗衡。

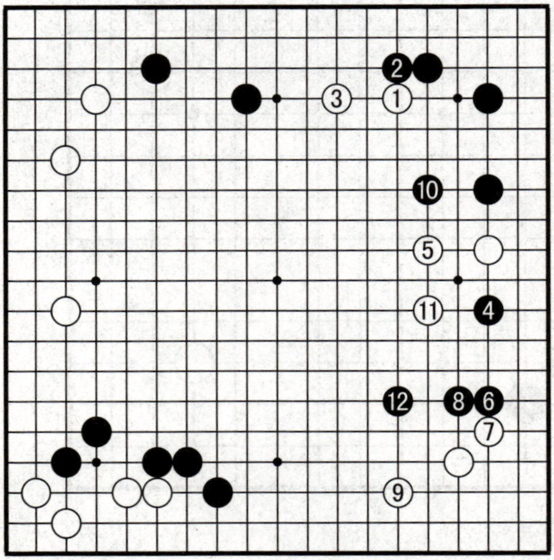

图 2

图 2 两面受攻

白 1 肩冲是消上边黑棋势力的重要手法，但黑 2 以下到黑 12 为止，白棋不可避免两面受攻的结局。

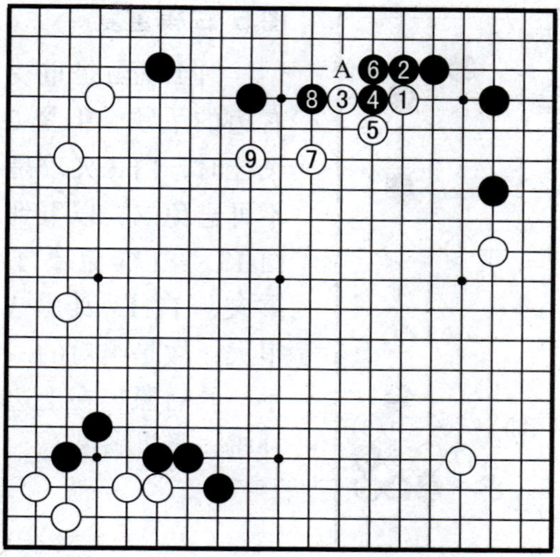

图 3

图 3 随手棋

白 3 跳时，黑棋并不攻击右边的白棋一子，而是黑 4、6 挖接，这是黑棋随手下出的缓着。白 7、9 轻易具备活形后，黑棋非常不好。以后白棋还有在 A 位冲下的手段。

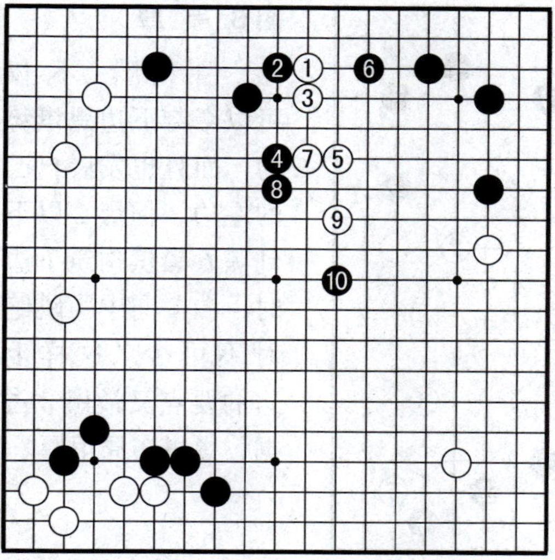

图 4

图 4 无理打入

白 1 打入是自取灭亡的无理之举。黑 2 以下到黑 10，白棋受到黑棋的猛烈攻击，很难挽回局势。而且左下角黑棋的外势也随之能发挥作用。

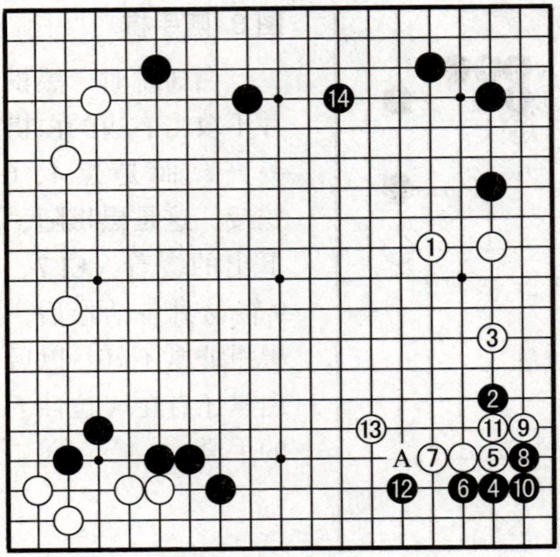

图 5

图 5 白棋重复

白 1 跳虽是重视右边的手法，但黑 2 飞挂时，白 3 夹攻是不可避免的，以下到白 13，白棋免不了重复。白 13 因黑 A 很大，故是绝对的一手，其后黑棋在上边补棋，黑棋满足。

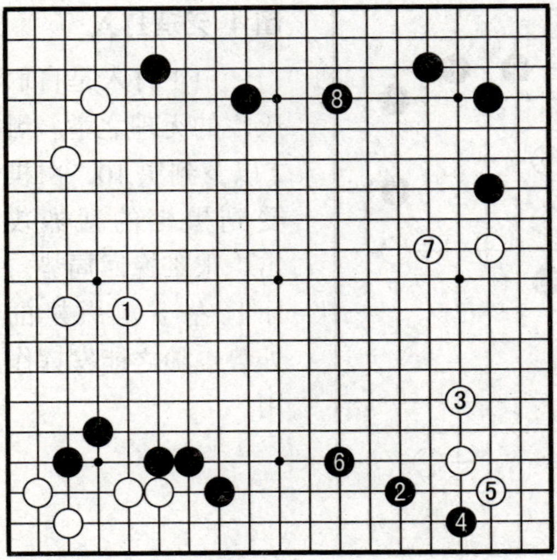

图 6

图 6 黑 厚

白 1 跳，不仅可以牵制下边黑棋势力，而且也发展自己的左边，但黑 2 以下到黑 6 黑棋构筑下边时，白 7 向中腹跳绝对不可少，这样上边的要点又被黑 8 占据，黑棋布局很厚。

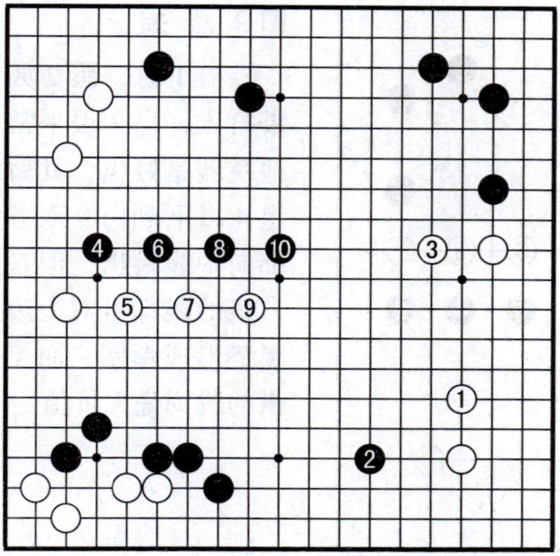

图 7

图 7 严厉的打入

如白 1 跳守角，黑 2 占下边是好棋。黑棋安定下边之后，白 3 只好补右边。其后黑 4 的打入很严厉，以下进行到黑 10 时，下边黑棋外势已在一定程度上发挥了攻击作用。

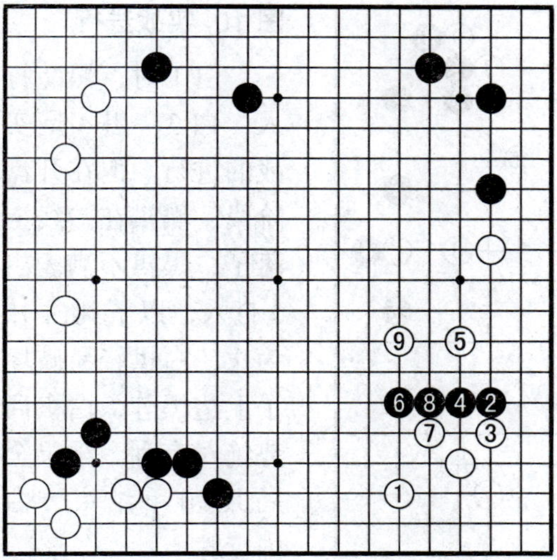

图 8

图 8 恰当的牵制

白 1 飞是恰当的一手棋。白 1 不仅可以牵制黑棋势力，而且也与右边白棋一子间接形成呼应。其后黑 2 飞挂，白 3 以下是攻击黑棋的次序，白棋局势好。

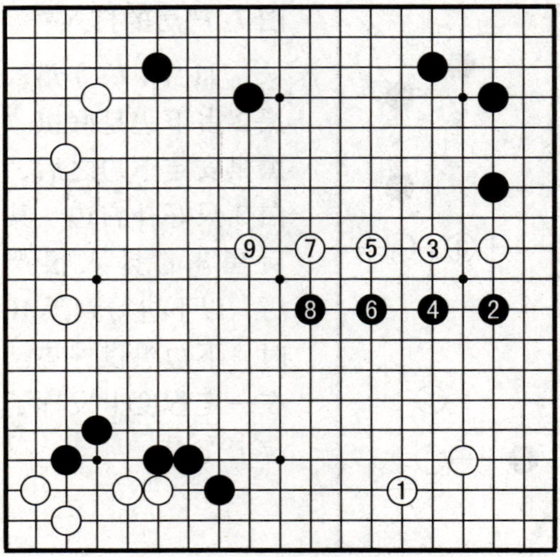

图 9

图 9 黑 损

白 1 时，黑 2 如果打入，白 3 很平常地跳就是好棋，其后黑 4 以下到白 9 双方都向中腹跳出，但是白棋的跳却可对上边黑势形成牵制，而黑棋的跳则毫无价值。

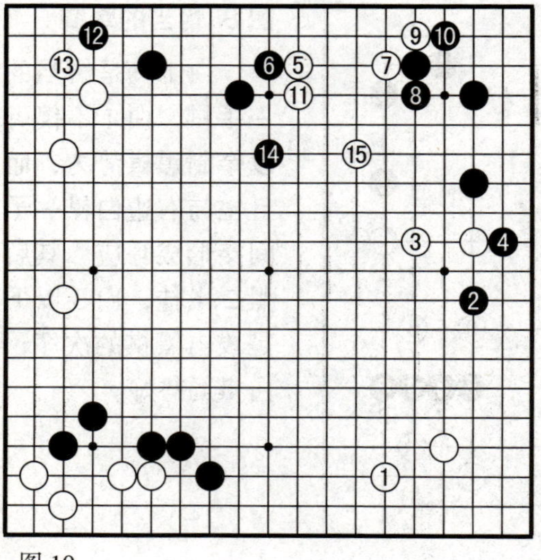

图 10

图 10 实战进行

白 1 时，黑 2 打入，白 3、黑 4 是实战的进行。但在开盘阶段，黑棋在二线上落子，黑棋不满。白 5 打入，以下到白 15 为止，白棋轻易破坏了上边黑阵，白棋局势绝对有利。结果全局共 90 手结束，白中盘胜。

决定挡的方向

实战图 22(白先)

这是第 32 届“最高位战”挑战赛曹薰铉与徐能旭九段(黑)的实战对局。现在白 1 挡封锁黑棋，黑 2 立即点三三。其后白棋应从什么方向挡，并将成为什么样的局势，让我们来展望一下。

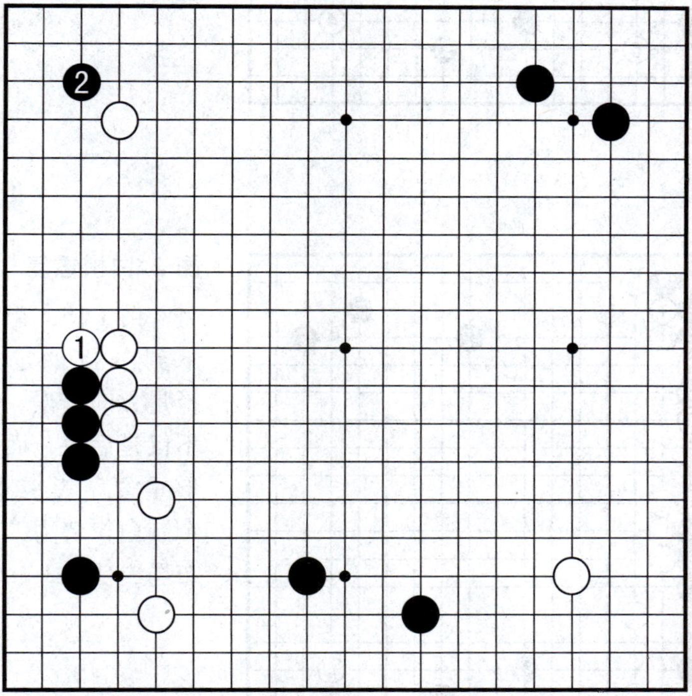

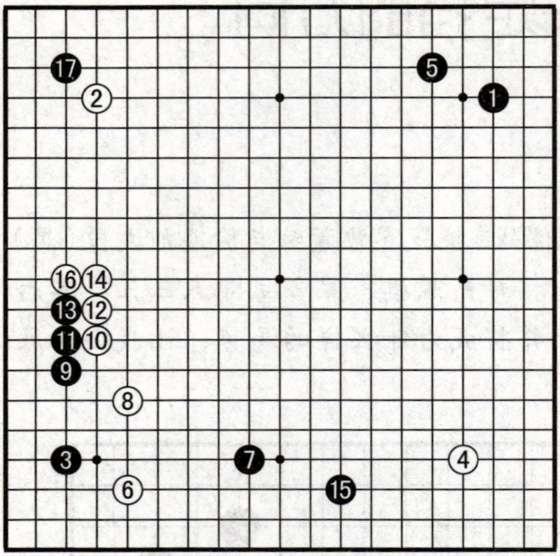

图 1

图 1 经过图

黑 7 夹攻，白 14 以后，黑 15 重视下边，白 16 挡是具有气势，其后黑点三三，是实战的经过。

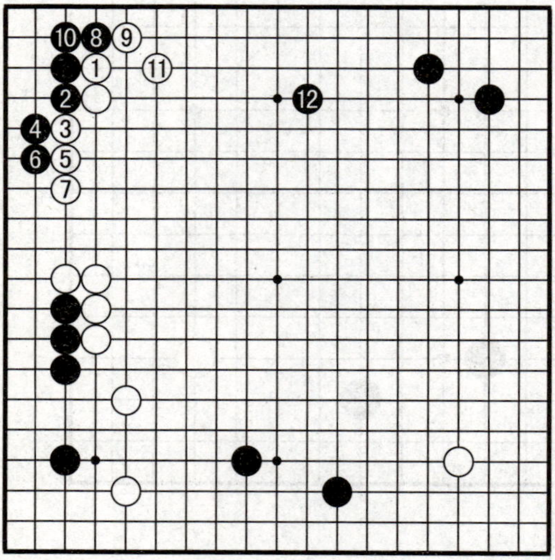

图 2

图 2 白棋重复

白 1 挡，黑 2 以下到白 11 的定式选择是方向错误。白棋不仅是后手，而且棋形重复。黑 12 展开牵制白棋势力，黑棋布局成功。

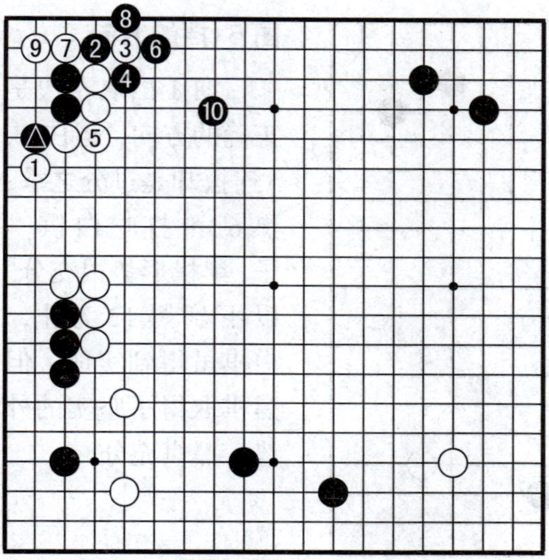

图 3

图 3 常用的断

黑▲时，白 1 有连扳的变化。白 1 连扳后，黑 2、4 扳断是常用的手筋。白 5 接，以下到白 9，白棋占取实地，但仍不可避免地出现重复。下至黑 10，黑棋非常满足。

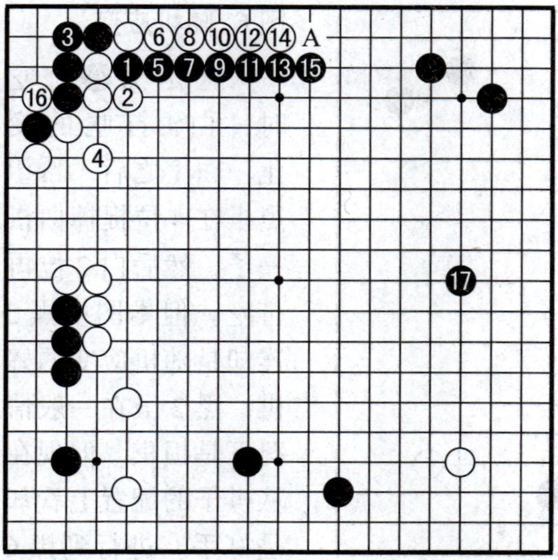

图 4

图 4 强大的外势

黑 1 断时，白 2 打吃的反击手段也可考虑。此时黑 3 冷静地连接是好棋，白 4 无奈，只好自补。黑 5 以下到黑 15，黑棋取得了强大的外势，而且黑棋还有先手在 A 位挡的手段，结果白棋贪小失大。

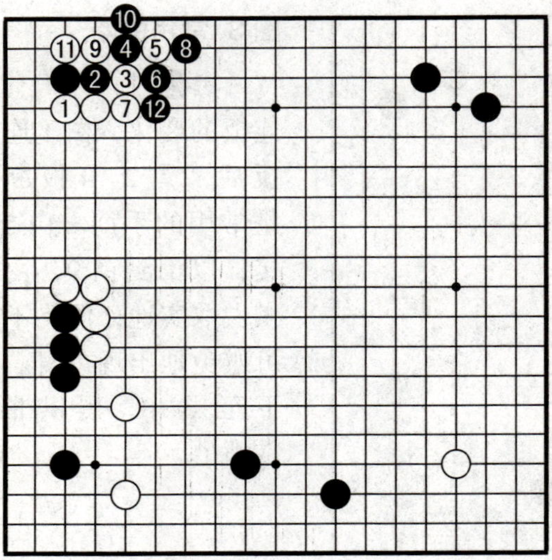

图 5

图 5 挡的方向

白 1 挡取左边是正确的方向，但白 3、5 连扳却是过分之举，黑 6、8 打吃白棋一子，黑棋形势很充分。以下到黑 12 为止，白棋虽得到实地，但黑棋取得了坚实的外势，黑棋充分。

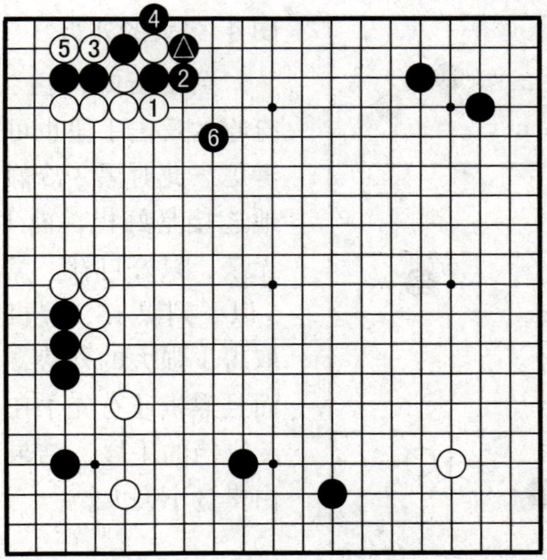

图 6

图 6 随机应变

这是黑△打吃时，白 1 打吃的变化。白 1 之后，希望黑棋在 4 位提掉白棋一子，然后白 2 位再打吃。但本图中黑 2 连却是随机应变的好棋，黑 2 虽在一般情况下是损棋，但现在从棋子的配置上看却是好手。进行到黑 6 为止，结果与前图大同小异。

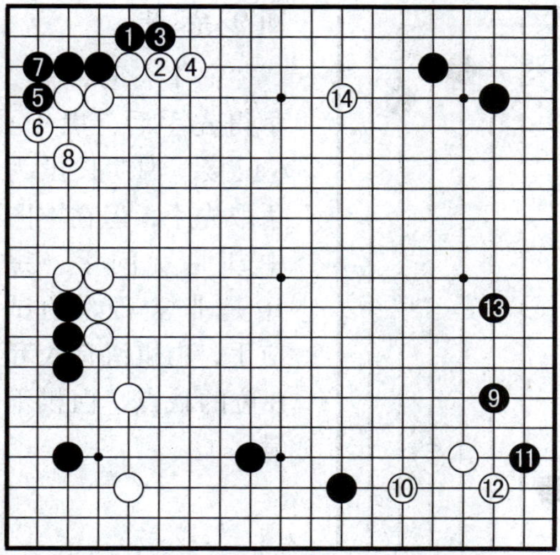

图 7

图 7 正确的方法

黑 1 扳，白 2 单退是正确的方法。以下到白 8 是基本定式，左边白棋外势在一定程度上得以利用。其后黑 9 挂到黑 13 开辟右边，白 14 扩张势力，白棋形势很充分。

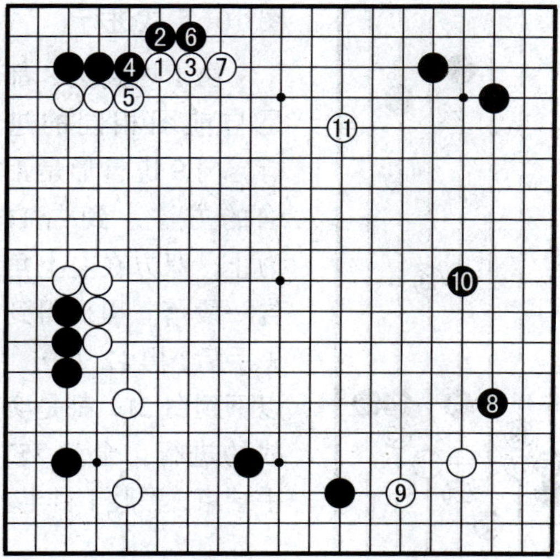

图 8

图 8 有效的飞

本图中的白 1 飞是更为有效的一手。以下到白 7，形成的棋形与前图相对照自可明其优劣。其后黑 8、10 构筑右边，白 11 在五线上扩张，白大有可为。

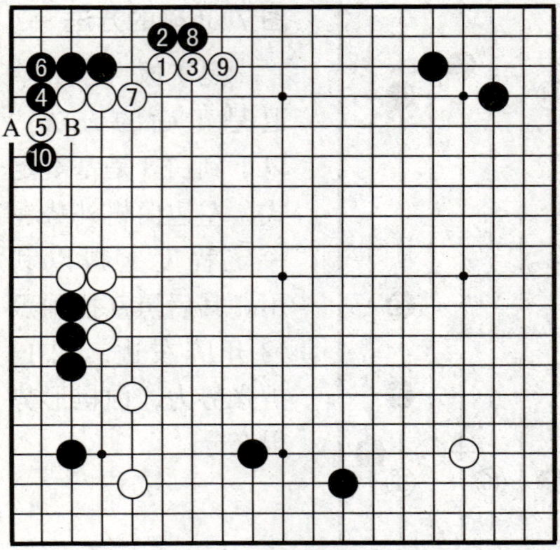

图 9

图 9 余 味

白 1 飞时，黑 2 争得先手后，黑 4、6 扳接。白 7 长虽为争取先手，但在本图中却是疑问手。黑 10 是非常巧妙的试应手，白棋留有 A 和 B 位的缺点，白棋不满。

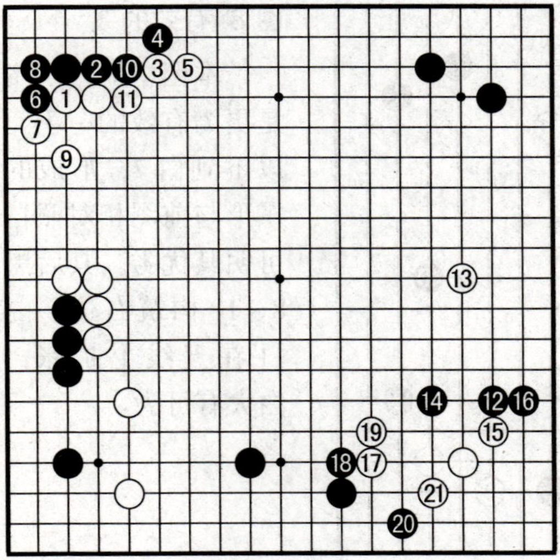

图 10

图 10 实战进行

白 1 挡到黑 8 都是与前图相同的进行。白 9 虎整形是正确的方法，到白 11 为止，双方在左上角告一段落。黑棋得到先手后，黑 12 飞挂，以下到白 21，都是实战的进行。全盘 257 手结束，黑胜 1 目半。

考虑对方的反击

实战图 23（黑先）

这是第 10 届“大王战”半决赛曹薰铉与金秀壮八段（白）的实战对局。现在黑 1 尖顶，白 2 下立。其后黑棋应考虑到白棋可能的反击手段，再决定自己的下一步棋。

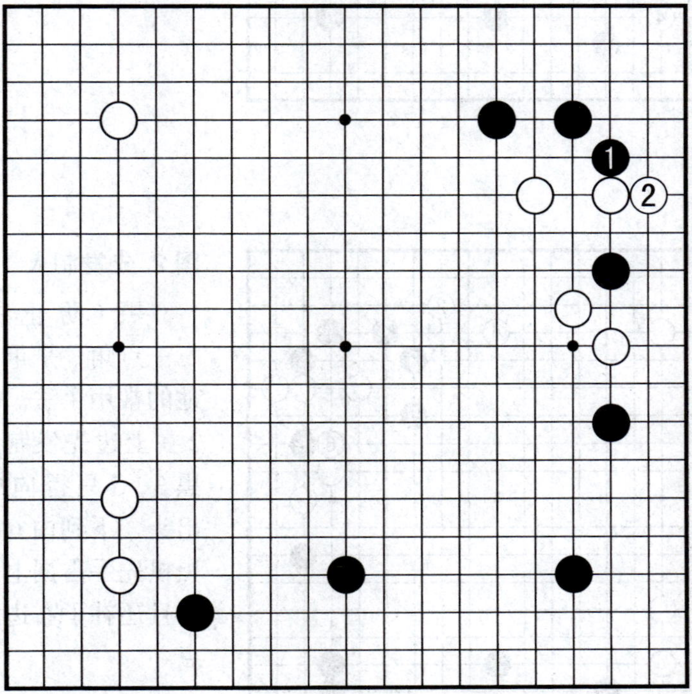

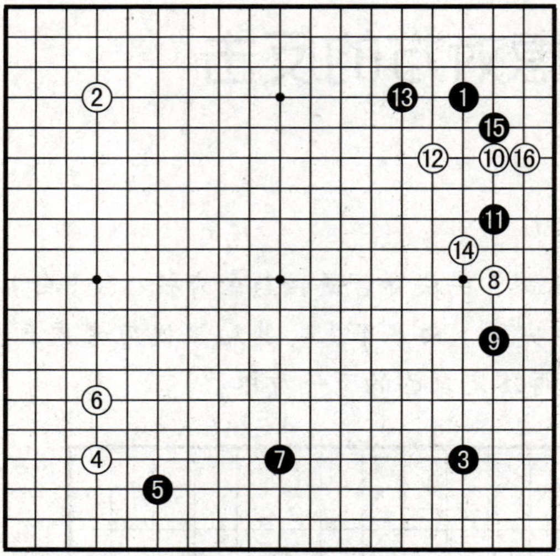

图 1

图 1 经过图

黑白双方均以二连星开局，黑 5、7 在下边构筑阵势，白 8 在右边分投。黑 9 以后，白 10 以下到白 16 为止形成了星位的一个基本定式。

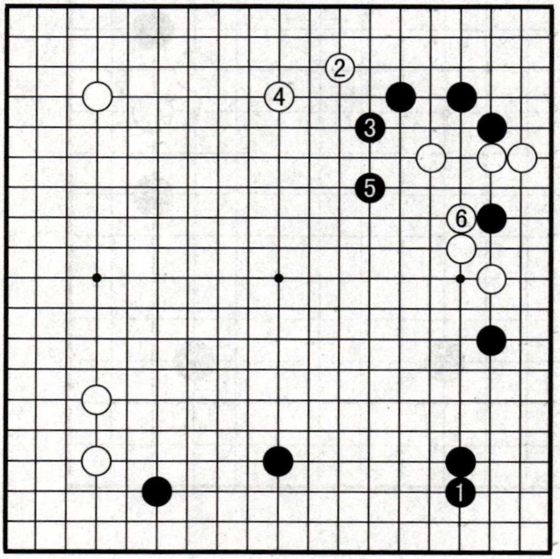

图 2

图 2 先发制人

黑 1 防止白棋三三点角，是重视实地的常用手法。但白 2 在上边先发制人，黑 3、5 只得向中腹出头，下到白 6 时，黑棋先手占据上边，并且还补了右边的弱点。

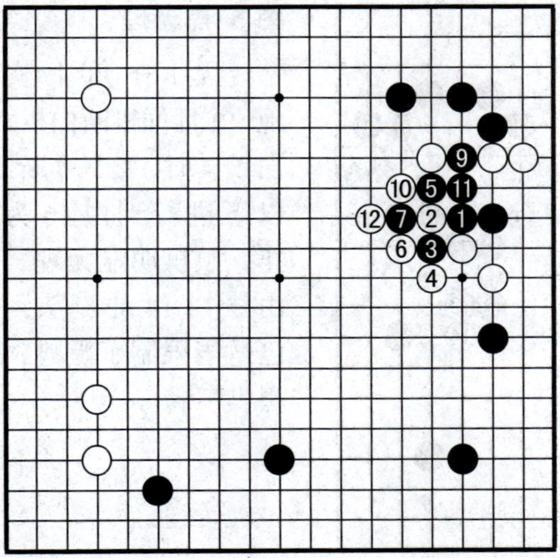

图 3　　⑧=❸

图 3 白棋外势很厚

本图是黑 1、3 直接断的变化。黑 3 断后，白 4 打吃是好棋，其后黑 5、7 争得先手后，黑 9 占取实地。但白 12 提子后，白棋形成很厚的外势，黑棋不满。

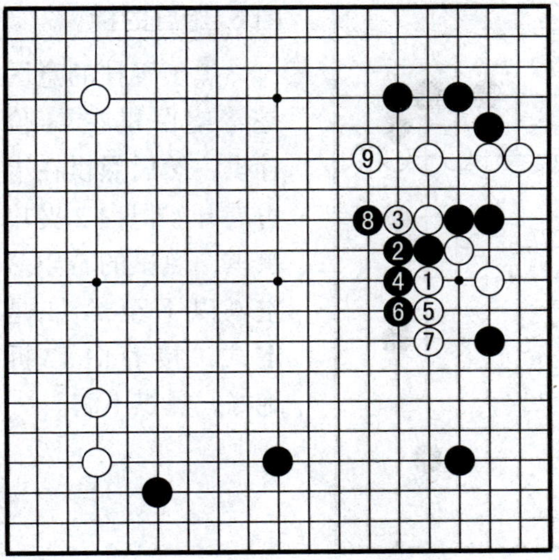

图 4

圈 4 时机不成热

白 1 时，黑 2 长，试图救活黑棋一子，但实际上对黑棋更加不利。白 3 以下到白 9 为止，右边黑棋二子已束手无策。结论是存在着前图中断的手段，但眼下时机不成熟。

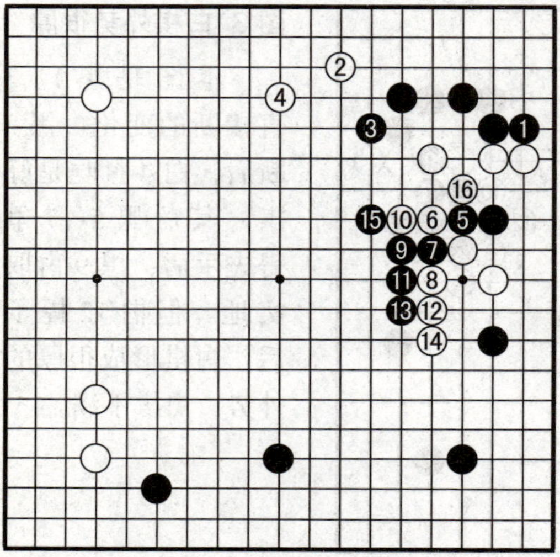

图 5

图 5 黑无理

黑 1 守角上实地，并且伺机断白棋。白 2、4 时，黑 5、7 断，以下进行到白 16 为止，黑棋明显无理。由于白 14 的挺头，已适当限制了黑势，黑棋不满。

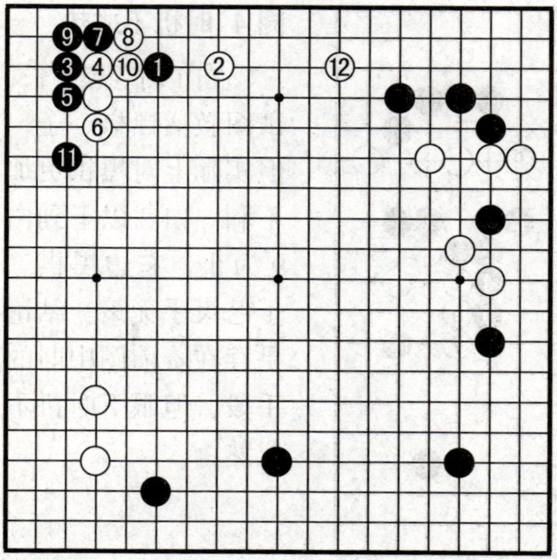

图 6

图 6 绝好的拆

黑 1 飞挂的意图是希望白棋在 11 位补棋，然后黑棋在上边展开。但白 2 夹攻黑棋，黑棋的希望落空。以下至黑 11 是定式，接着白 12 拆绝好，黑棋不满。

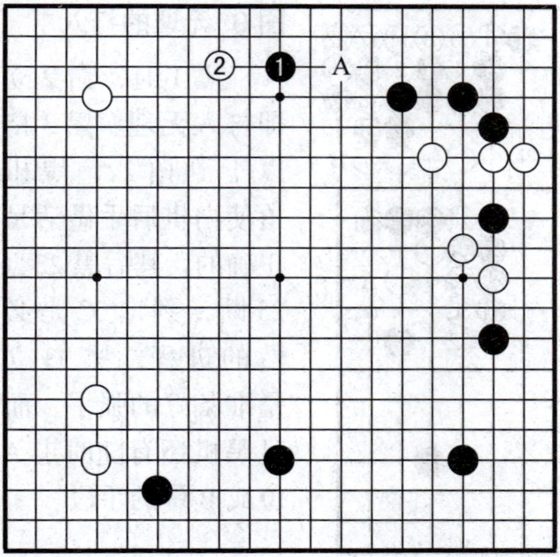

图 7

图 7 本 手

黑棋不在上边展开，无论如何都很难取得好的结果。因此图中黑 1 是正确的方向。但白 2 之后，黑棋有 A 位被打入的负担，因此黑 1 仍不是最恰当的。

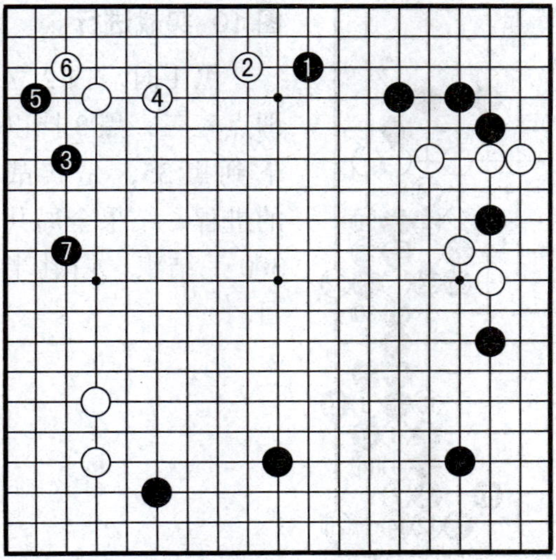

图 8

图 8 适当的间隔

本图中的黑 1 飞的间隔很合适。白 2 之后，黑棋与前图相比，被打入的负担已大为减轻。黑 3 到黑 7 黑棋开辟左边，结果黑棋形势好。

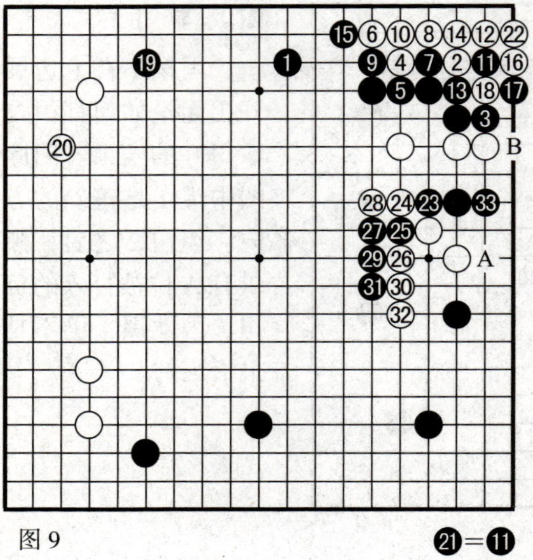

图 9

图 9 无理的打入

黑 1 时，白 2 立即打入无理。黑 3 挡以下到白 22，黑棋迫使白棋后手做活是正确的。其后黑 23、25 断，到白 32 是必然的进程，黑 33 立是准备好的强手，而且黑棋还有随时走 A 位或 B 位的手段。

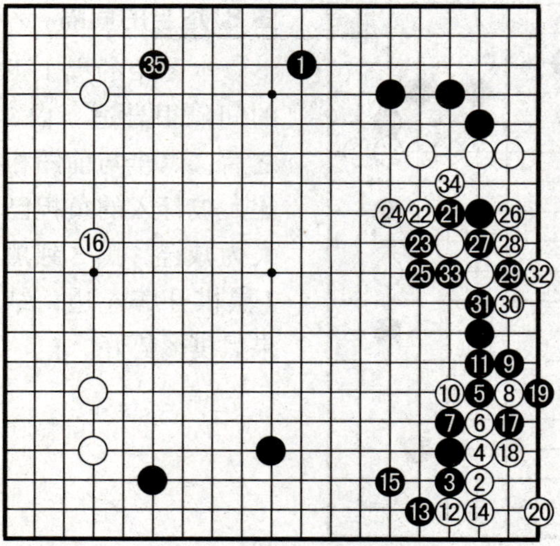

图 10

图 10 实战进行

黑 1 时，白 2 立即点三三，黑 3 挡以下到黑 35，是实战的进程。结果全局共 300 手结束，白胜半目。

后续手段

实战图 24（黑先）

这是第 3 届“棋圣战”本选赛曹薰铉与金东烨四段（白）的实战对局。现在黑 1 长，白 2 也长。其后黑棋如何处理左下角飞挂的一子？

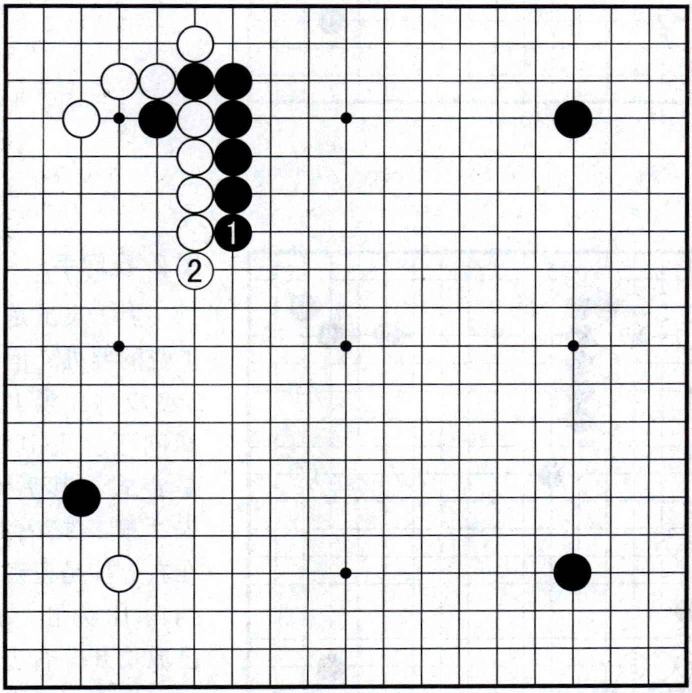

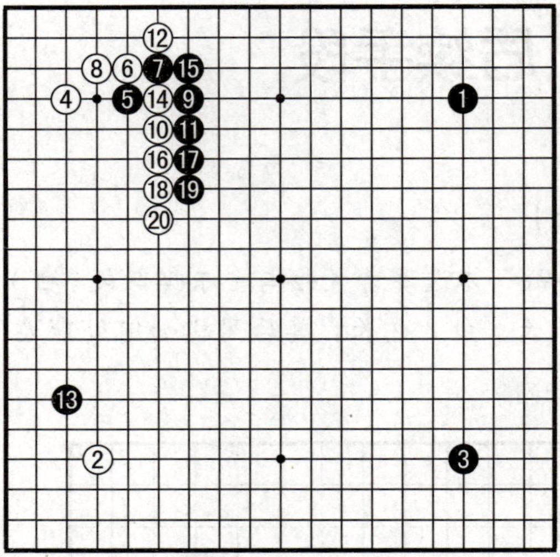

图 1

图 1 经过图

黑 5 挂，白 6 托很平常，但黑 9 虎时，白 10 刺又是不平常的手法。以下到白 20，是实战的经过。

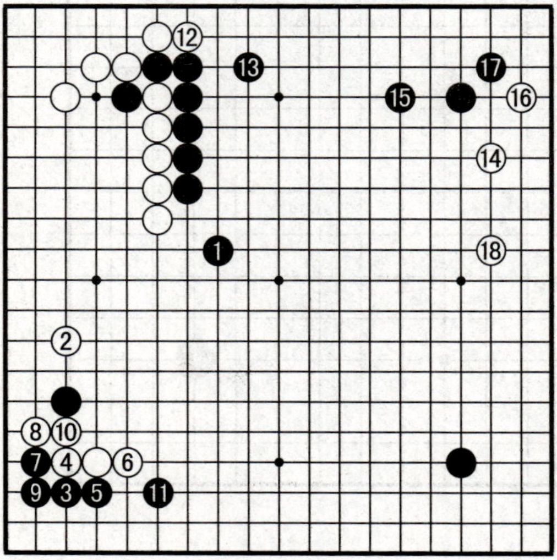

图 2

图 2 疑问手

黑 1 飞虽是势力扩张的要处，但被白 2 夹攻后，黑 1 成为疑问手。下到黑 11 是定式，其后白 12 先手爬，接着白 14 在右上挂是正确的。到白 18 为止，白棋已成功开辟右边，形成白棋抢占了所有好点的局面，黑棋外势的价值也已经减半。

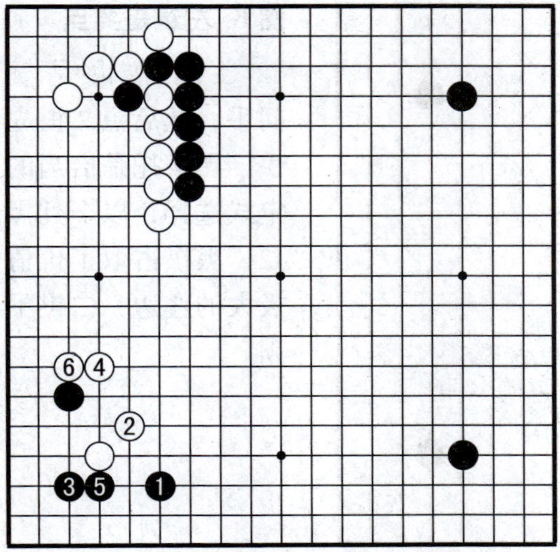

图 3

图 3 理想的左边

黑 1 双飞燕，其意图是通过攻击角上白棋取得利益。其后白 2 尖是冷静的好棋。黑 3 点三三，以下到白 6，白棋占取很大的左边，白棋满足。

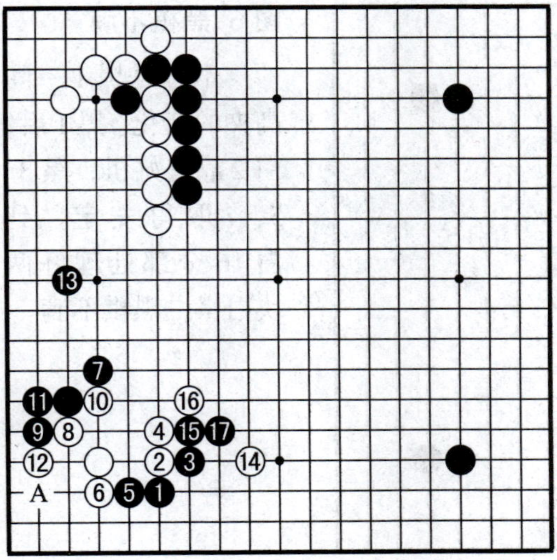

图 4

图 4 白棋过于受棋形束缚

黑 1 时，白 2 靠是疑问手。黑 3、5 争得先手后，黑 7 尖是好棋。以下到黑 17 都是预想的进行，黑棋率先占据了很大的左边，而白棋还有 A 位的负担。

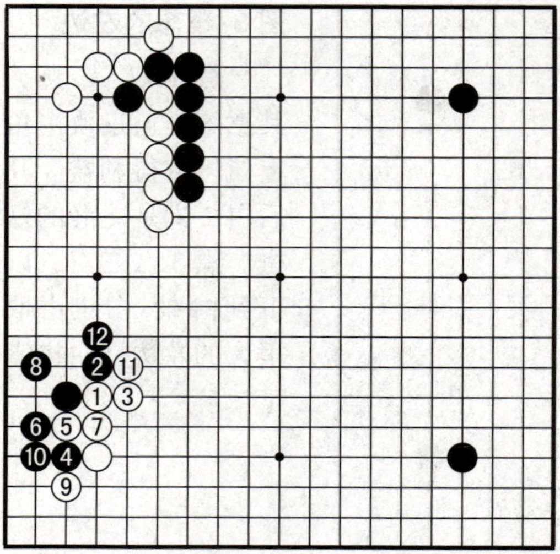

图 5

图 5 左边是要点

白 1 靠也是疑问手，此后黑 2 扳先手，黑 4 托是恰当的定式选择，以下到黑 12，黑棋占取了价值极大的左边，白棋不满。

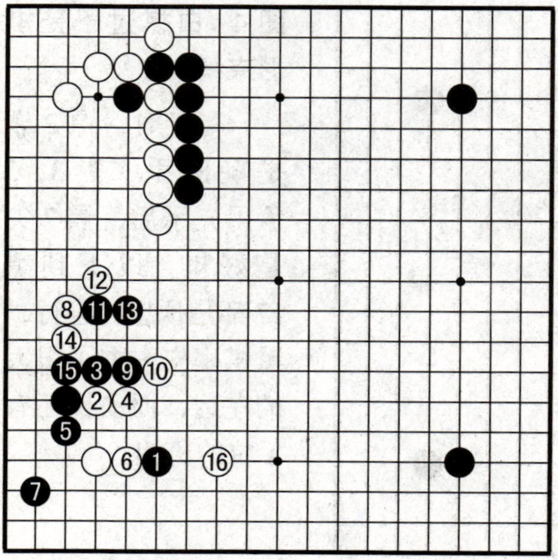

图 6

图 6 黑棋不满

本图是黑 1 一间高夹的变化。黑 1 后，白 2 靠是好棋，黑 3、5、7 取得安定。到白 16 全部处理好两块白棋，黑棋不满。

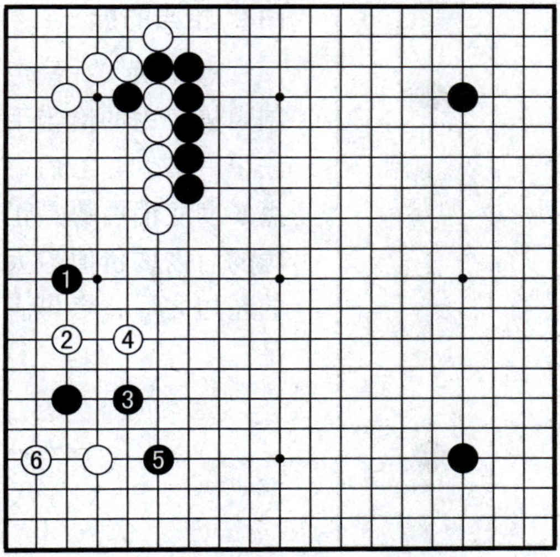

图 7

图 7 黑棋不利

黑 1 拆是重视左边的手法，但白棋以强大的外势为后盾，白 2 打入后，黑棋作战不利。黑 3、5 时，白 4、6 是准备好的强手，此后不论黑棋如何努力，都难以取得好结果。

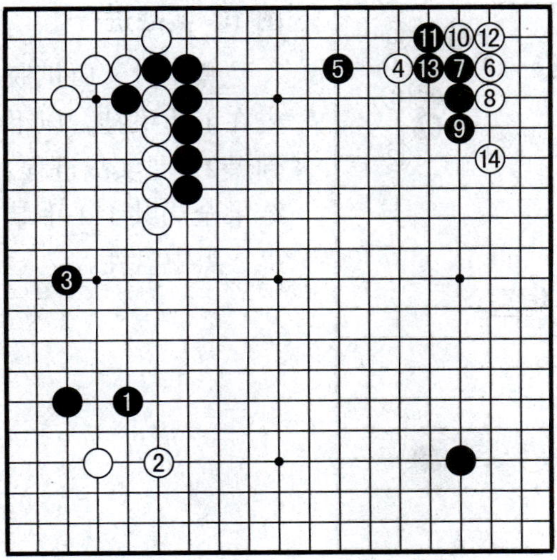

图 8

图 8 黑棋受损

黑1跳，白2时，黑 3 再拆。但黑 1 与白 2 的交换，黑棋已然受损。白 4 飞挂，以下到白 14 为止，白棋步调快。

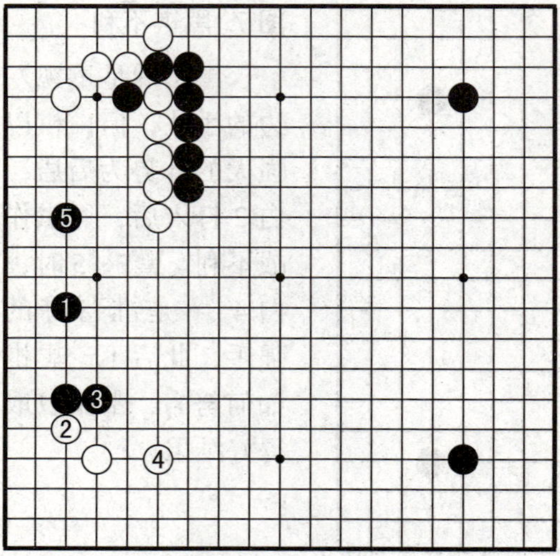

图 9

图 9 恰当的拆

黑 1 拆二是牵制白棋势力的恰当手法，白 2、4 之后，黑 5 彻底消白势是正确的。占取价值最大的左边之后，黑棋满足。

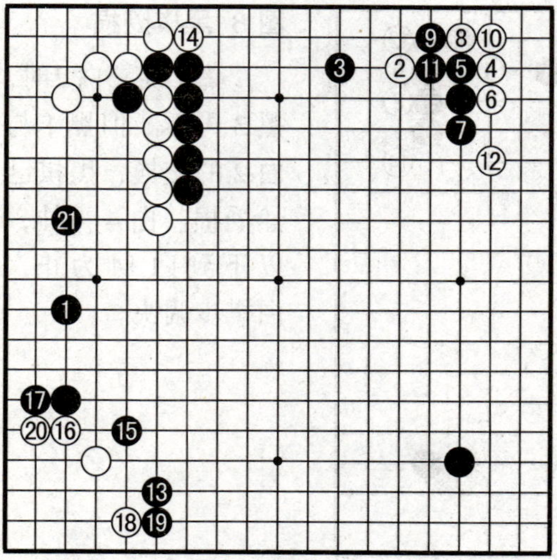

图 10

图 10 实战进行

黑 1 时，白棋脱先在上边飞挂，以下到黑 21，是实战进程。结果全局共 111 手结束，黑中盘胜。

攻击的方法

实战图 25（黑先）

这是第 25 届“王位战”挑战赛曹薰铉与李昌镐（白）的实战对局。白 1 连，黑 2 飞强化棋形，白 3 飞补。其后黑棋应以什么方法攻击下边白棋三子？

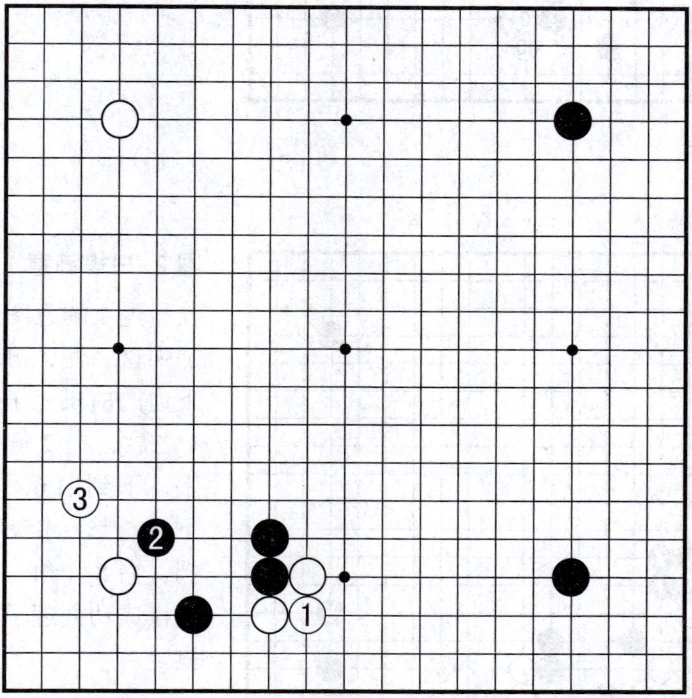

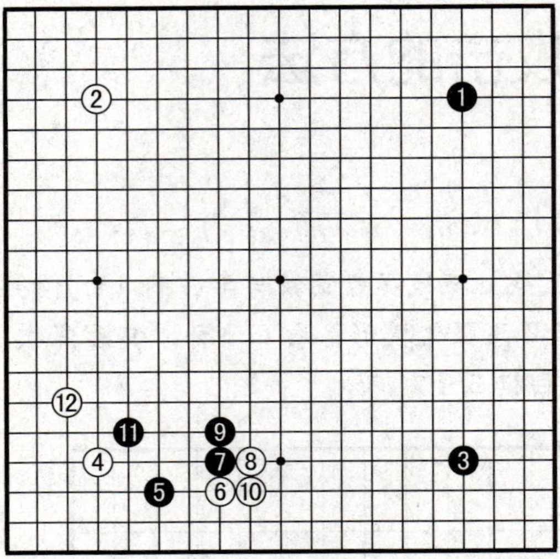

图 1

图 1 经过图

黑 5 飞挂时，白 6 夹攻是重视速度的手法。白 6 诱使黑棋点三三，但黑 7 飞压，以下到白 12 是实战的经过。

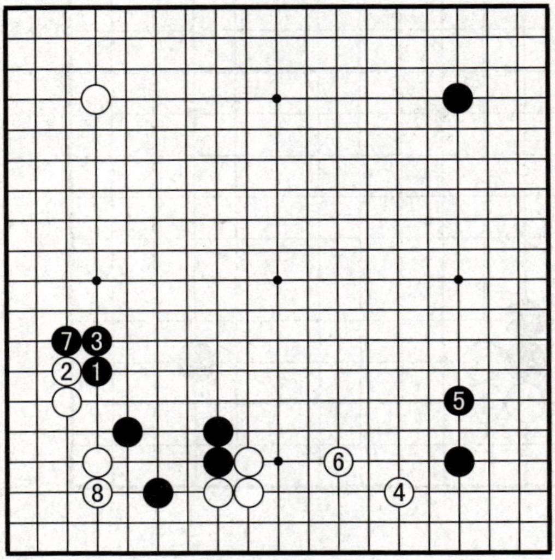

图 2

图 2 白棋满意

黑 1 的意图是先加强这一侧，再攻击下边的白棋三子。黑 1 之后，白 2 争得先手，下到白 6，白棋下边整形，接着黑 7 挡，白 8 守角，结果白棋成功处理了两块棋。

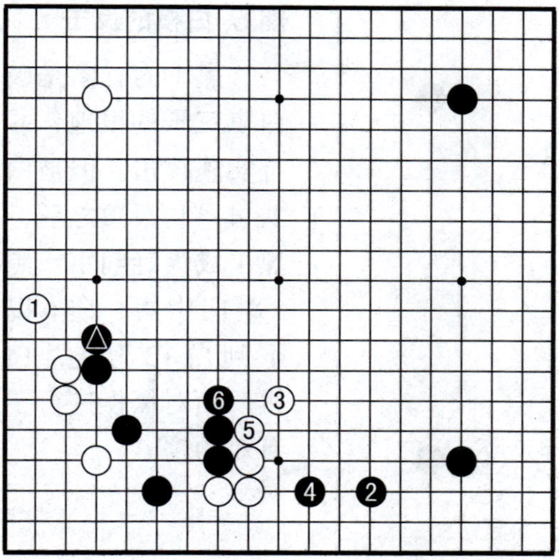

图 3

图 3 严厉的攻击

黑△时，白 1 飞，试图向边上发展，这是白棋的贪心。黑 2 夹攻是严厉的手段。白 3 向中腹逃，黑 4 破白棋根地，结果白棋变为浮棋。下到黑 6 时，白棋不满。

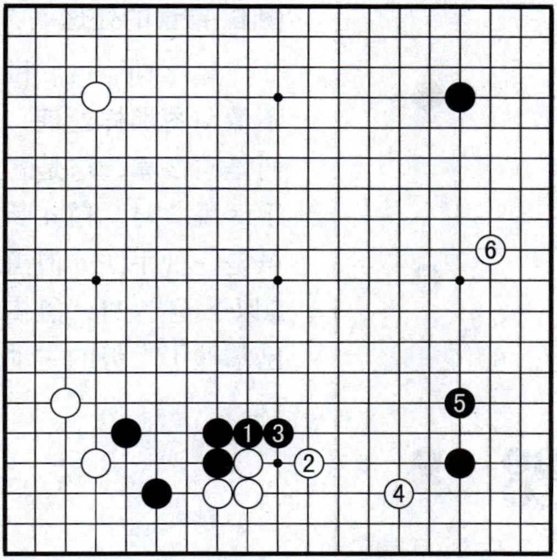

图 4

图 4 帮对方走棋

黑 1 曲是很厚的棋，但白 2、4 轻易安定下边之后，黑成了帮对方走棋。黑 5 跳后，白 6 分投，白棋以很快的步调控制局势。

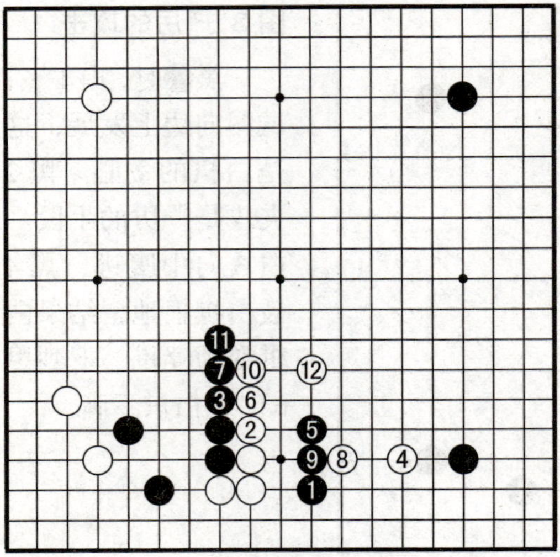

图 5

圈 5 白棋的反击

黑 1 的意图是破白棋三子的根地，并且实施攻击，但被白 2、4 严厉反攻之后，黑 1 成为疑问手。黑 5 跳向中腹，白 6 以下到白 12 为止，白棋反而对黑棋进行了有效的攻击。

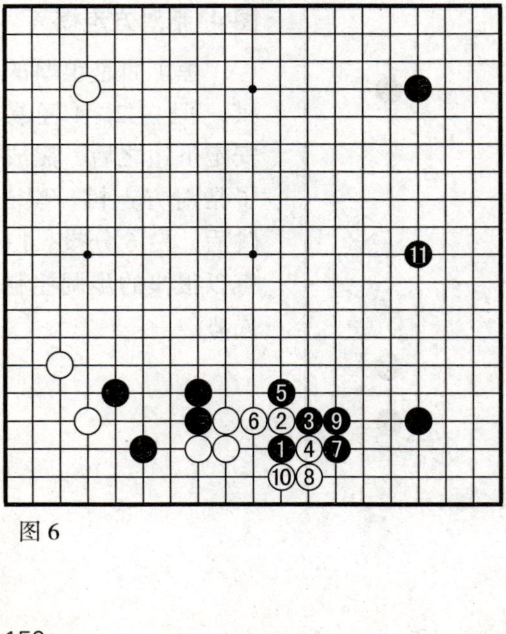

图 6

图 6 错误的处理

黑 1 时，白棋不像前图那样处理，而是白 2 靠，这是恶手。黑 3 时，白 4 断虽是一种手法，但黑 5 以下至黑 11，黑棋已掌握了大势的主动权。

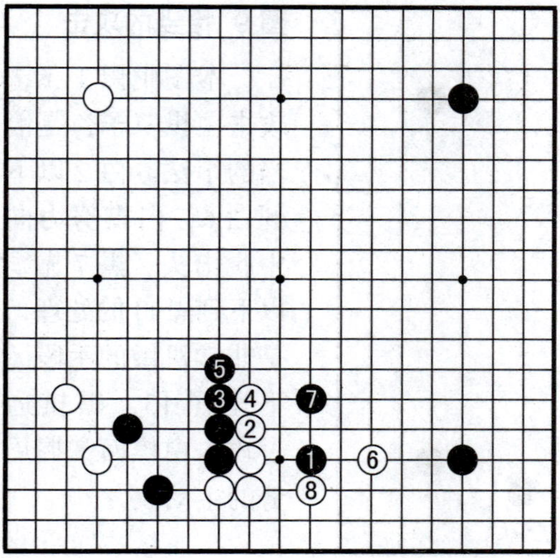

图 7

图 7 黑棋失算

本图是黑 1 一间高夹的变化。黑 1 之后，白 2、4 争得先手，接着白 6 夹攻是好棋。黑 7 跳向中腹，白 8 托左右联络，结果黑棋失算。

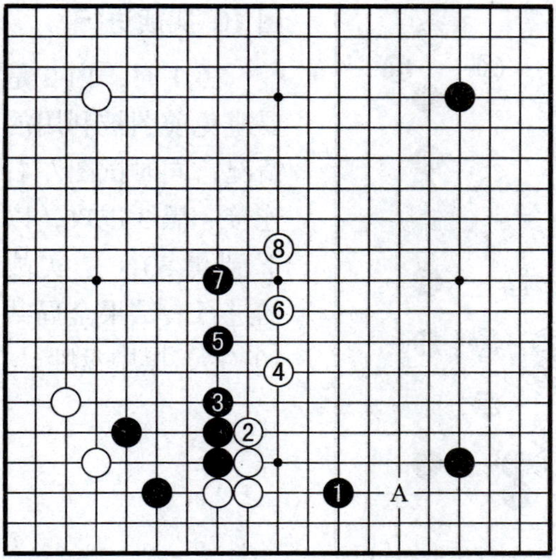

图 8

图 8 黑棋留有弱点

前图中黑 1 如果回缩一格对白棋攻击，白 2 以下到白 8，白棋率先向中腹出头是好棋。以后 A 位的弱点成为黑棋的负担，结论是黑 1 欠佳。

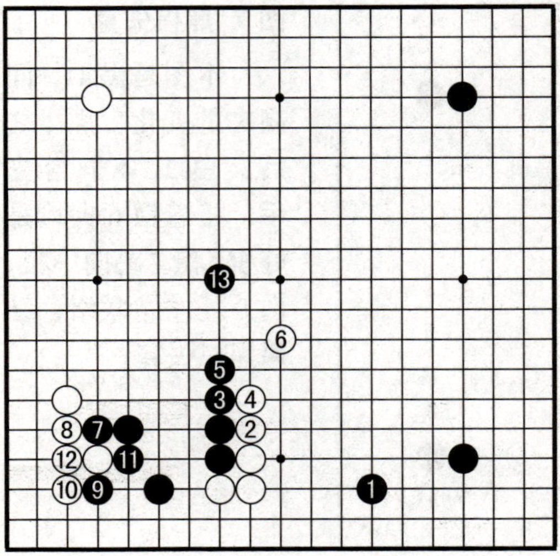

图 9

图 9 恰当的攻击

本图中黑 1 飞，攻击白棋三子，是恰当的手法。白 2 以下到白 6，白棋努力向中腹出头。黑 7 靠，以下到黑 11 的处理，是非常机敏的手段。下至黑 13，黑棋通过攻击白棋面掌握局势的主动权。

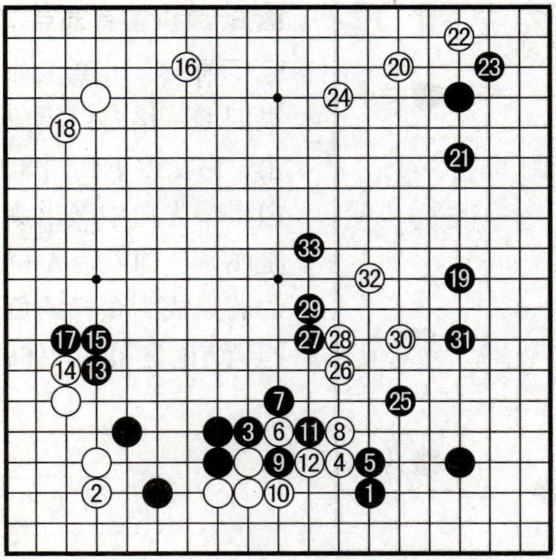

图 10

图 10 实战进行

黑 1 时，白 2 是要避免前图被利用的情况，同时试图左右连接。黑 3 进攻，以下到黑 33，是实战的进行。结果全局共 107 手，黑中盘胜。

变着的应对

实战图 26(白先)

这是第 25 届“王位战”挑战赛曹薰铉与李昌镐（黑）的对局。对白棋左下角的小目，黑 1 背向行棋，可以说是黑棋的一种变着。白棋应如何应对？白棋在决策时应首先把握黑 1 所包含的意义。

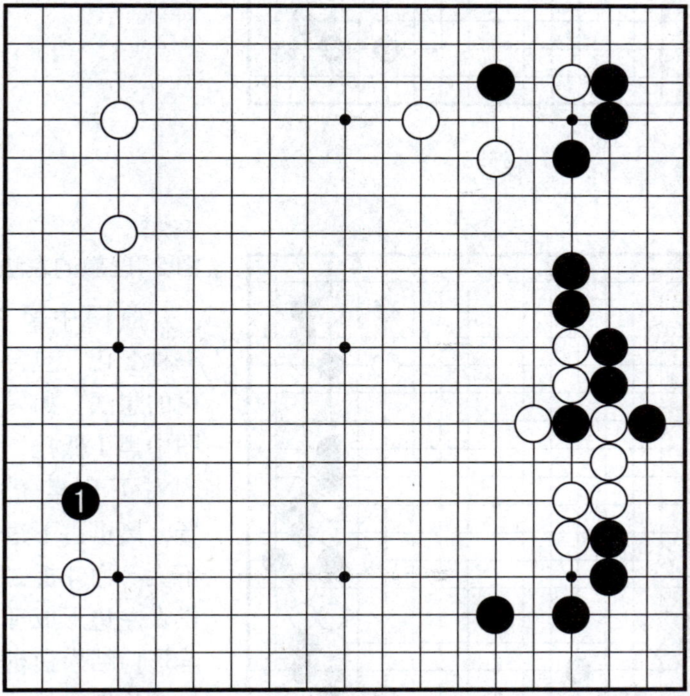

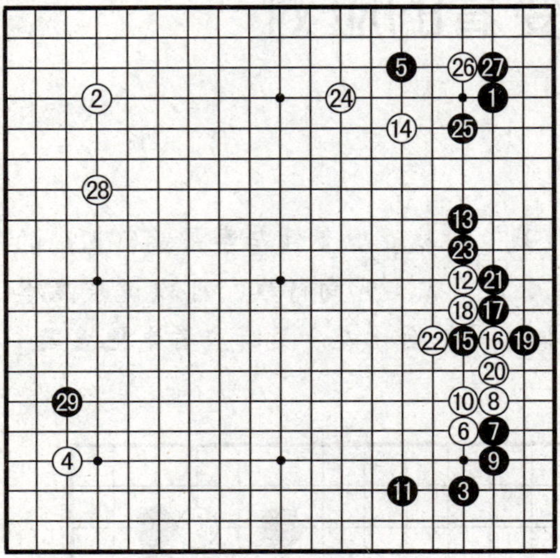
图 1

图 1 经过图

黑确保实地，白棋以外势相抗衡。白26争得先手后，白28大跳，至黑29，是实战的经过。

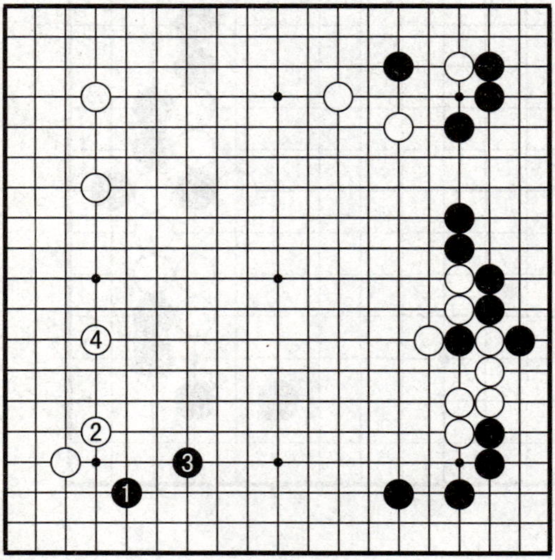
图 2

图 2 理想的左边

前图中黑29是一种变化，包含着黑棋的想法。如果像本图中黑1低挂，考虑到右下角棋子的配置，黑棋占下边价值不大。白4拆二，白棋在左边形成理想的阵形，结果白棋的左边要比黑棋的下边价值大。

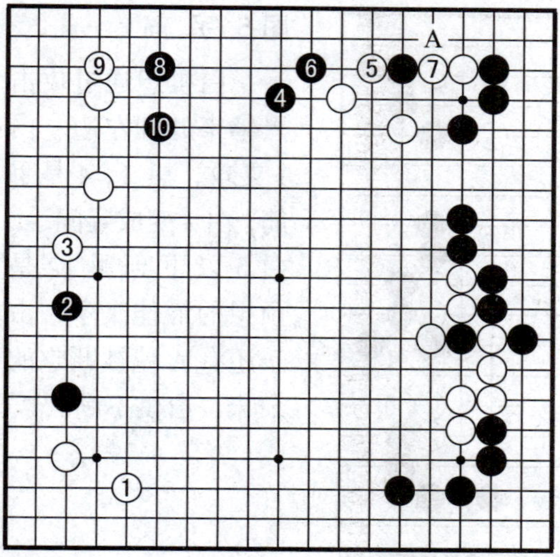

图 3

图 3 黑棋的意图

白 1 补时，黑 2 拆二，黑棋如愿以偿。白 3 拦，黑 4 占据要点，白 5 以下到黑 10，黑棋处理上边之后，黑棋形势好。而且黑棋还有 A 位的利用。

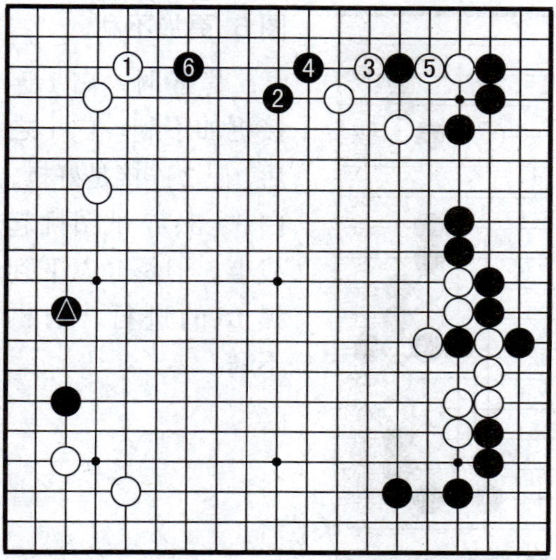

图 4

图 4 后门敞开

黑▲时，白 1 虽然是重视角上实地的手法，但由于白棋左上角的大门敞开，白 1 价值降低。黑 2 同样是急所，白 3 以下到黑 6 为止，黑棋处理上边之后，黑棋满足。

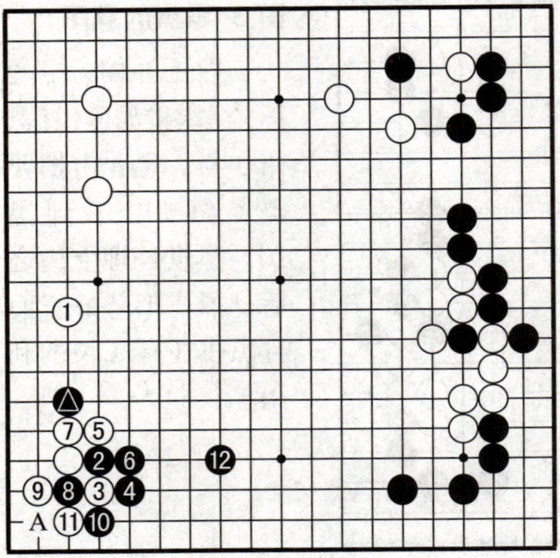

图 5

图 5 手 筋

白棋想通过攻击黑△来处理左边。白1夹攻，黑2、4是手筋，白1变成疑问手。白5以下到黑12是预想的最佳次序，由于还有A位被断吃的余味，白棋不满。

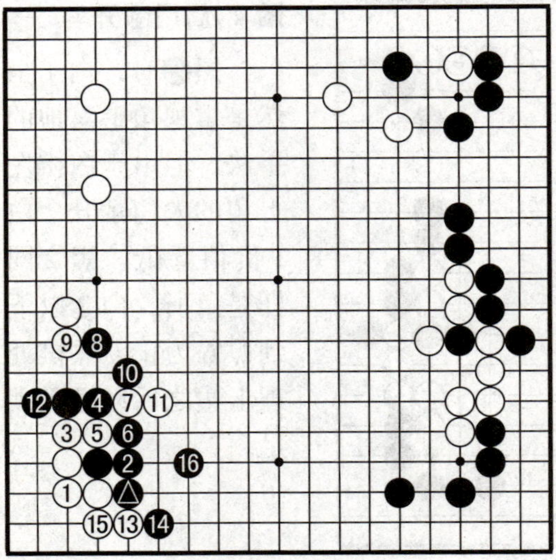
图 6

图 6 更加不利

黑△时，白1连接更加不利。白1之后，黑2连接是好棋，白3、5、7试图挑起战事，但黑8以下到黑16的进行，白棋不利。

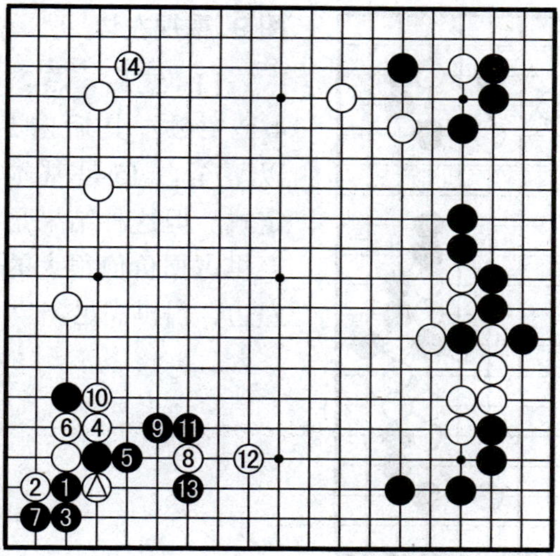

图 7

图 7 错误的方法

白△扳时，黑1虽是常用的处理手段，却是错误的方法。白2以下到白12是实战中经常出现的基本形状。但白棋争得先手后，在左上守角，黑棋布局不利。

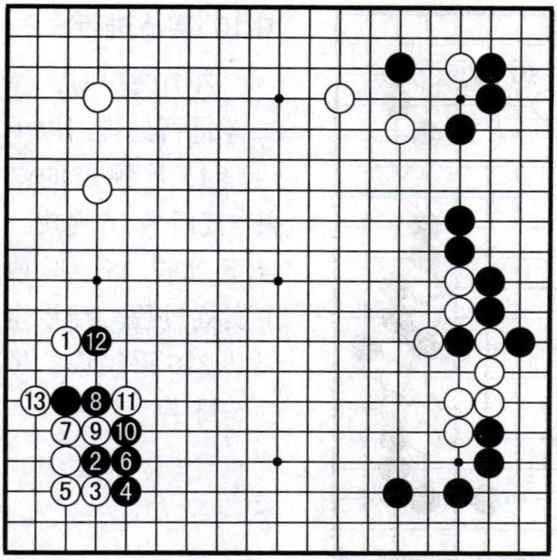

图 8

图 8 恰当的夹攻

白1立即夹攻，不给黑棋任何喘息机会是好棋。黑2、4是前面已有阐述的化解方法，但进行到白13为止，黑棋不利。

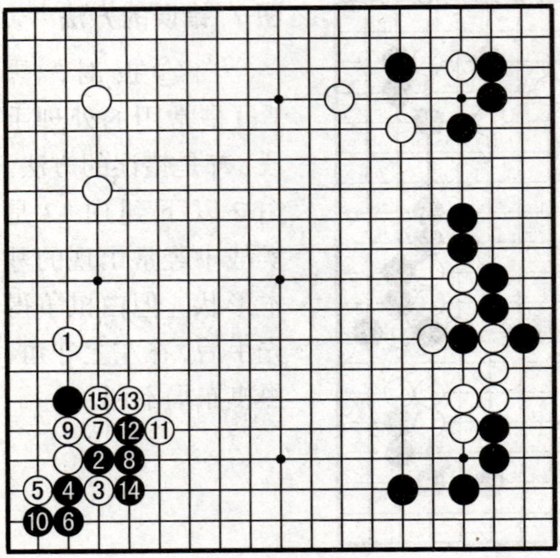

图 9

图 9 重视左边

白 1 之后，黑 2、4 是要领。其后白 5 以下至白 15 是基本定式。但这种结果是白棋占据价值很大的左边，白棋满足。

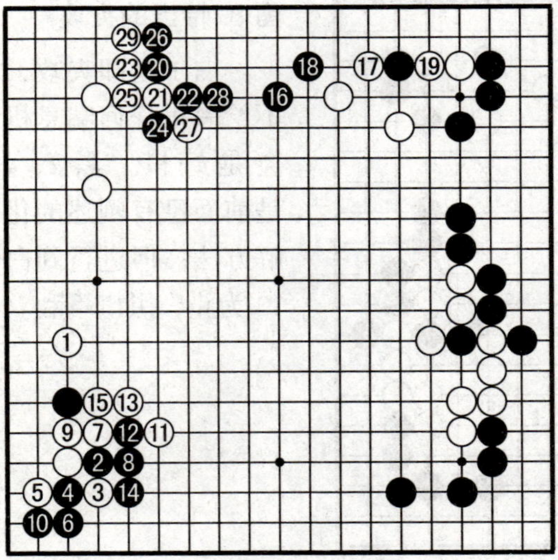

图 10

图 10 实战进行

白 1 夹攻时，黑 2、4 进行处理，以下到白 15 是预定的结果。其后黑 16 夹攻，以下到白 25，形成了实战过程。结果全局共 250 手结束，黑胜 5 目半。

消势的手段

实战图 27(白先)

这是第 26 届“王位战”本选赛曹薰铉与徐奉洙九段(黑)的实战对局。黑 1 尖守角，白棋应以什么方法来消黑棋右边的外势?

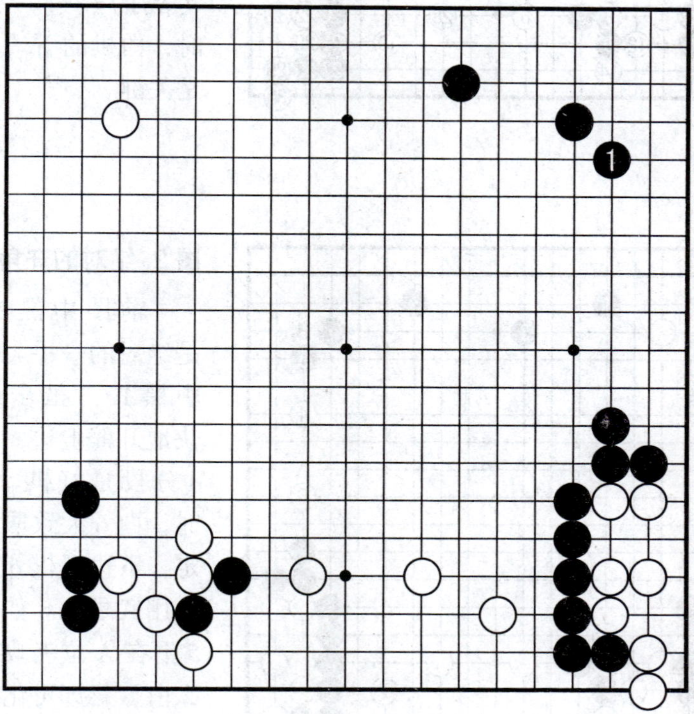

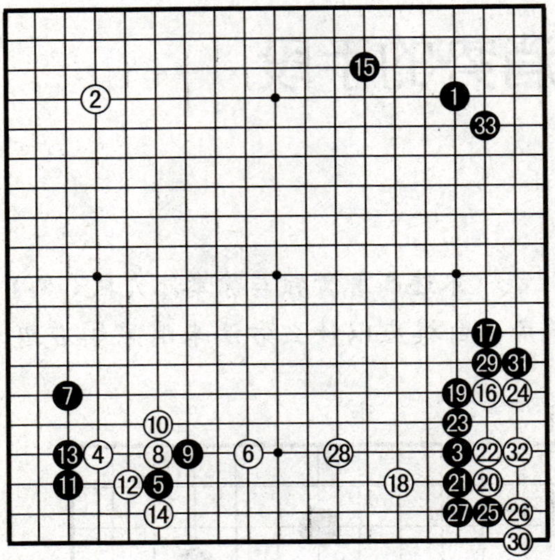

图 1

图 1 经过图

黑 17 在右边夹攻时，白 18 在下边双飞燕，是步调很快的手法。其后白棋点三三是普通的进行，以下进行到黑 27 时，白 28 发展下边。其后黑 31 先手挡，是实战的经过。黑 33 时，白棋的下一步棋是关键。

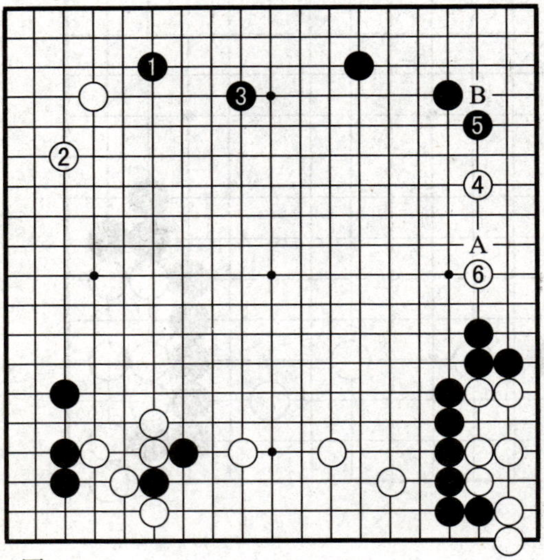

图 2

图 2 绝对的守角

前图中黑 33 守是绝对的一手。本图中黑 1、3 虽步调很快地开辟上边，但白 4 分投是好棋。黑 5 时，白 6 大致取得安定，下边黑棋外势已无用武之地。如果黑 5 下在 A 位夹攻，那么白 B 靠即可化解。

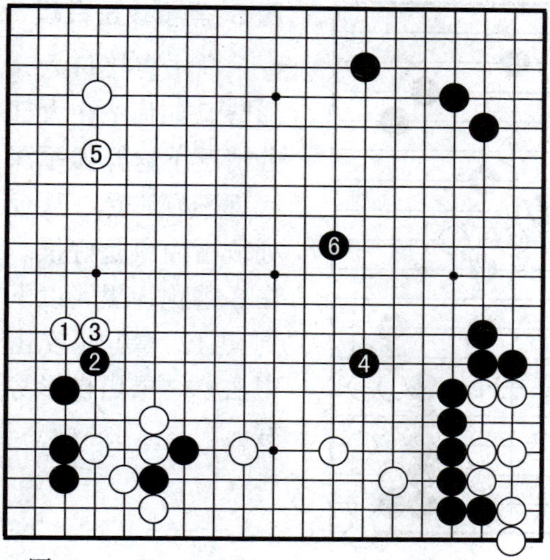

图 3

图 3 黑棋争得先手

白 1 针对黑棋弱点开辟左边，但黑 2 争得先手后，黑 4、6 极力扩张右边，白棋在大势上落后。白棋如不对右侧黑势进行牵制，白棋不能取胜。

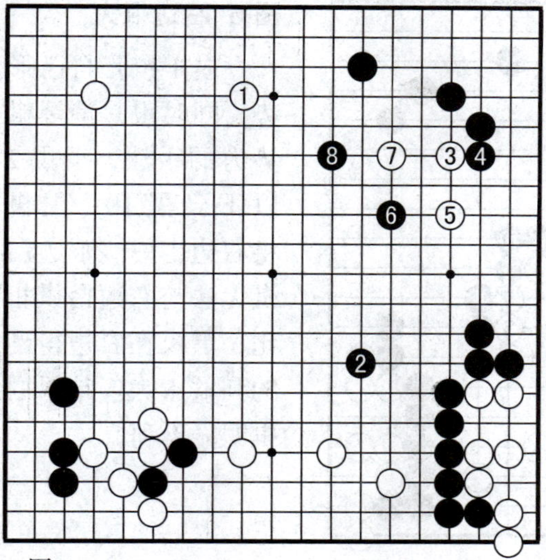

图 4

图 4 无理打入

白 1 拆是间接牵制黑棋势力的棋。但黑 2 扩张时，白棋如不在右边进行打入，便难以取胜。白 3 肩冲虽是一种打入手法，但以下到黑 8 为止，白棋不可否认要面临苦战。

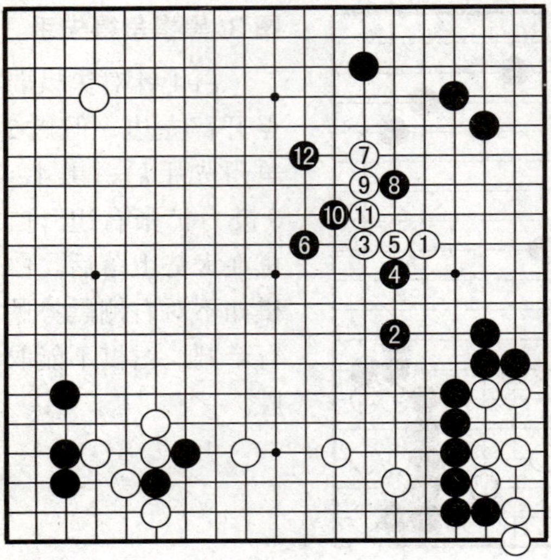

图 5

图 5 黑棋攻击白棋

白 1 直接打入，形势又如何？在大部分情况下这样孤军深入都不好。黑 2 从远处攻击白棋是好棋。白 3 逃跑，黑 4 以下到黑 12，黑棋攻击得法，结果黑棋形势好。

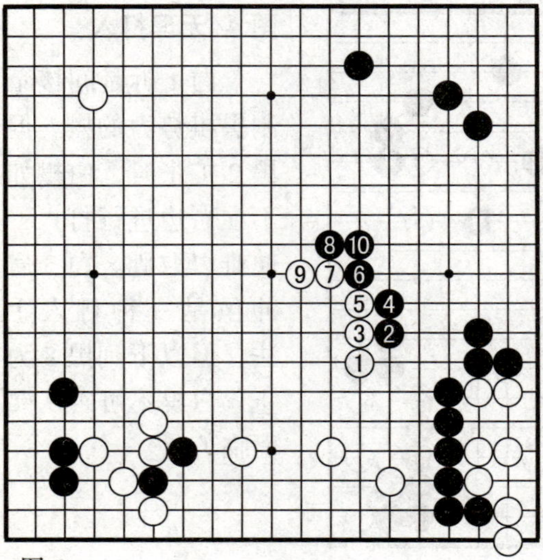

图 6

图 6 右边很大

白 1 扩张自己形势，同时也是消黑棋势力的手法，但黑 2 以下到黑 10，黑棋将右边走厚。下边白棋无法与右边白棋相比，黑棋在右边得到的利益太大。结果白棋明显不利。

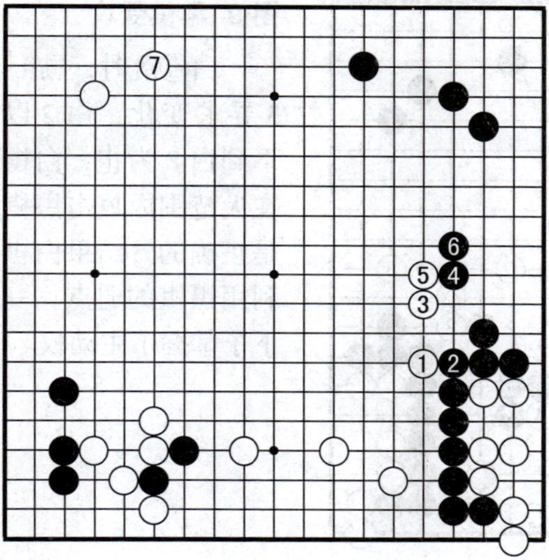

图 7

图 7 利用对方弱点

白 1、3 利用黑棋的弱点，消黑棋势力是正确的选择。如果黑 4、6 防守右边，白棋可以先手压制黑棋势力，然后在左上缔角，结果白棋非常满足。

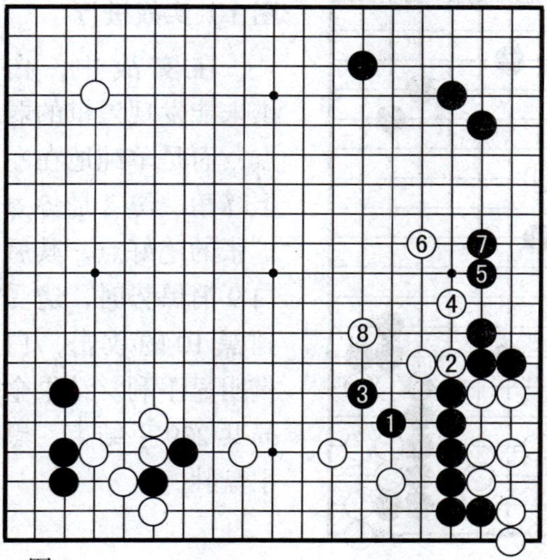

图 8

图 8 无理的反攻

白棋刺时，黑 1、3 试图反击，但黑棋存在弱点，白棋利用黑棋的弱点，到白 8 为止，白棋整形，结果证明黑棋无理。

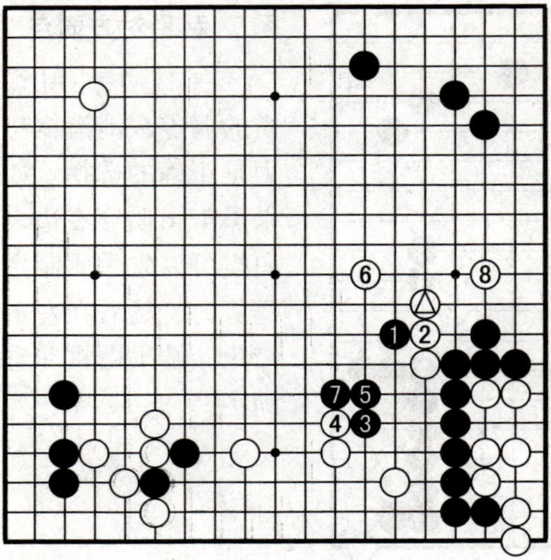

图 9

图 9 黑棋受攻

白△跳时，黑 1、3 寻求变化，白 2 以下到白 8 为止，白棋在大范围内攻击黑棋是正确的。结果白棋利用黑棋的弱点，一下子掌握了主动权。

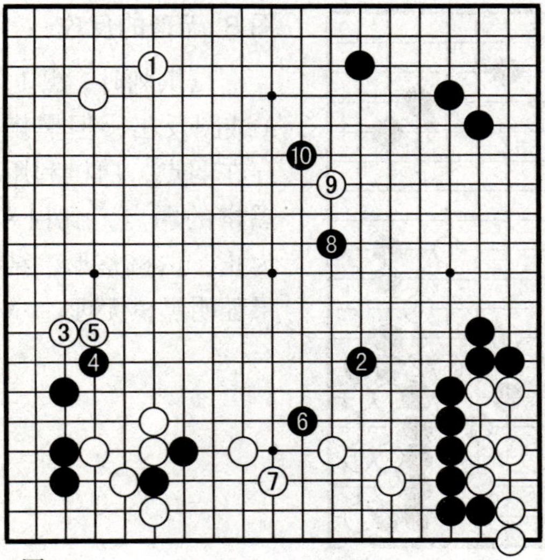

图 10

图 10 实战进行

在实战中，白棋未能发现黑棋的弱点，而是单纯地在左上缔角。黑 2 是势力扩张的绝好点，其后白 9 消黑势时，遭受到黑 10 的攻击，白棋明显不利。结果全局共 239 手结束，黑中盘胜。

积极地控制局势

实战图 28（黑先）

这是第 35 届“国手战”挑战赛曹薰铉与李昌镐（白）的实战对局。现在是黑 1 守后白 2 飞的棋形。黑棋面对白棋的实地，欲积极地控制局势。注意由于有 A 位的门开着，右边已无价值。

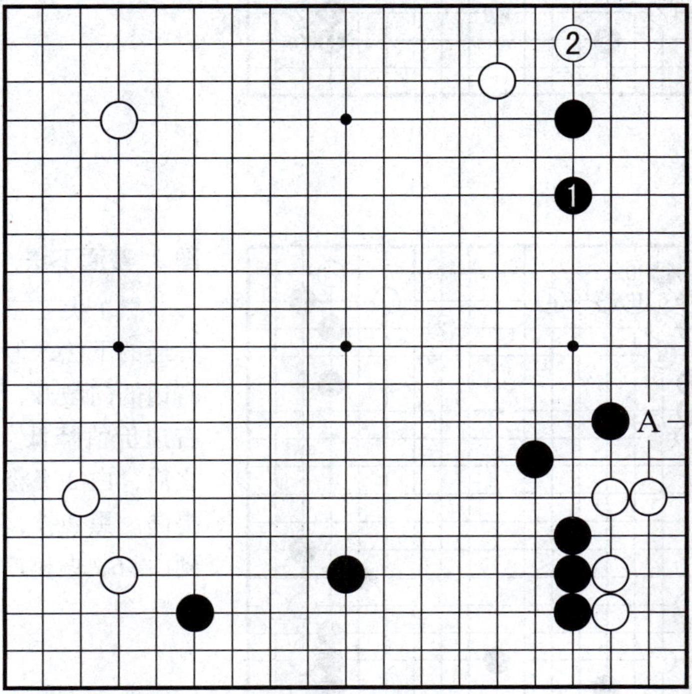

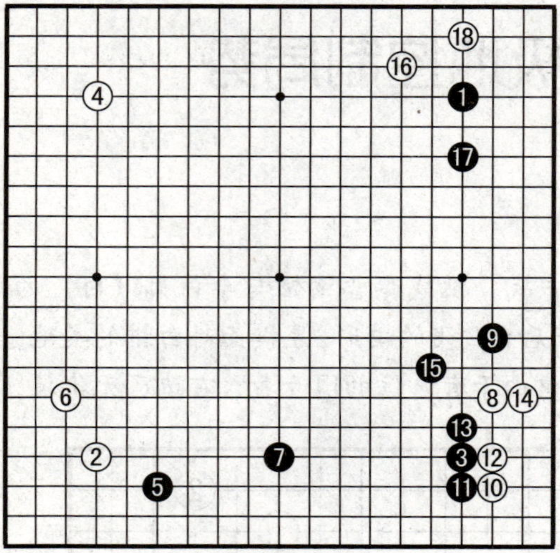

图 1

图 1 经过图

黑白均以二连星开局，以下到黑 15 是实战中经常出现的。白棋争得先手后，白 16 飞挂，黑 17 补角时，白 18 飞，形成实战的经过。

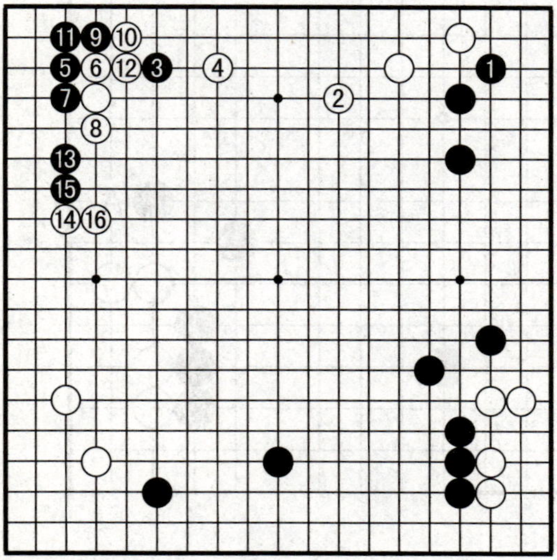

图 2

图 2 普通下法

黑 1 尖三三是最普通的下法，但由于右边的门敞开，因此右边价值降低。黑 1 之后，白 2 飞将位置提高。黑 3 挂，以下到白 16，白棋广阔。

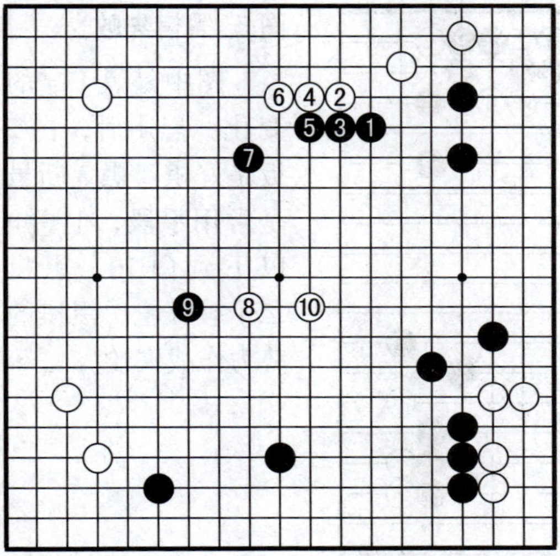

图 3

图 3 黑棋冒险

黑 1 大飞取势，以下到黑 7，白棋得到了实地，而黑棋也扩张了势力。但是黑棋当白棋来消势时，其后续攻击手段不明显。黑 9 镇攻击白棋，白 10 向里跳，结果黑棋很难吃住白棋。

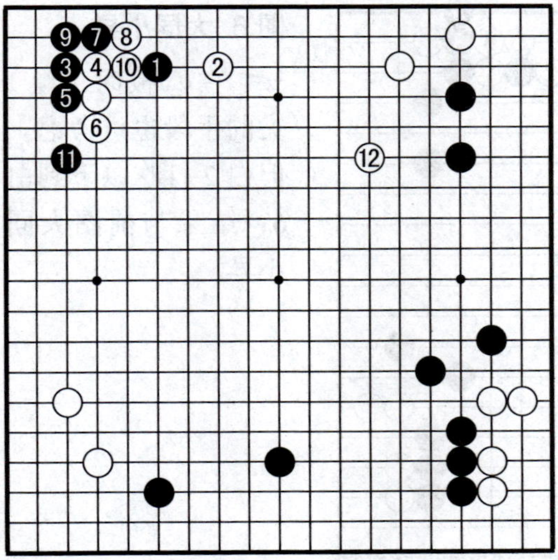

图 4

图 4 理想的上边

黑 1 挂是脱离主战场的棋，其后白 2 夹攻争先手是正确的。以下到黑 11，白棋完成定式之后，白 12 大飞，白势充满活力，白棋上边非常理想。

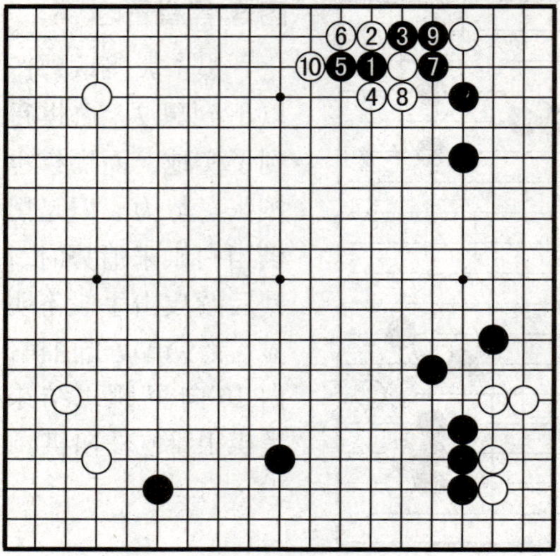

图 5

图 5 黑棋失败

图中是黑 1 靠的变化。黑 1 后，白 2 扳是好棋。黑 3 断虽是常用手段，但白 4 以下到白 10，黑棋二子被征吃，黑棋的势力作战失败。

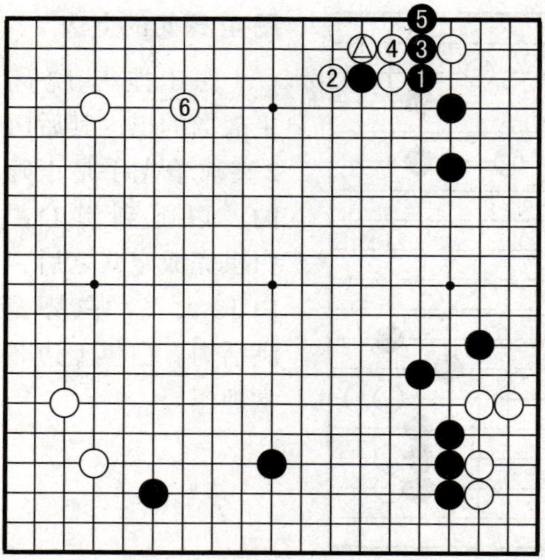

图 6

图 6 大同小异

白△扳时，黑 1 夹的手段也可考虑。但白 2 打吃以下到白 6，结果与前图大同小异。

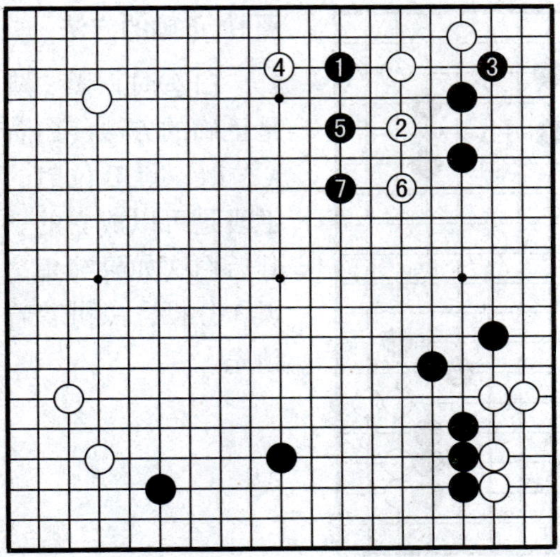

图 7

图 7 恰当的夹攻

黑 1 夹攻，积极利用其外势是好棋。白 2 跳，黑 3 去白棋根地，以下到黑 7 为止，白棋被赶得到处跑，白棋不满。

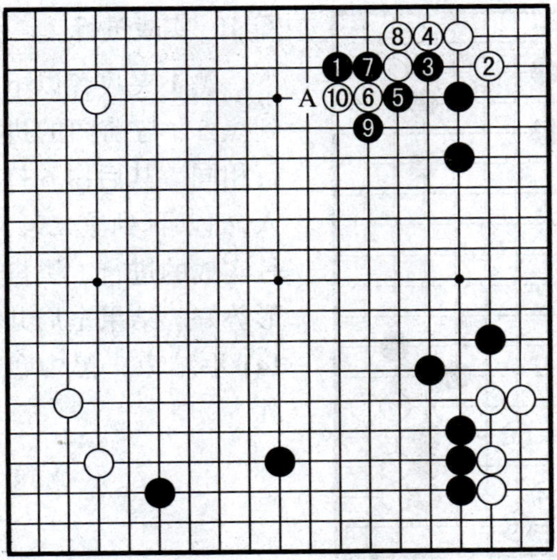

图 8

图 8 黑棋的失误

黑 1 夹攻时，白 2 三三进角，但黑 3 以下到黑 5 的处理由于黑棋征子不利，因而不能成立。进行到白 10 时，由于黑棋在 A 位的征子不成立，黑棋失望。

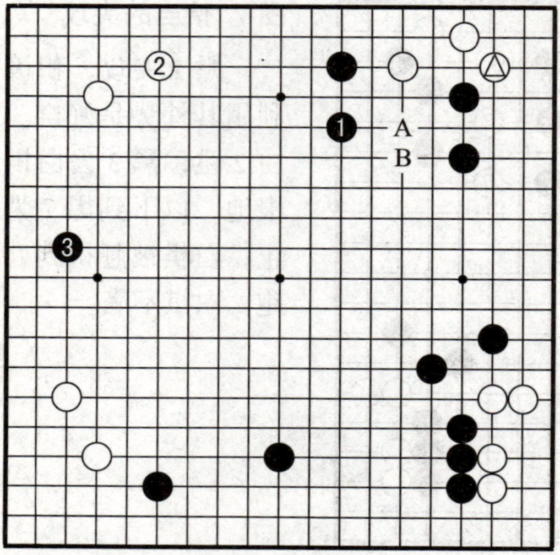

图 9

图 9 正确的方法

白◎时，黑 1 跳是正确的方法。白若 A 位跳，黑 B 位封的手段是可以成立的。其后白 2 如果缔角，黑 3 分投，黑棋着着领先。

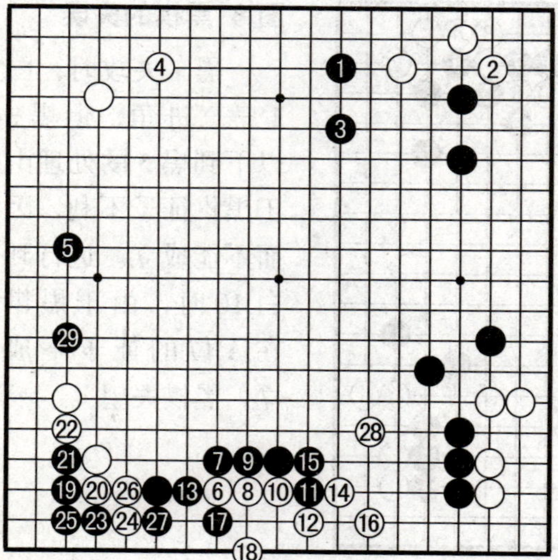

图 10

图 10 实战进行

黑 1 夹攻，以下到黑 5，与前图的进行相同。其后白 6 打入，以下到黑 29，是实战的进行，黑棋形势好。结果全局共 141 手结束，黑中盘胜。

主动权的争取

实战图 29（黑先）

这是第 18 届“王位战”挑战赛曹薰铉与许壮会四段（白）的实战对局。白 1 虎，黑 2 刺，白 3 长多少有点疑问。白 3 一般会在相反的方向长。现在黑棋如何利用白棋的失着，争取控制住局势呢？

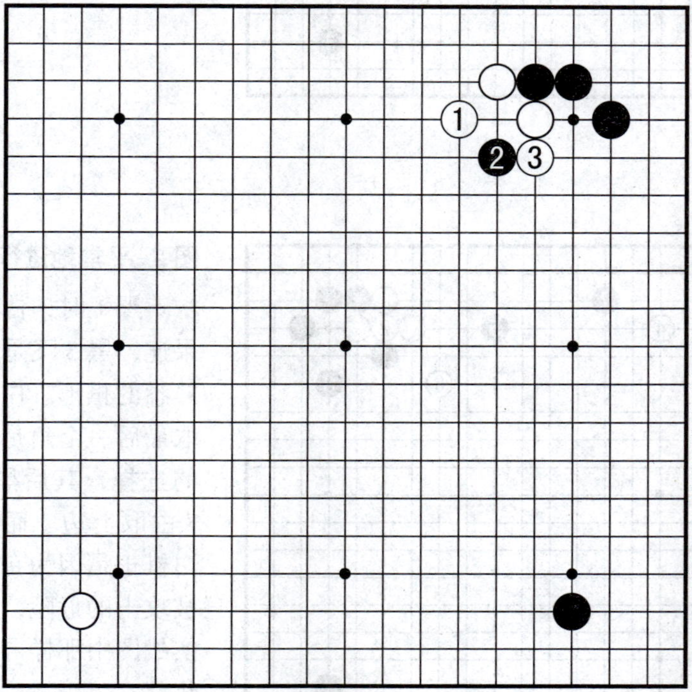

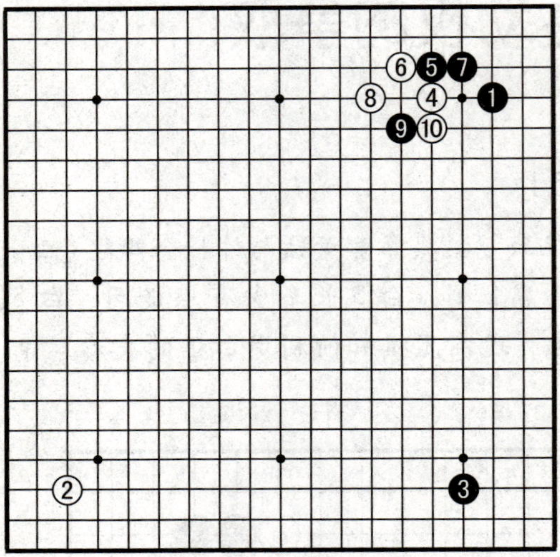

图 1

图 1 经过图

黑 1、3 时，白 4 挂，派生出本图棋形。黑 5 是非常简单的定式选择，黑 9 刺寻求变化，白 10 长成实战的场面。

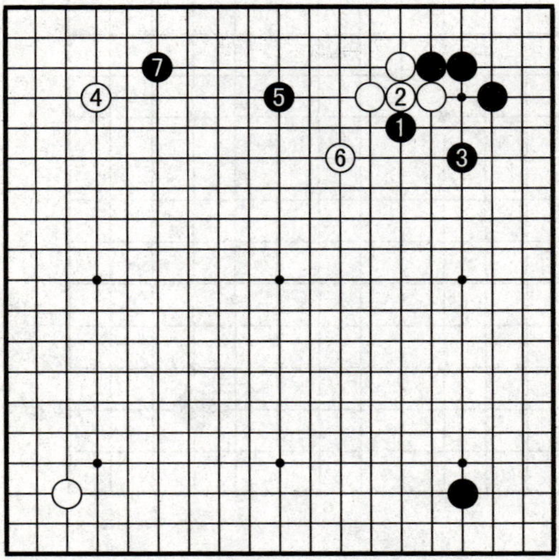

图 2

图 2 平常地进行

黑 1 时，白 2 如果连，黑 3 飞是大家熟悉的棋形。白 4 占取最后一个角是当然的选择，其后黑 5、7 占取上边。而上边白棋正是因为有这种被攻击的危险，才像实战图中那样寻求变化。

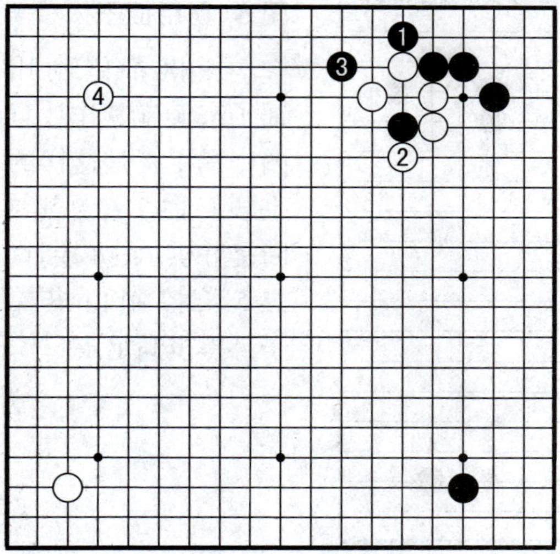

图 3

图 3 白棋的意图

黑 1 如果扳，白 2 取外势是白棋的意图。到黑 3 为止，黑棋虽然取得实地，但白棋先手定形后，白 4 占角，白棋满足。当然黑棋是不会这样下的。

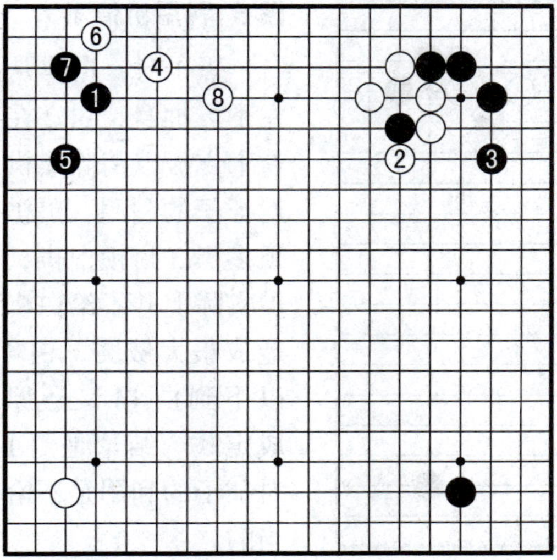

图 4

图 4 黑棋不明智

黑棋脱先占据左上角，是黑棋不明智之举。白 2 扳是很厚的一手棋，黑 3 跳，白 4 以下到白 8，白棋构筑上边，白棋满足。

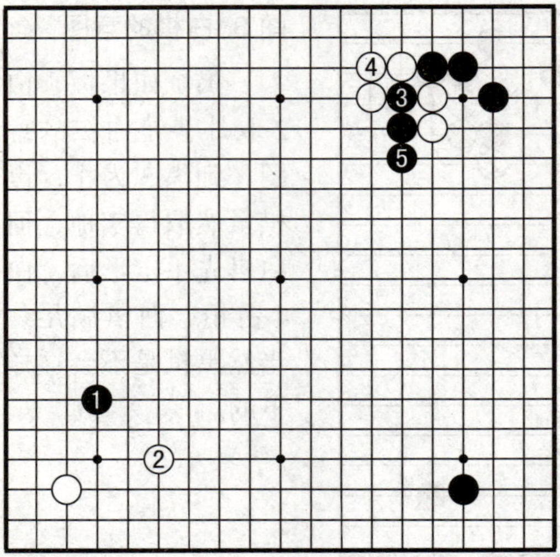

图 5

图 5 利用征子

黑棋希望利用征子来实施其作战意图，黑 1 正是这样的手段。白 2 补，黑 3 断是好棋。白 4 接时，黑 5 长控制白棋二子，黑棋满足。

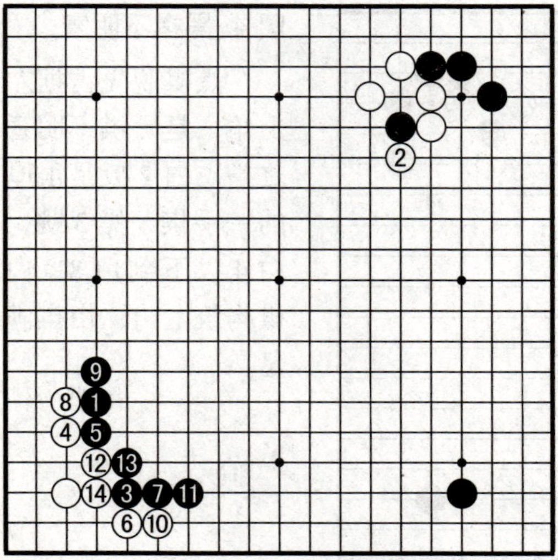

图 6

图 6 利用价值不大

黑 1 时，白棋从左下方抽身，白 2 在右上方扳以消除黑棋对征子的利用。黑棋顶多黑 3 封锁白棋，但实际上并不给白棋造成很大威胁，白 4 以下到白 14 又还原成定式。结论是黑 1 对征子的利用是不恰当的。

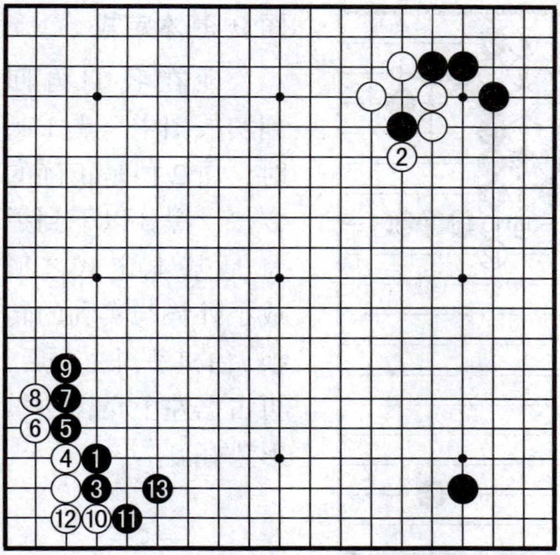

图 7

图 7 正确的利用

黑 1 利用征子是正确的。白 2 扳消除黑棋对征子的利用，其后黑 3 挡，以下到黑 13 是定式的进行，形成黑占星位后白来点三三的棋形，结果黑棋成功。

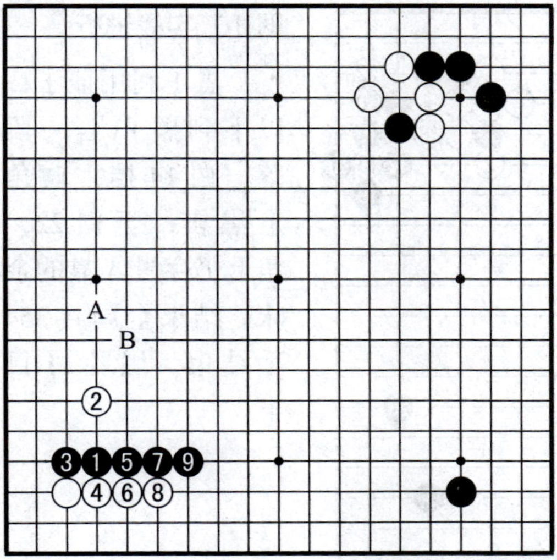

图 8

图 8 过于贪心

黑 1 时，白 2 最大限度地避免利用征子，是白棋过于贪心。黑 3 挡，以下到黑 9，黑棋取外势是正确的，以后黑棋有先手在 A 位、B 位动作等手段，白棋更加不利。

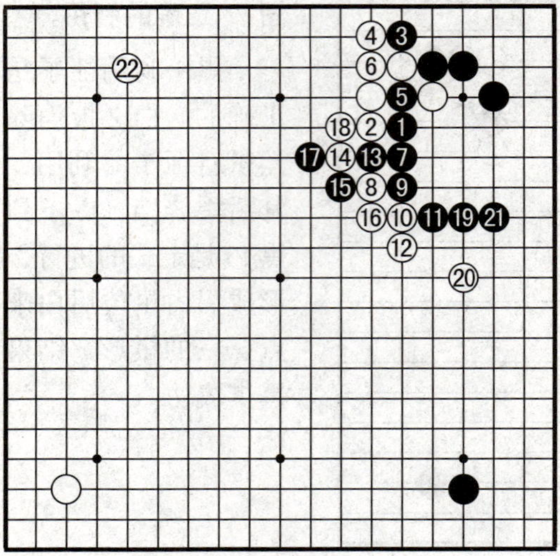

图 9

图 9 基本定式

现在我们再回到实战图中。黑 1 刺时，白 2 挡是正确的方法。黑 3 以下到黑 21 是基本定式，形成了外势与实利的转换。白棋争得先手后，再占据左上角，白棋形势好。

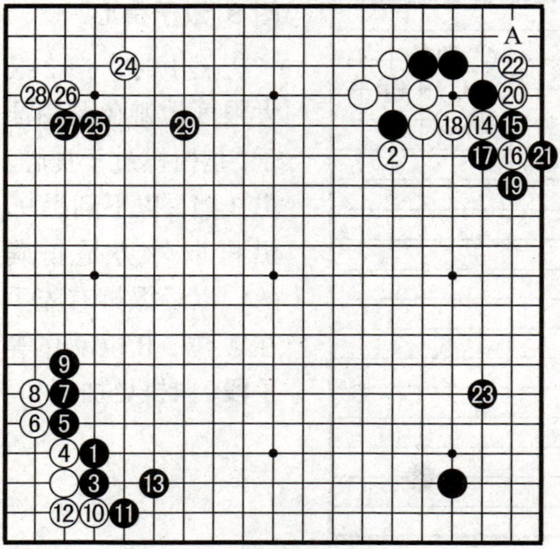

图 10

图 10 实战进行

黑 1 利用征子，以下到黑 13 告一段落。白 14 挡，攻角上黑棋，至白 22，角上仍存黑 A 靠的余味。结果全局共 354 手结束，黑胜 11 目半。

主动权的掌握

实战图 30（白先）

这是第 37 届“国手战”挑战赛曹薰铉与李昌镐（黑）的实战对局。白 1 时，黑 2 下潜是常用的渗透手段。白棋如何才能通过攻击黑棋一子来掌握局面的主动权？

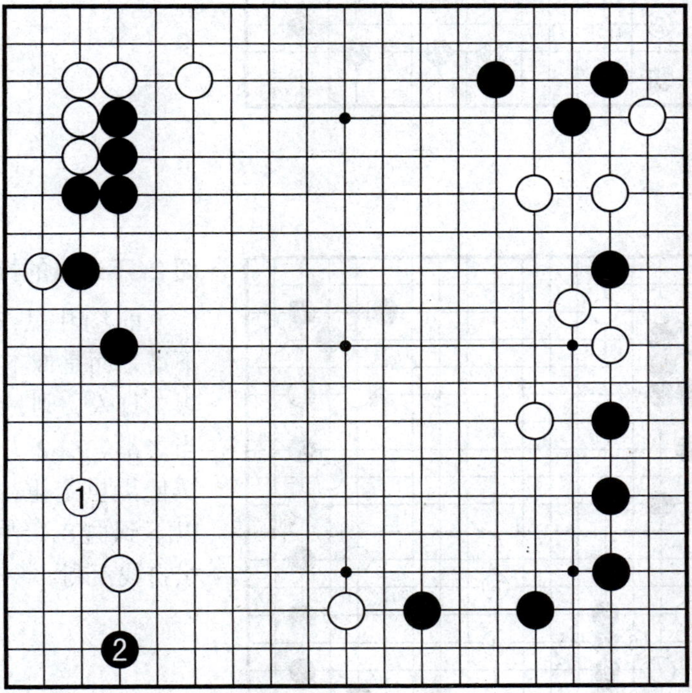

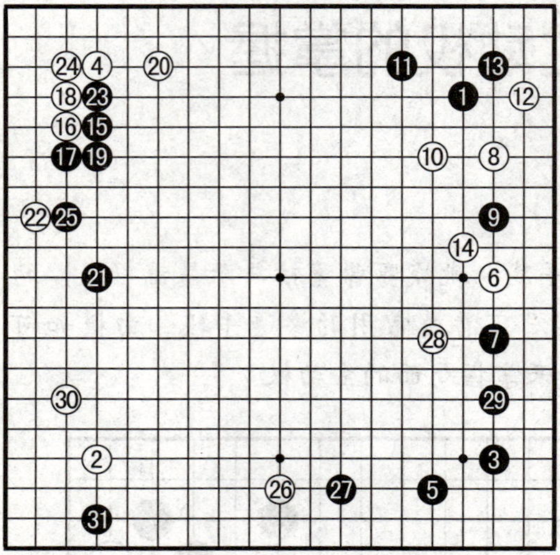

图 1

图 1 经过图

黑 9 打入到白 14 都是自然的进行，其中白 12 飞是非常机敏的试应手。白 30 飞时，黑 31 下潜，是实战的经过。

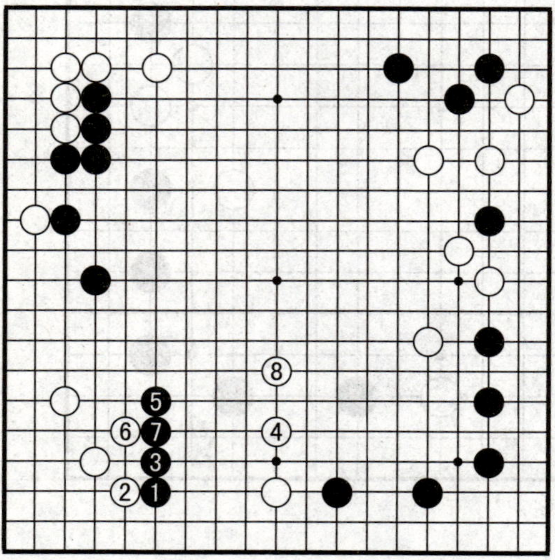

图 2

图 2 不适当的打入

前图中黑 31 不下潜，而是像本图中黑 1 打入，则是不适当之举。白 2 尖顶，诱使黑棋走重，黑 3 以下到白 8，结果黑棋自找不利。

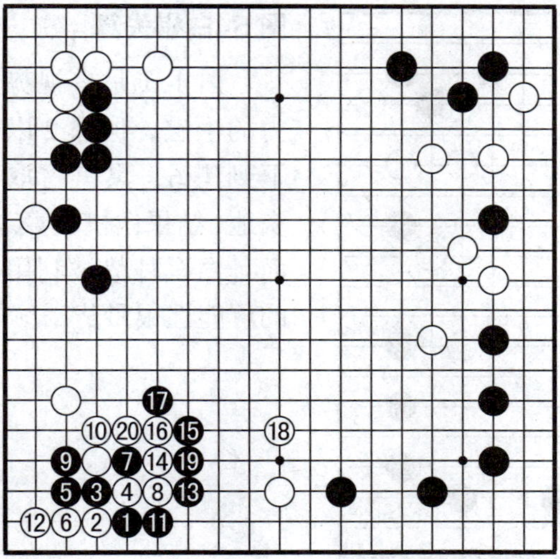

图 3

图 3 另一种打入手段

黑 1 渗透的手段也在实战中经常使用。但白 2 以下到黑 17 时，白 18 跳，黑棋外势就变得无价值了。因此黑棋在打入左下方时，一般会像实战图那样下。

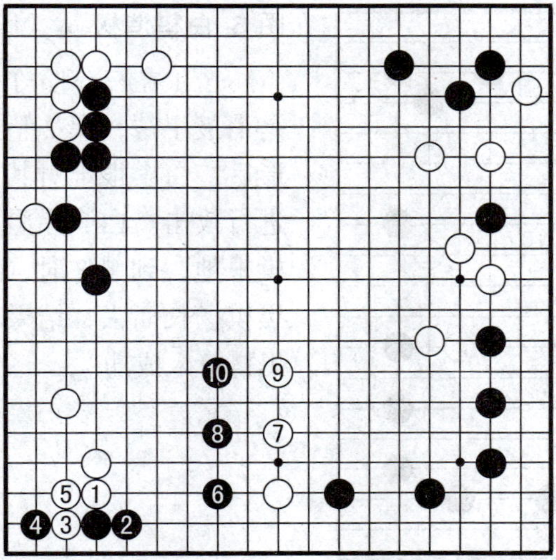

图 4

图 4 差 别

黑棋在二线上渗透时，白 1 顶的手段是最易考虑的。黑 2 以下到黑 10，是预想的进行，结果白棋乏味。本图与前图差别极大。

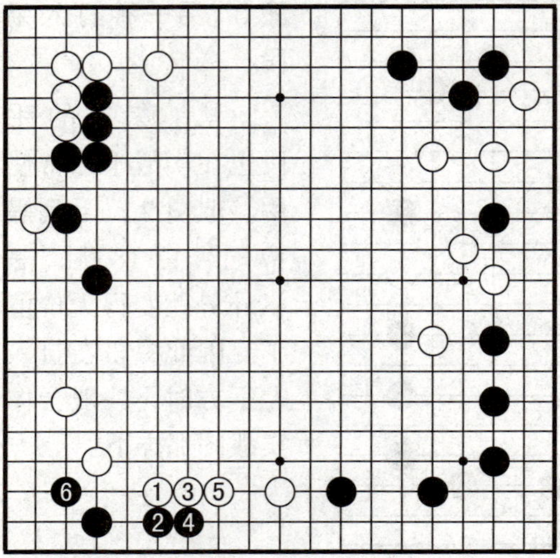

图 5

图 5 白棋失算

白 1 飞是重视势力的手法，但黑 2 以下到黑 6，黑棋占取实地，结果白棋失算。而且白棋外势被利用的可能性很渺茫。

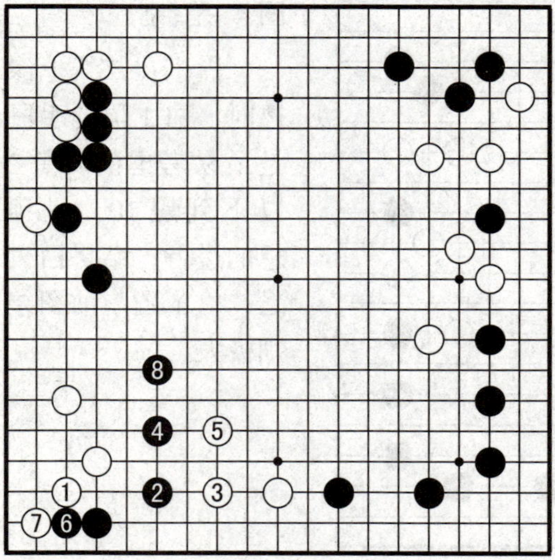

图 6

图 6 白棋消极

白 1 在三三防守是消极手法，黑 2 整形后，白棋很难对其进行攻击。白 3 除黑棋根地，到黑 8 时，黑棋扬长而去，结果黑棋打入成功。

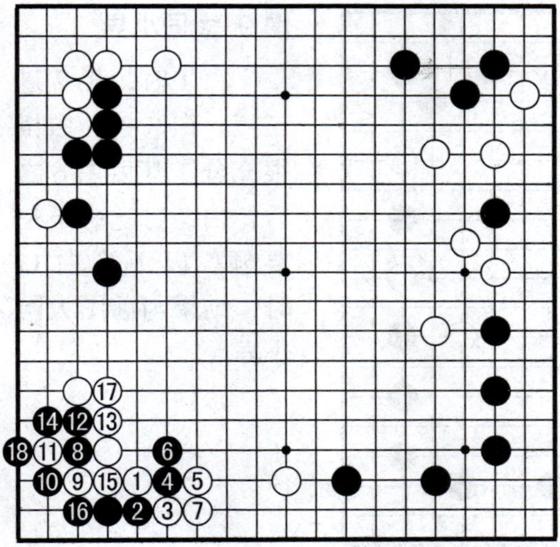

图 7

图 7 实地很大

白 1 尖也是重视外势的手法，黑 2、4、6 争得先手后再黑 8 托是好次序。白 9 时，黑 10 退是好棋，以下到白 17 是预想的进行。黑棋实地太大，白棋不满，而且被断的黑棋二子还有利用价值。

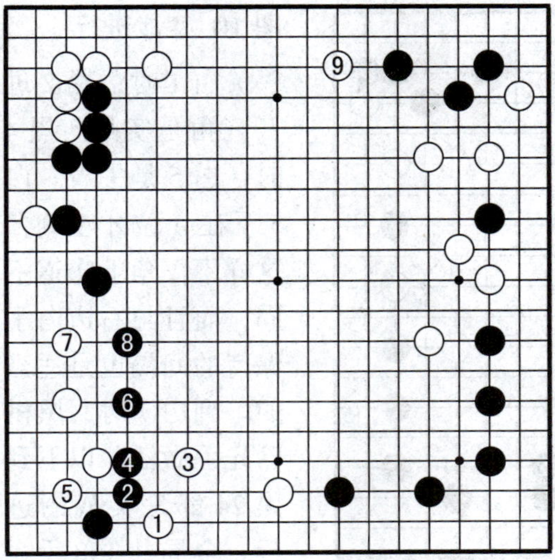

图 8

图 8 最强的应手

白 1 走象步是目前情况下最强的应手。黑 2 穿象眼，白 3 飞则是准备好的。黑 4 之后，白 5 以下到白 7，白棋先手占取实地，然后白 9 占据上边要点，白棋形势好。

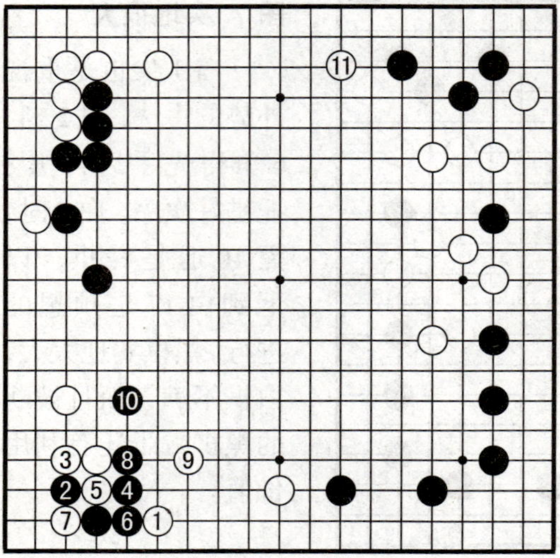

图 9

图 9 大同小异

白 1 时，黑 2 进三三，白 3 挡，白棋很充分。其后黑 6 之后，白 7 打吃一子是要领。以下到白 11 时，结果与前图大同小异。

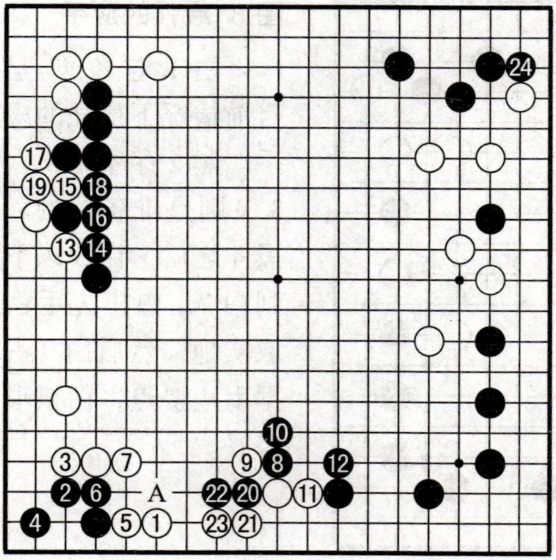

图 10

图 10 实战进行

白 1 时，黑 2 进三三角是实战。黑 4 时，白 5 是失着。白 5 下在 A 位才正确，这样不仅角上味道不同，而且与右边白子保持的间隔也是适当的。到白 7 时，黑棋已先手做活，以下到黑 24 都是实战的进行。全局共 158 手，白中盘胜。

第2章

布局技巧练习题

把握外势的价值

问题 1(黑先)

黑棋以左上外势为后盾，黑 1 在左下角飞挂，白 2 小飞则是稳健的应手，略显气势不足。黑棋应考虑到周边棋子的配置，决定下一步棋。本题重要的是要把握好外势的价值。

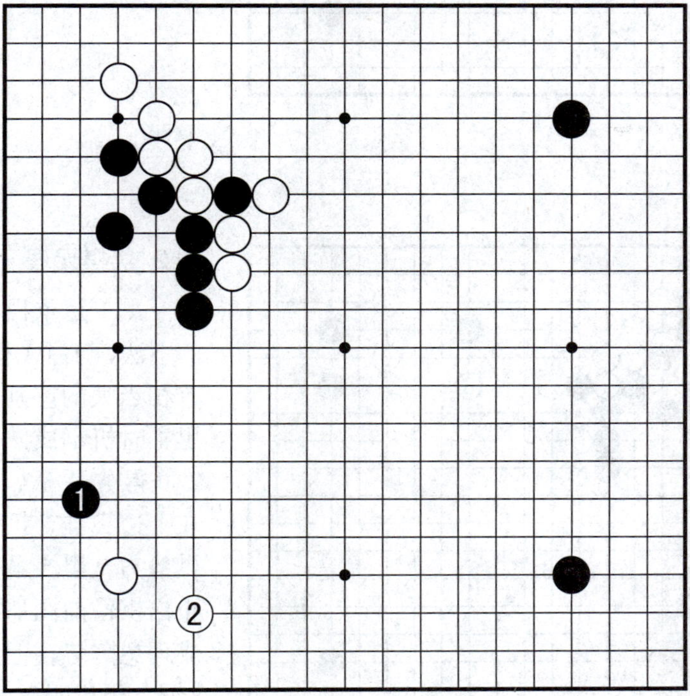

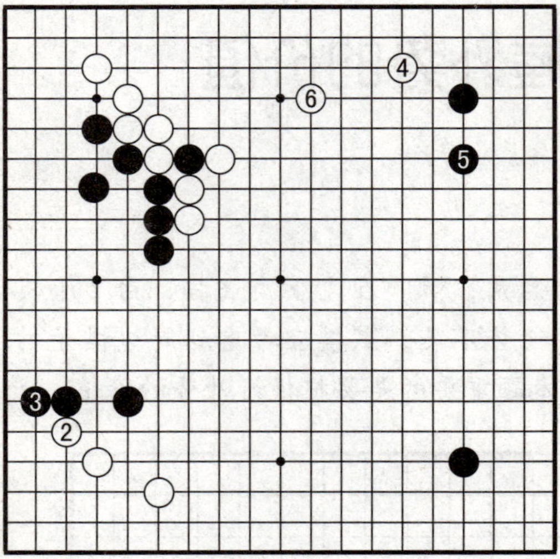

图 1

图 1 黑棋不利

黑 1 跳是扩张左边黑势的急所，但被白 4 飞挂，黑棋反而招来不利的结果。下到白 6 时，左边黑势虽然很可观，但上边白势更为理想。

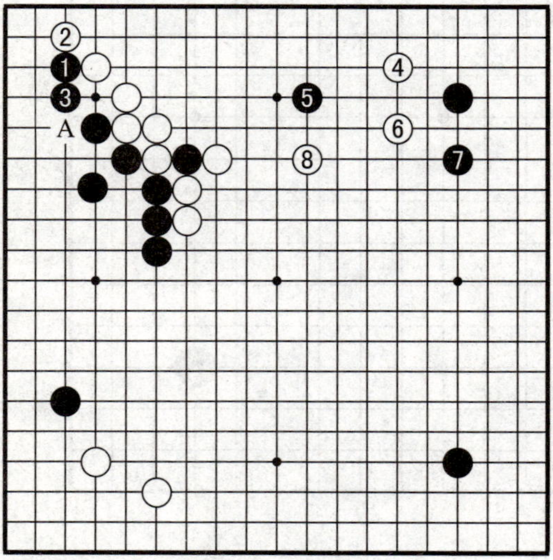

图 2

图 2 黑棋无理

黑 1 是重视实地的下法，与白 A 相比，有相当大的差别。但黑 1 时机不成熟。白 2 争得先手后，白 4 在上边飞挂，扩张白棋势力。黑 5 虽是防止白棋像前图那样筑成理想阵势，但到白 8 时，黑棋明显无理。

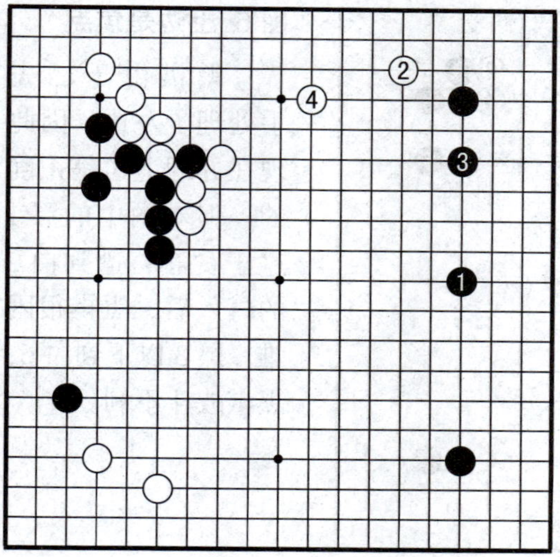

图 3

图 3 脱离主战场

黑 1 以三连星扩张右边，但实际上方向错误。从周边的棋子配置考虑，上边价值要比右边更大。下至白 4，白棋在上边取势，黑棋不能满足。

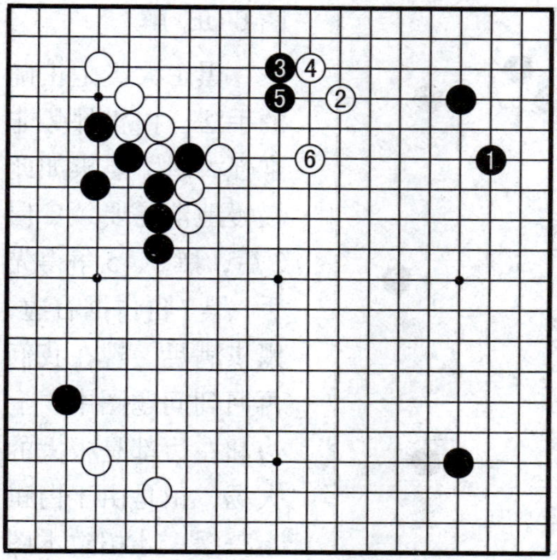

图 4

图 4 无理的打入

黑 1 缔角也是方向错误。白 2 在上边展开，扩张白棋势力是正确的。其后黑 3 打入，白 4 以下到白 6，黑棋受到攻击，非常难受。以后即使黑棋不被吃住，但为了求活，肯定要付出不少代价。

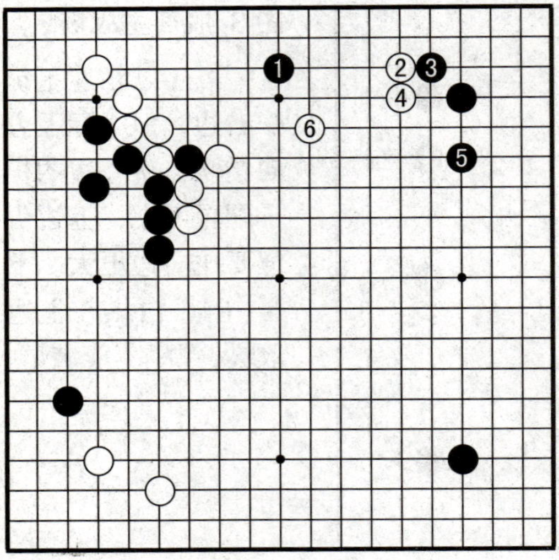

图 5

图 5 上边是焦点

黑棋由于已先手处理了左边，因此现在处理上边是正确的。但本图中的黑 1 过于贪心，遭到白 2 的打入后，黑棋很困难。黑 3 以下到白 6，黑棋战斗不利。

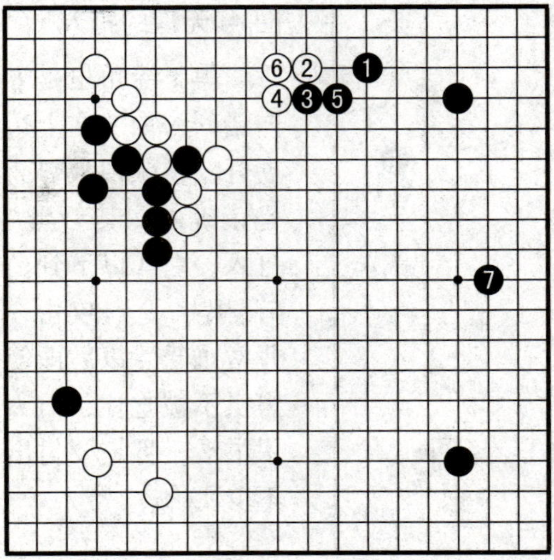

图 6

图 6 正 解

黑 1 大飞是正确的手法，白棋外势非常强大时，黑棋如此慢慢地消是要领。白 2 后，黑 3、5 争得先手，黑 7 再占据右边，黑棋满足。现在我们再回到问题图中，上边和左边都是很大的大场，正是由于白棋走得缓，才招致本图的结果。

选择牵制的方向

问题 2(黑先)

黑1攻击角上白棋一子,白棋也在2位断黑棋以挽回损失。黑棋应首先判断,选择牵制左上角和右下角白棋外势中的哪一侧。

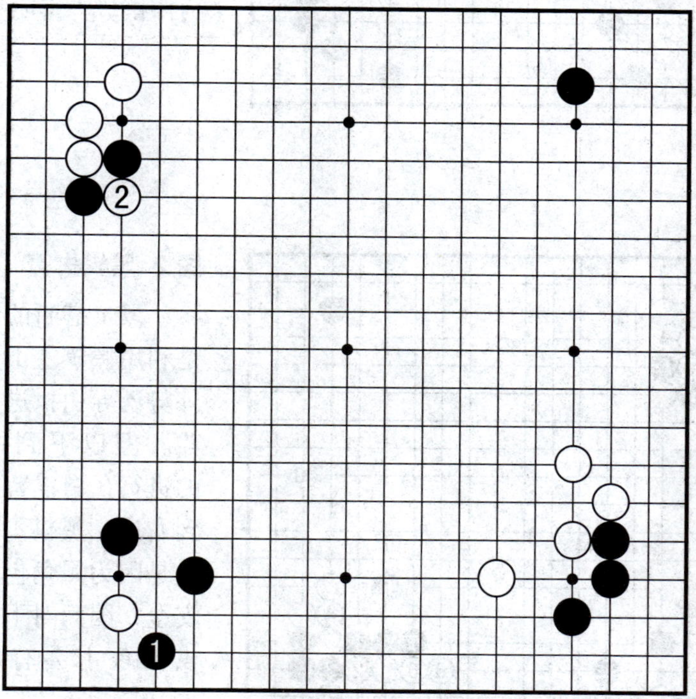

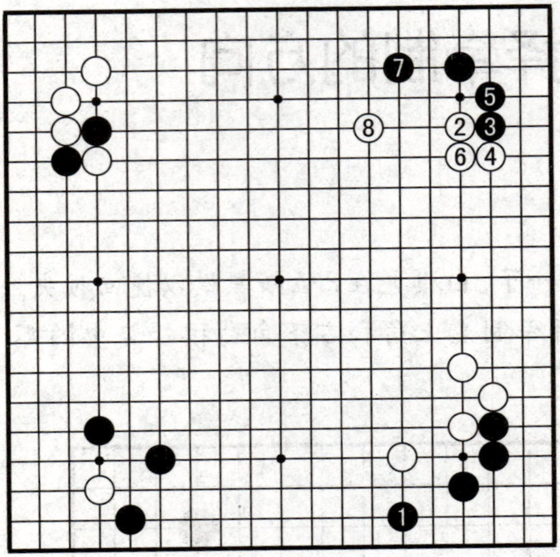

图 1

图 1 贪图安定

黑 1 飞，过于贪图安定。其实即使白棋先手利用，在下边取势，由于有左下角黑棋的限制，其价值会大降。黑 1 之后，白 2 高挂是绝好点，以下到白 8 为止，右边白棋势力很明显。

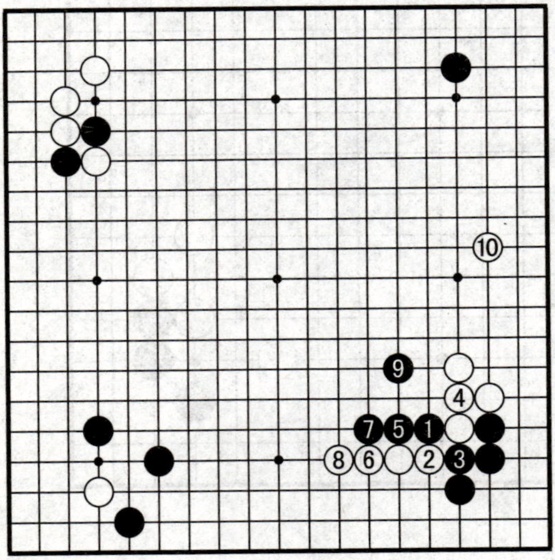

图 2

图 2 黑棋失算

黑 1 搭断的目的是利用黑棋左下角的外势诱导白棋进行战斗。但以下到白 10 的进行，白棋首先得到右边，黑棋不满。这是因为黑角仍不很安全，因而对下边白棋的攻击会有所顾忌。

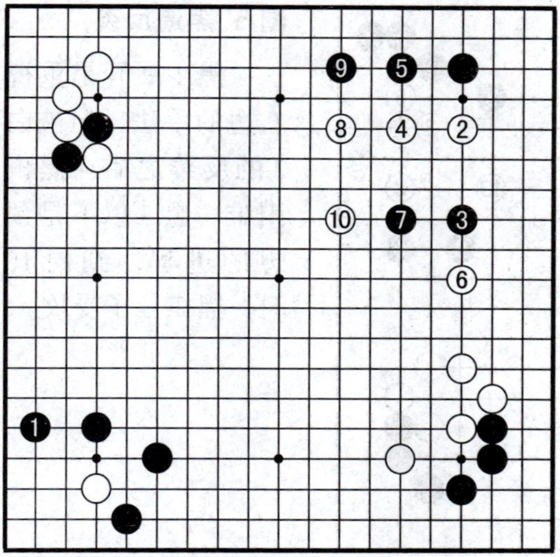

图 3

图 3 时机不成熟

黑 1 跳的意图是避免被白棋利用，并且更大地占取角地，不过黑 1 时机不成熟，实际上是步缓着。白 2 高挂是绝好点，黑 3 夹攻，阻止白棋构筑右边，以下到白 10 为止，黑棋受攻，明显处于劣势。

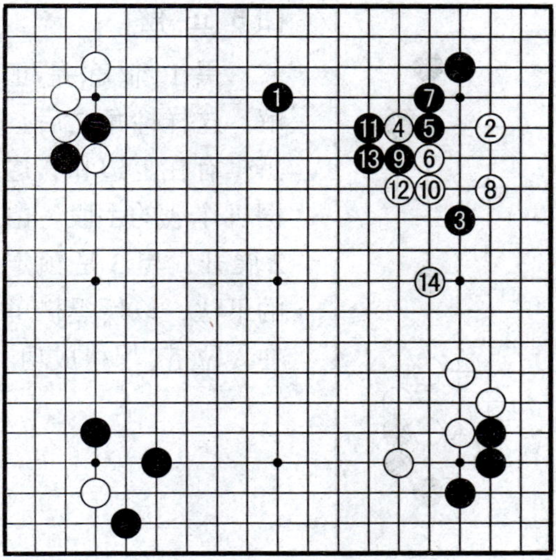

图 4

图 4 右边很大

黑 1 是牵制白棋左上角外势的手法，但右边价值更大，白 2 飞挂之后，黑棋不满。黑 3 虽是阻止白棋构筑右边的手法，但以下到白 14，白棋右边已大为巩固。

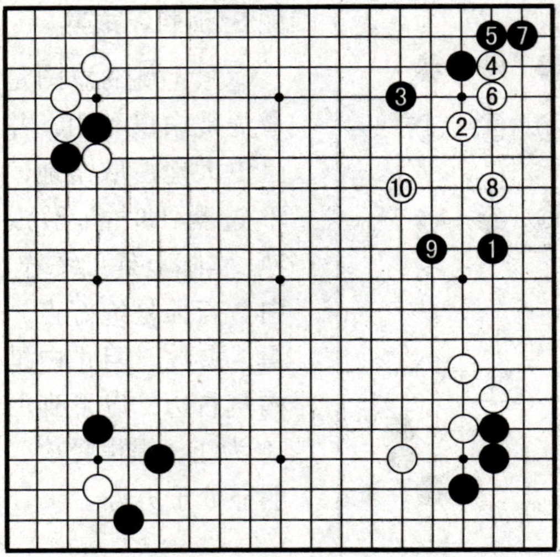

图 5

图 5 黑遭反袭

黑 1 展开是重视右边的手法，但被白 2 的反袭之后，黑棋困难。黑 3 以下是预想的进程，到白 10 时，黑棋二子受攻。

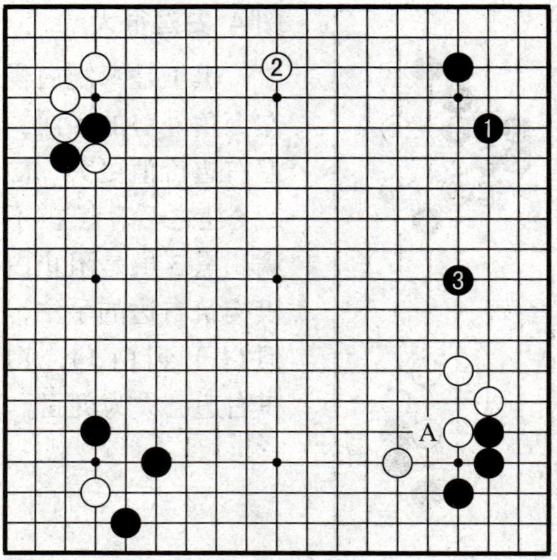

图 6

图 6 正 解

黑 1 缔角是正解。这样缔角之后，黑棋有在上边和右边伺机作战的手段。白 2 展开，黑 3 是预定的下法，以后黑棋可在 A 位搭，黑棋成功。

外势和实地的协调

问题 3(黑先)

白 1 下潜，待黑 2 之后，白 3 缔角。黑棋在全局取得了外势，但实地却显不足。黑棋如何寻求协调外势和实地的均衡点呢？

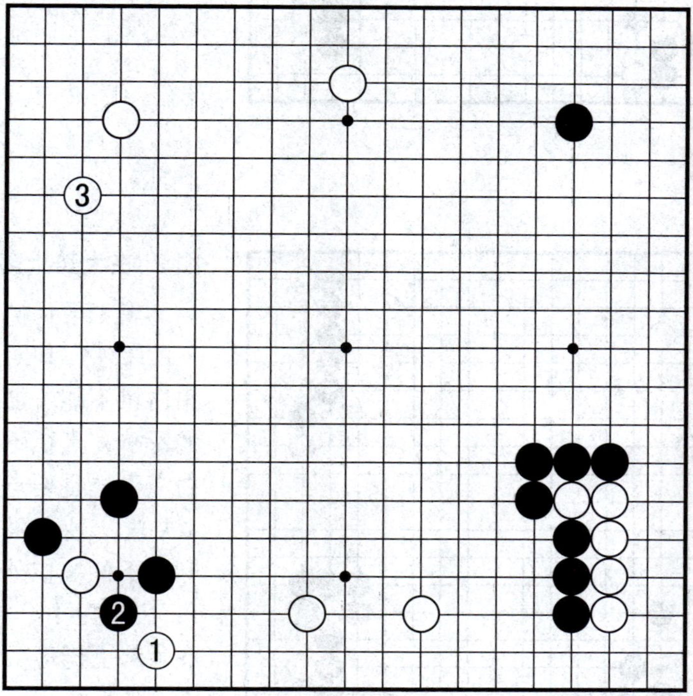

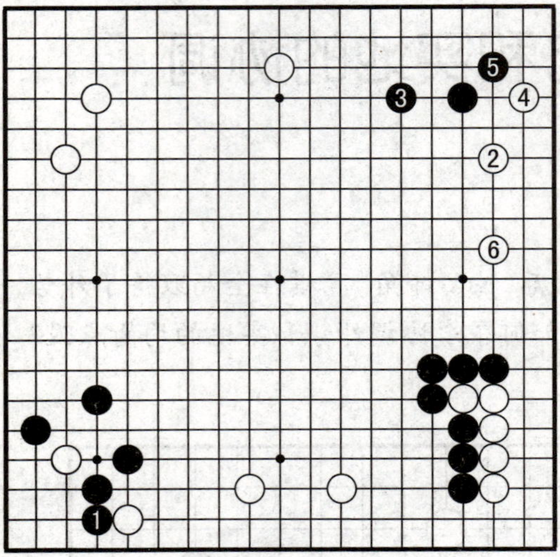

图 1

图 1 仅为官子

黑 1 虽确实是防守角地的手法，但实际上仅是占官。白 2 飞挂，以下到白 6，黑棋无法追赶上白棋。

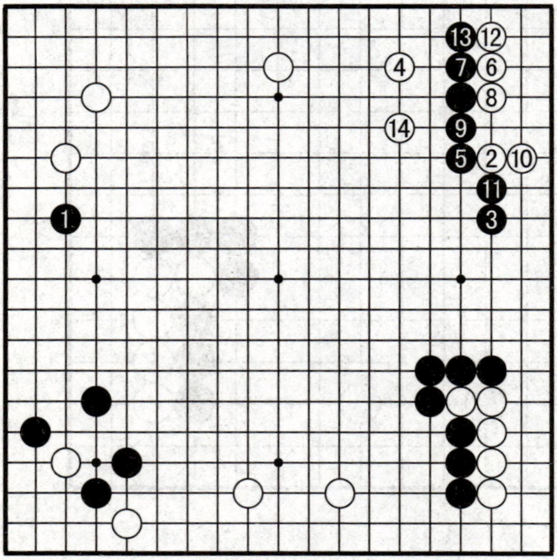

图 2

图 2 在大势上落后

黑 1 虽是扩张左下的手法，却对左上角白棋不能施加太多的影响，黑棋不满。白 2 飞挂是要点，黑 3 夹攻，最大限度地利用下侧黑棋外势，以下到白 14，黑棋在大势上仍落后。

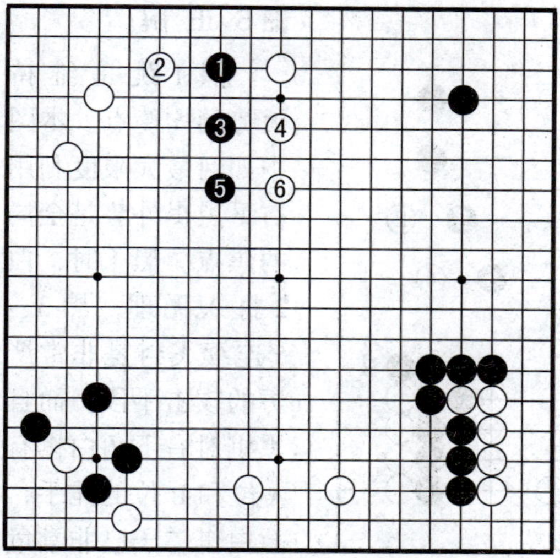

图 3

图 3 黑棋外势被削弱

黑 1 打入上边，但白 2 以下到白 6，黑棋受攻。由此证明黑 1 时机不成熟。黑棋在受到攻击的同时，右下黑棋外势自然被削弱，结果黑棋不满。

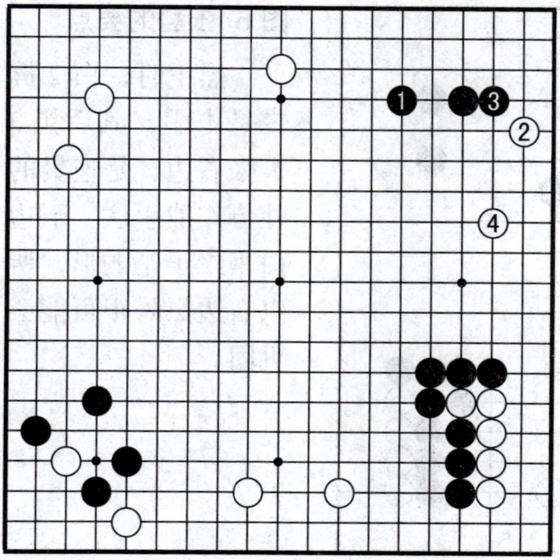

图 4

图 4 绝好的打入

黑 1 跳，保角地，并且还间接扩大黑棋外势，但白 2 下潜，黑棋缺少恰当的攻击手段。黑 3 下立，白 4 略具活形之后，黑棋不满。

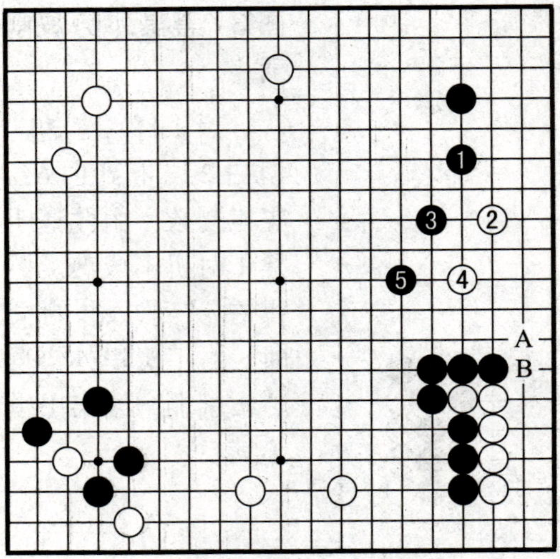

图 5

图 5 正 解

黑 1 跳是维持大势的均衡点。本图中如何最大限度利用右下黑棋外势是全局的焦点。黑 1 时，白 2 打入无理，黑 3、5 连续飞封是非常严厉的攻击手段。而且黑棋对右下角白棋有 A 位和 B 位的先手，故白棋二子已非常危险。

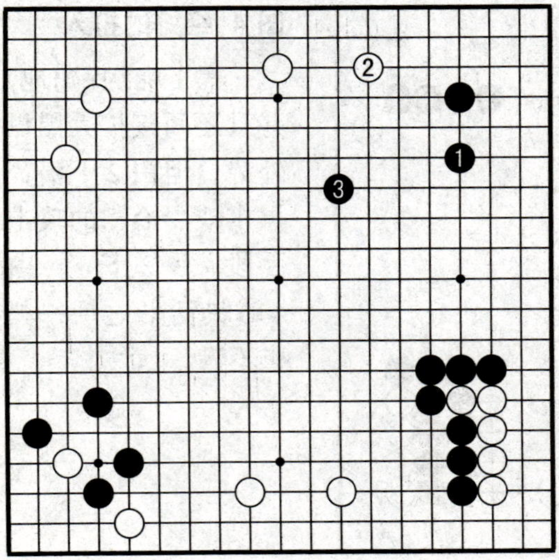
图 6

图 6 张势的要点

黑 1 时，白 2 拆二是本手，其后黑 3 扩张右边，是连贯的外势作战手法。下边白棋二子是弱形，所以右边黑阵很可能会巩固。

外势的利用

问题 4(白先)

右下角白 1 到黑 6 完成定式，黑棋得到了不少实地，白棋也得到了外势。现在的问题是白棋如何利用自己的外势？

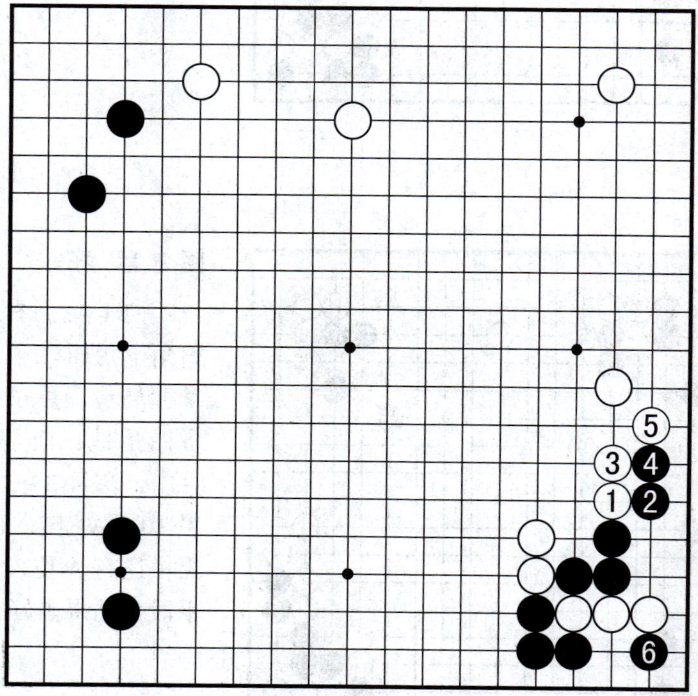

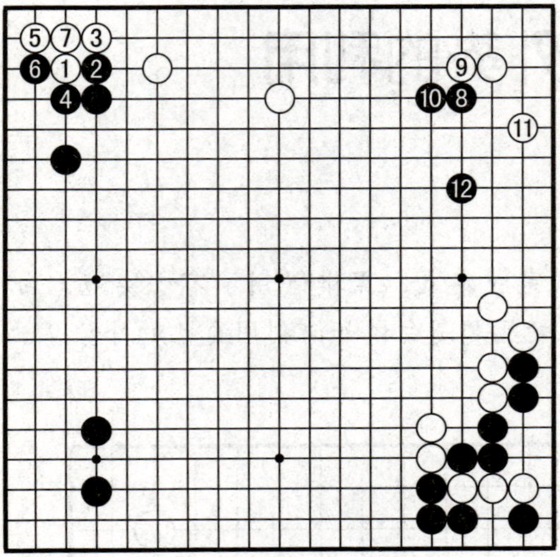

图 1

图 1 时机不成热

白 1 点三三是重视实地，的手法，与黑在 3 位跳相比，差别很大。但到白 7 为止，白棋落得后手，白棋不满。黑 8 以下到黑 12，右边白棋外势已无用武之地。

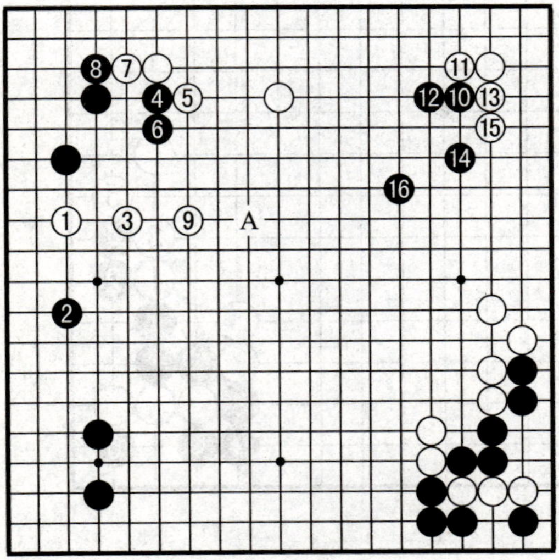

图 2

图 2 黑 好

白 1 的意图是压迫角上黑棋二子，以掌握局势。黑棋并不贪图角地，而是黑 2 夹击，以下白 9 之后，黑 10 是好棋，以后黑棋还有 A 位攻击的手段，结果黑好。

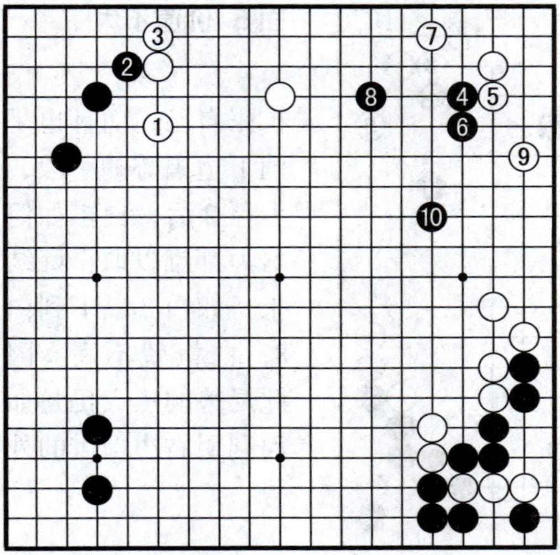

图3

图3　白棋被压在低位

白1跳，黑2争得先手后，黑4是好手，白5以下到黑10，白棋全部被压在低位，白棋不满。

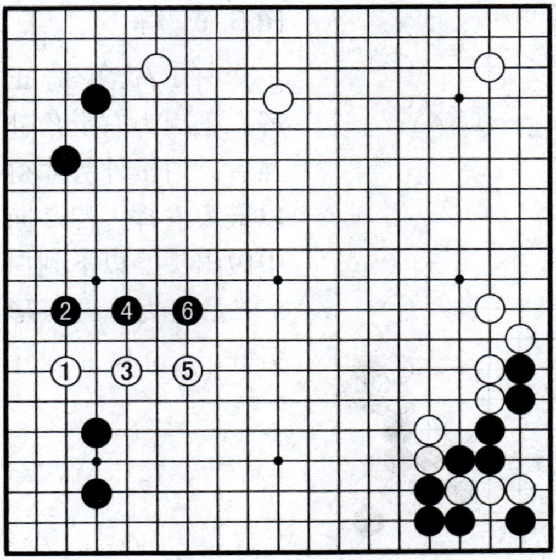

图4

图4　白棋外势被削弱

白1打入，黑2夹攻是正确的选择。白3、5跳向中腹，黑6也继续往中腹跳，黑棋好。白棋在求安定之时，右侧白棋外势自然被削弱。

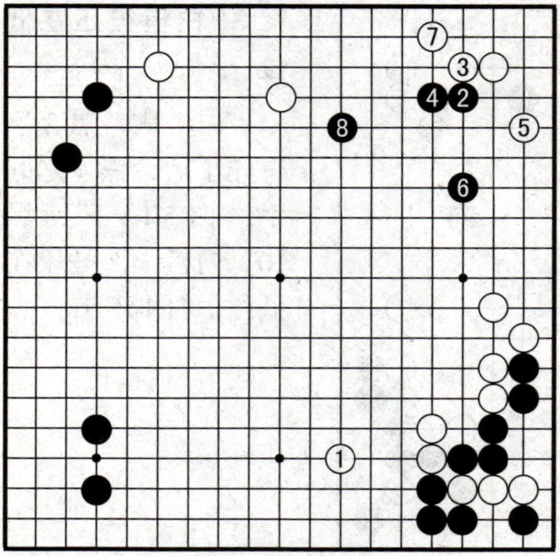

图 5

图 5 价值不大

白 1 跳，不仅扩张自己，而且也是消下边黑势的手段，但黑 2 后，白棋如何努力都难以取得好结果。如白 3 以下到白 8，白棋就不满。因此局势的焦点仍是如何利用右边白棋的外势。

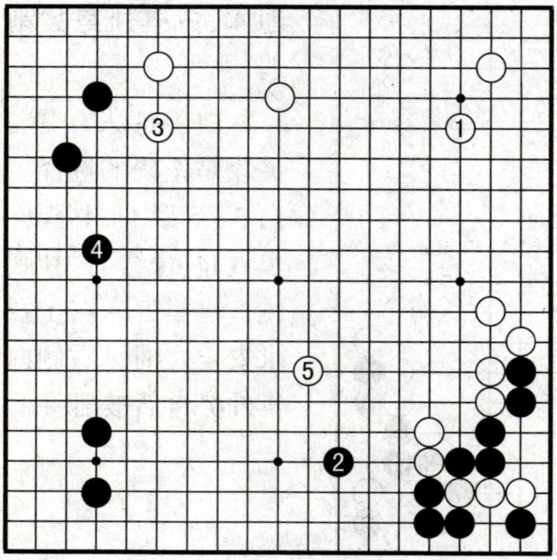

图 6

图 6 正 解

白 1 缔角是正解。正因为右上角补强后，白棋外势才得以最大发挥。黑 2 向中腹出头，以下到白 5 扩张势力，白棋形势好。

局面的头绪

问题 5(黑先)

黑1、白2后，黑棋可下的地方很多。那么，黑棋应从什么地方来理出局面的头绪呢?

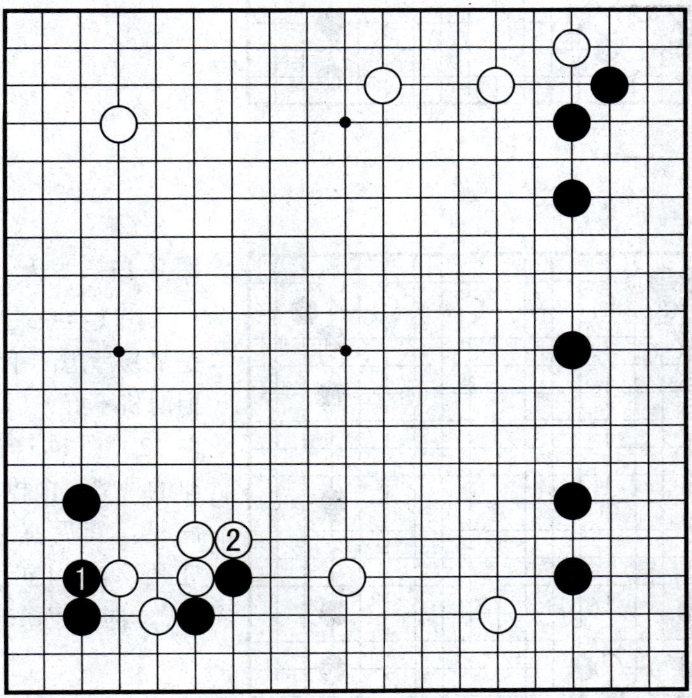

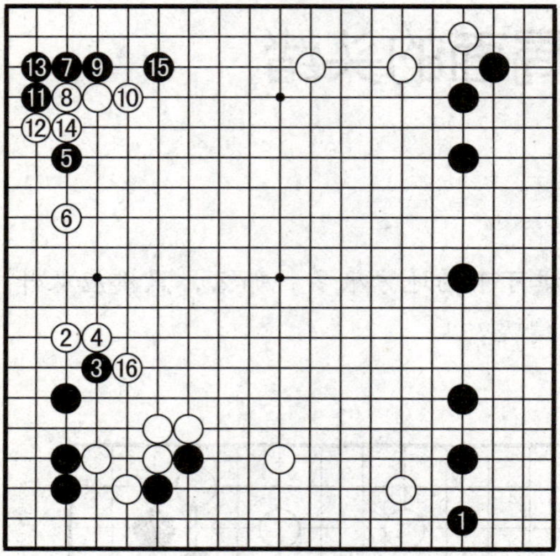

图 1

图 1 时机不成熟

黑 1 守角，并且瞄着对方的弱点，但白 2 非常严厉，黑 3 尖，白 4 长，左边已变成白棋的势力范围。其后黑 5 飞挂，以下到白 16 为止，白棋很厚。

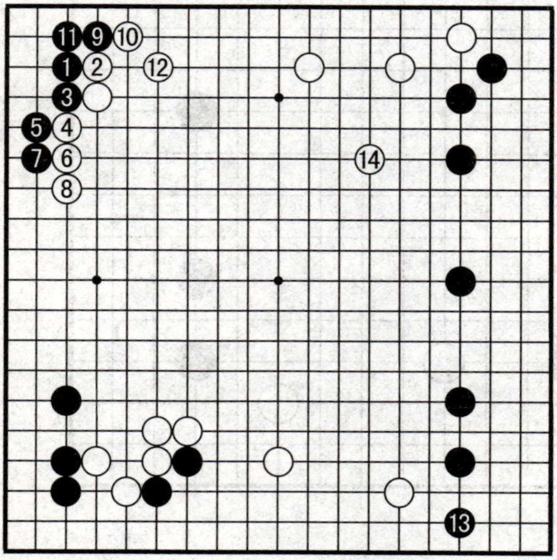

图 2

图 2 白棋活跃

黑 1 点三三，虽是最易考虑的手法，但时机不好，以下到白 12，白棋筑成很厚的外势，白棋非常满足。其后黑 13 跳守角，白 14 扩张势力，白棋局面广阔。

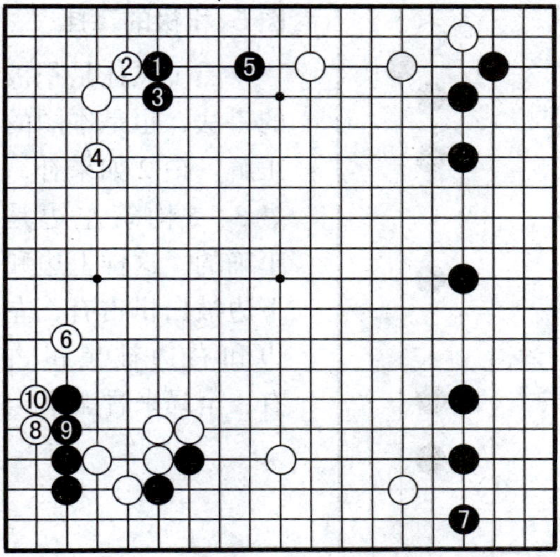

图 3

图 3 浮 棋

黑 1 挂重视上边，但右上由于有白子，因此上边价值降低。黑 5 之后，白 6 是绝好点，这样左边全部变成了白棋的势力范围。其后黑 7 贪心，以下到白 10，白棋非常满足。

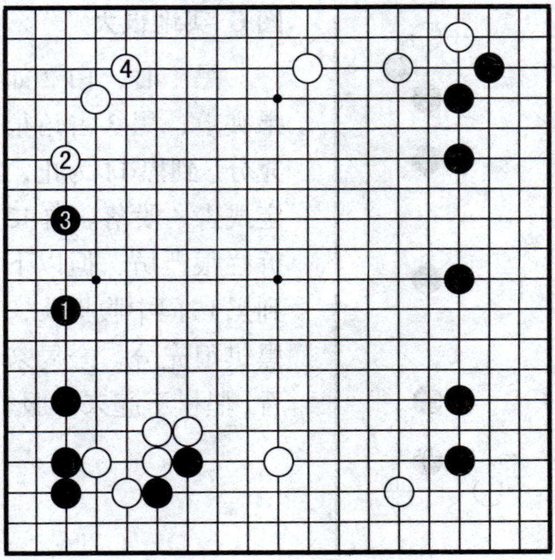

图 4

图 4 黑棋迟缓

黑 1 在补自己弱点的同时，很稳地扩大实地，但是过于迟缓。白 2、4 轻易占据左上角后，黑棋不满。

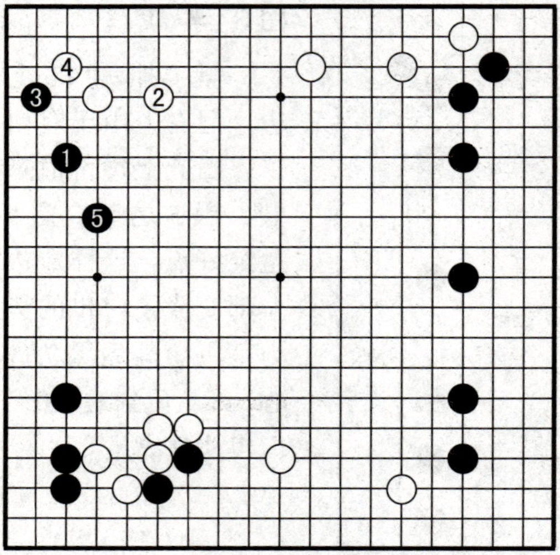

图 5

图 5 积极的飞挂

黑 1 飞挂是积极的手法，也是本图的正解。白 2 如果补，黑 3、5 构筑左边是正确的。这样上边和下边被白棋占有，左边和右边被黑棋占有，全局来看黑厚。

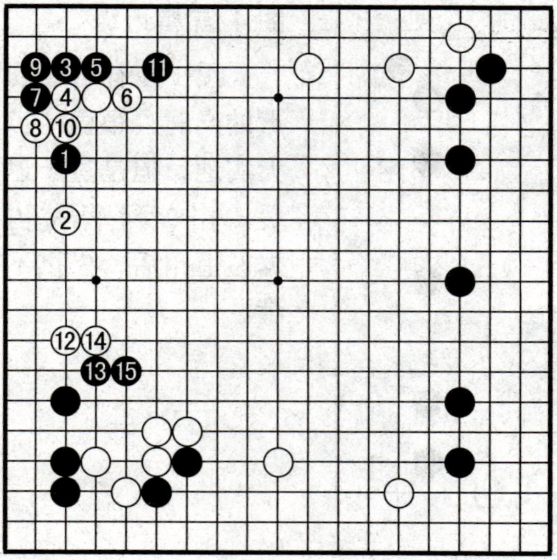

图 6

图 6 实地很大

黑 1 时，白 2 如果夹攻，黑 3 占角很充分。到黑 11 为止，定式告一段落。白 12 拆拦很严厉，但以下到黑 15 向中腹挺头，黑棋很充分。全局来看，黑棋下起来舒服。

白棋的下一手棋

问题 6(白先)

黑 1 点三三时，白 2 挡，然后白 4 飞是好选择。白 6 时，黑 7、9 虽是后手，却瞄着白棋 A 位的弱点。在目前情况下，白棋并不急于在 A 位补，白棋的下一手棋应下在什么地方？

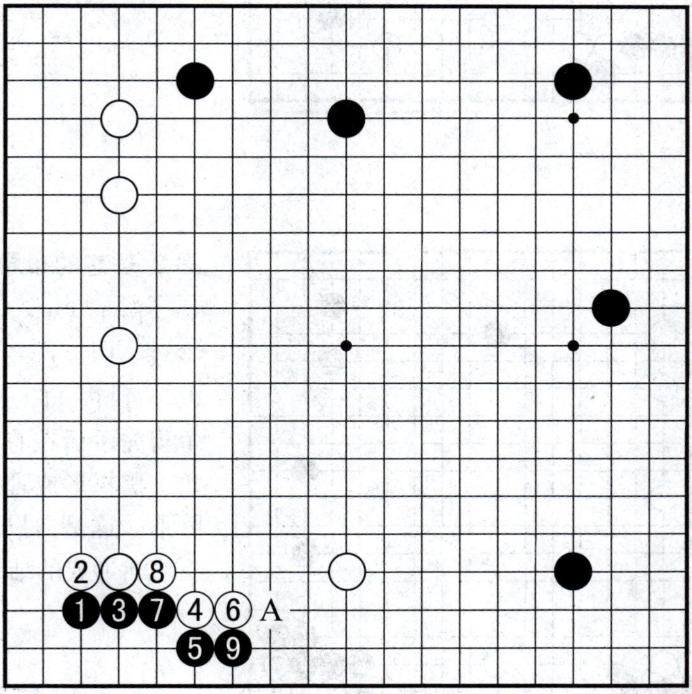

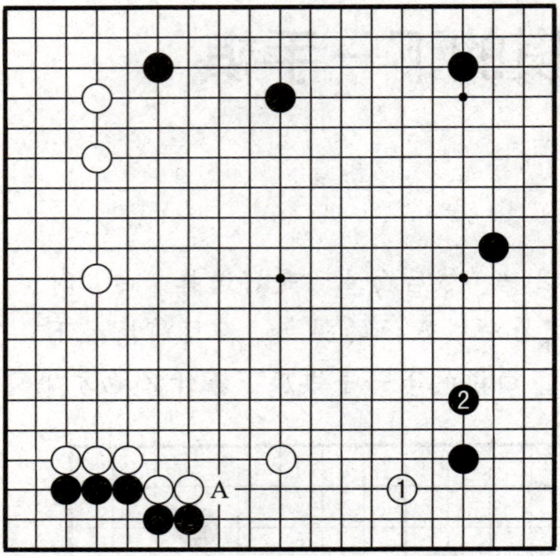

图1

图1 空 门

白1飞挂是扩张白势的手法，但由于白棋在A位空门，因此白棋不应在下边围。黑棋平常地黑2补，黑棋满足。

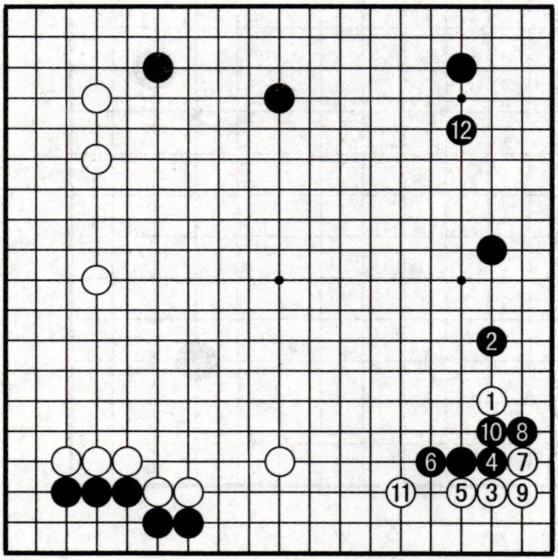

图2

图2 理想的布局

白1飞挂，黑2夹攻，白3点三三，以下到白11，黑棋争得先手后在右上缔角，黑棋形成理想的阵形。这是白棋图谋下边所形成的结果。

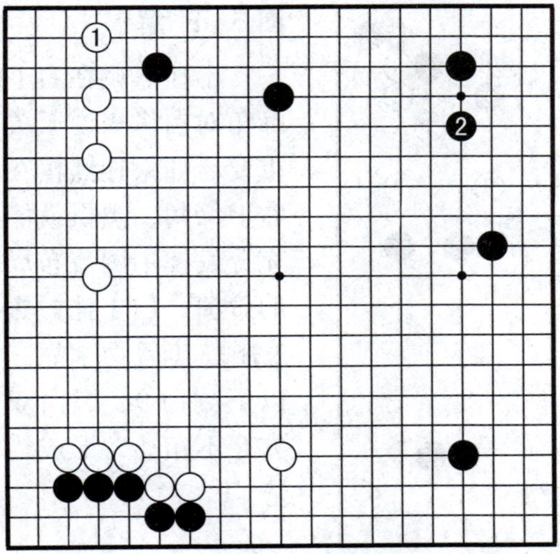

图 3

图 3 守角的差别

白 1 在守角的同时，还伺机对上边黑棋进行打入，但白 1 不能与黑 2 在右上守角的价值相比。黑 2 后，黑棋从上边到右边形成了理想的阵形，黑棋布局成功。

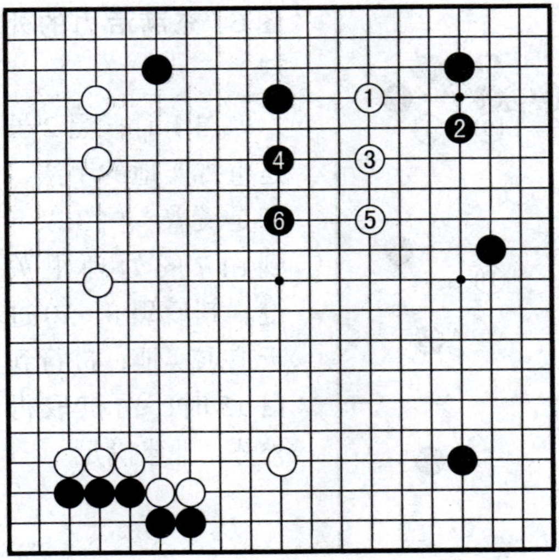

图 4

图 4 无理的打入

白 1 打入直接消上边黑势，但黑 2 时，白棋缺乏后续手段。白 3、5 向中腹逃跑，到黑 6 为止，白棋受到攻击，今后的日子不会好过。

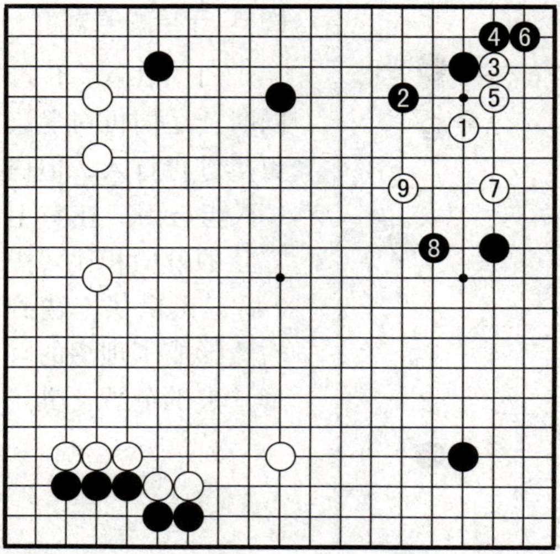

图 5

图 5 正 解

不让黑棋在右上缔角对白棋来说至关重要。如果让黑棋在右上缔角，黑棋就能充分发挥中国流布局的价值。白 1 挂，黑 2 补，其后白 3 靠，以下到白 9，黑白双方互不相让，形成均势。

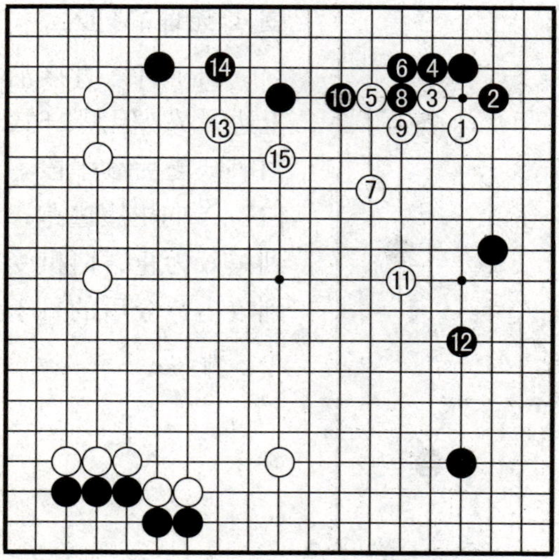

图 6

图 6 充满活力的外势

白 1 时，黑 2 虽是重视实地的手法，却是缓着。白 3 以下到白 7 的处理很关键。其后黑 8、10 过于追求实地，进行到白 15 时，白棋取得外势，非常满足。

侵消的要点

问题7(白先)

黑1、3扩张上边，白棋如何侵消黑势？如果能熟知角、边和中腹的基本布局顺序，则问题比较容易解答。

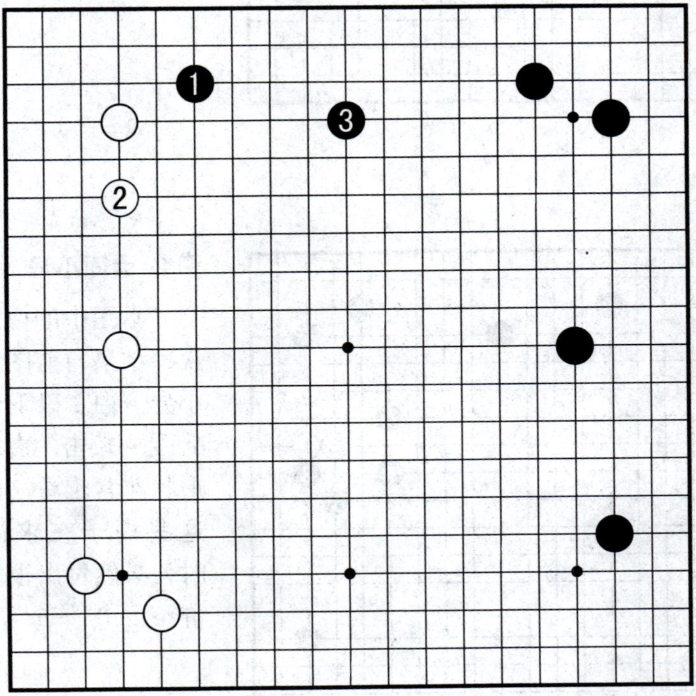

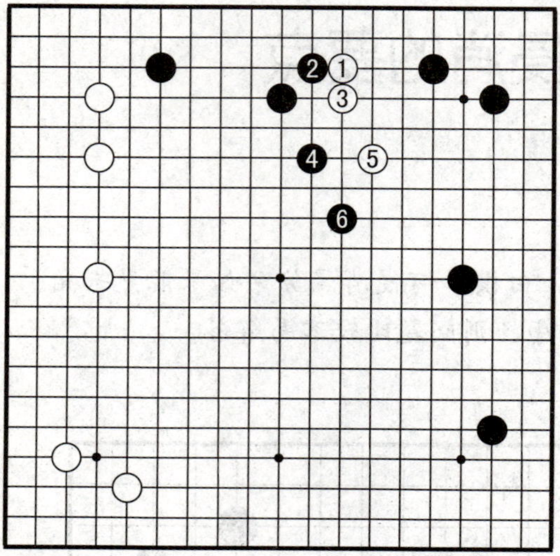

图 1

图 1 无理的打入

白 1 打入在目前角和边均有很多大场的情况下，时机不成熟。白 1 之后，黑 2 尖顶攻击是关键。以下到黑 6，白棋受到如此攻击，已必输无疑。

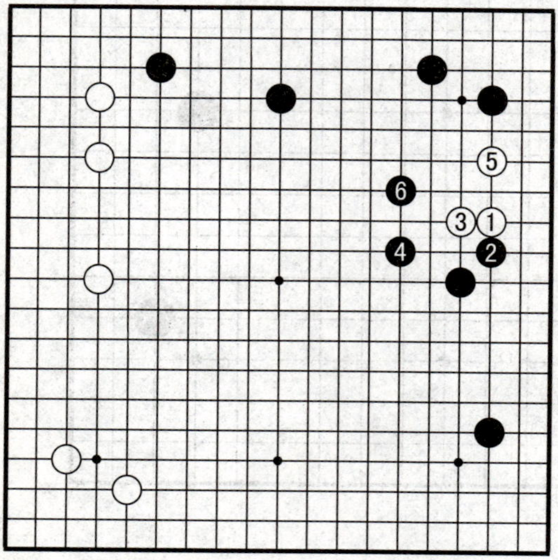

图 2

图 2 大同小异

本图中的白 1 打入，结果与前图大同小异。白 2 以下到黑 6，受到攻击的白棋，形状非常难看。而且这些白子在求活之时，必然付出很多代价。

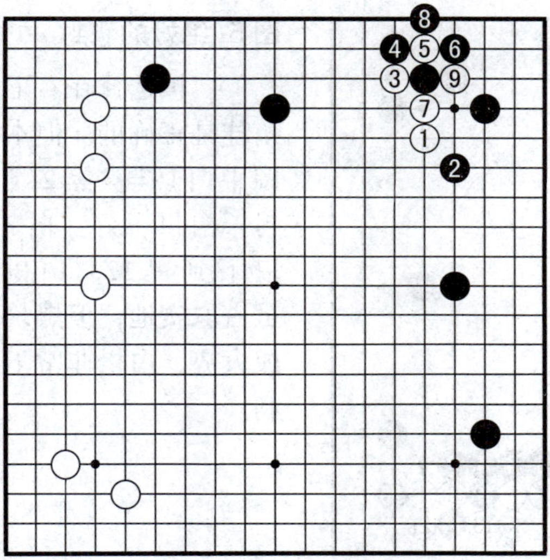

图 3

❿=⑤

图 3 过早的手段

如果要侵消黑势，本图中的白 1 是正确的手段，但黑 2 以下到黑 10，黑棋轻易得以加固，白棋不满。白 1 这样的手段应在角和边都走完后，再予以考虑。

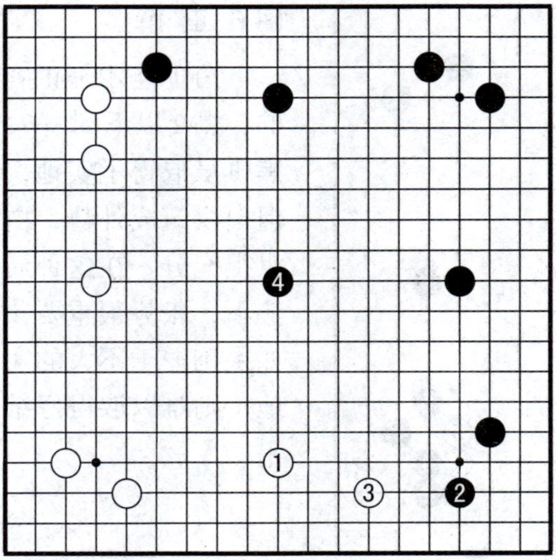

图 4

图 4 张势要点

白 1 单纯在下边展开，黑 2 缔角，白 3 抢占最后一个大场，但是黑 4 抢占扩张的要点，白棋在大势上落后。

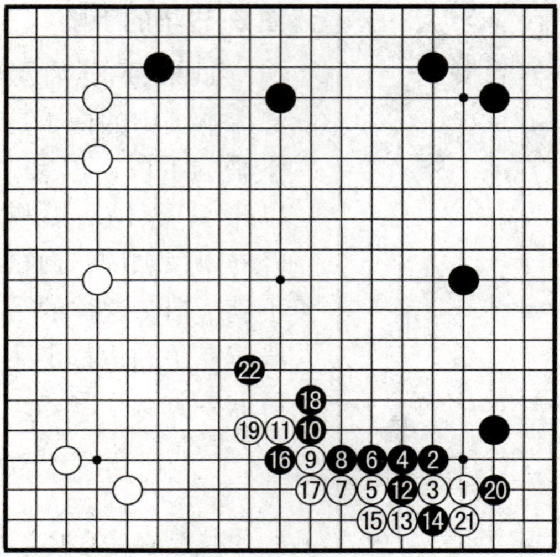

图 5

图 5 绝好的飞封

白棋选择在右下角挂是正确的。但本图中白 1 挂被黑 2 飞封，白棋不好。白 3 以下到黑 22，白棋虽占取实地，但黑筑成大势，白棋非常不利。

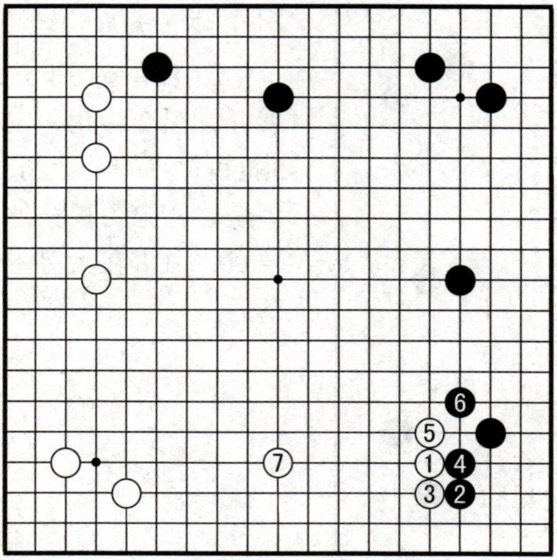

图 6

图 6 正 解

白 1 挂才是正确的，黑 2 以下到白 7，黑棋虽取得了实地，但白棋筑成外势，白棋很充分。在这种局势下，张势很重要，如果拘泥于不大的实地，则难以取得好结果。

判断应否出逃

问题 8(黑先)

黑 1 在上边展开，白 2 在左上尖顶，攻击黑棋一子。其后黑棋是运动左上一子有利，还是占据其他大场有利？

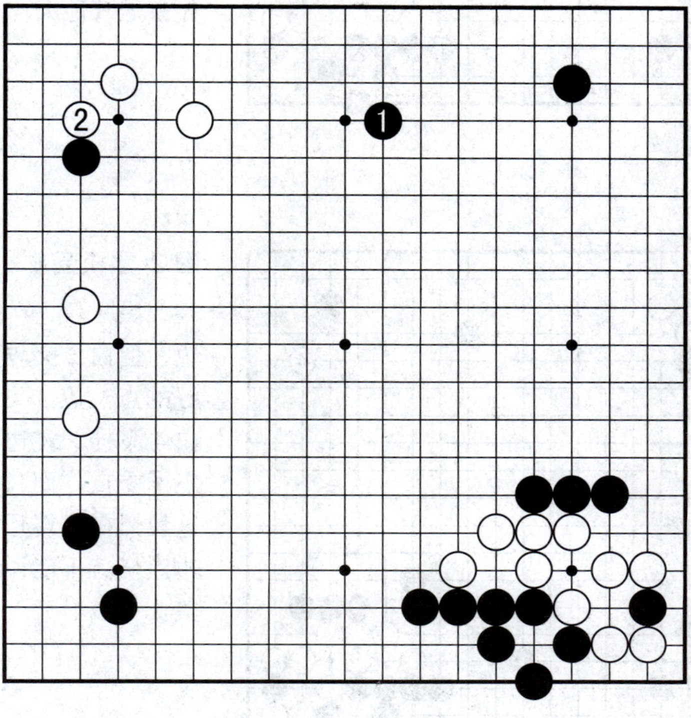

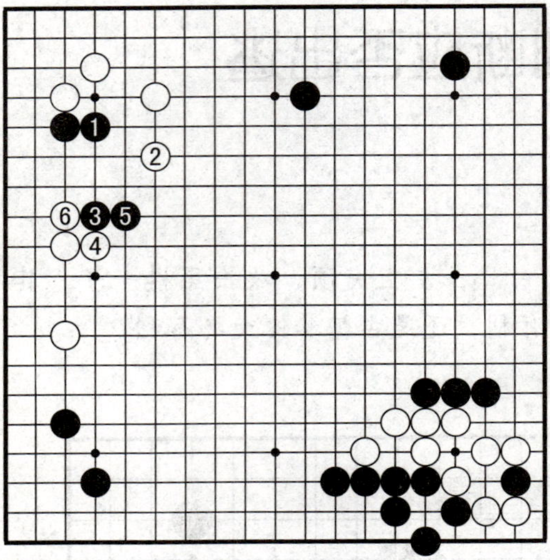

图 1

图 1　直接出逃无理

黑 1 直接运动一子无理。白 2 跳，黑棋下一手棋很困难。黑 3、5 虽然是常用手段，但到白 6 时，黑棋根地被破坏，黑棋非常危险。黑棋不应直接出逃，而应抢先占据其他大场。

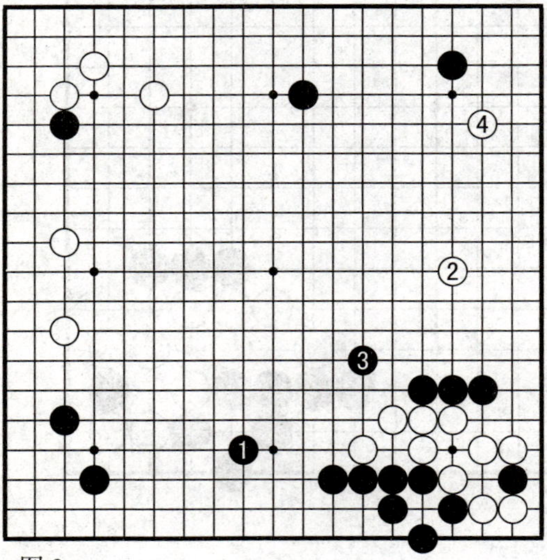

图 2

图 2　黑棋受攻

黑 1 飞重视下边，但白 2 夹攻是绝好的点。黑 3 飞时，白 4 飞挂，左边黑棋三子受攻。而且由于这块黑棋呈弱形，下边黑棋就不能说很完整。

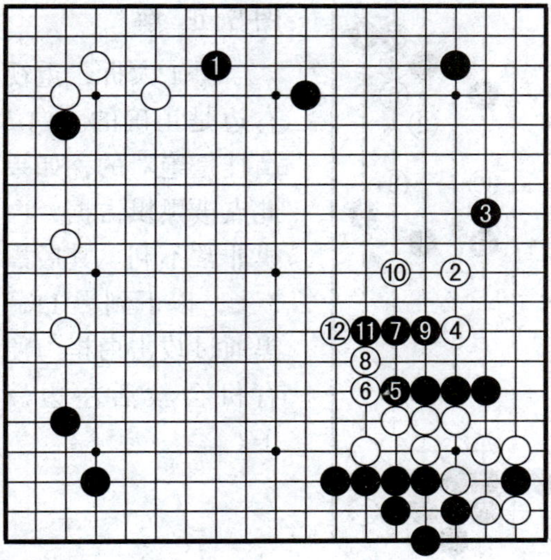

图 3

图 3 方向错误

黑 1 飞，是策应将来左侧黑棋一子出动的下法，白棋此时不在此处行棋，选择攻击右边黑棋三子的下法很正确。白 2 时，黑 3 是黑棋的贪心，白 4 以下到白 12，黑棋无根地而受攻，黑棋形势很危险。

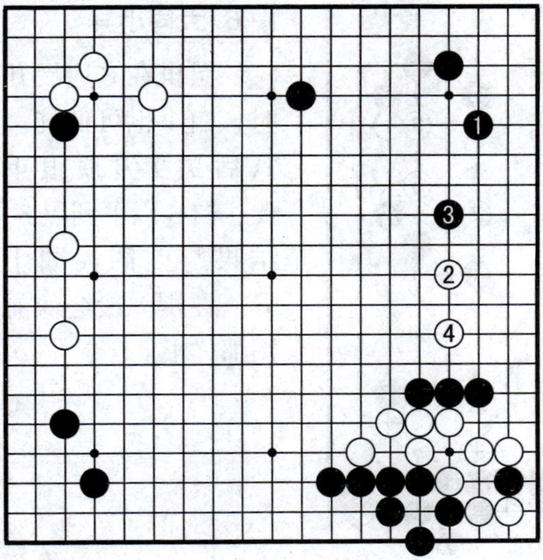

图 4

图 4 很难运动

黑 1 缔右上角，而且也是间接与下侧黑棋三子形成呼应。但白 2 攻击黑棋之后，黑棋难免处于劣势。黑 3 是抛弃黑棋三子的作战方法，白 4 之后，黑棋三子已很难运动。

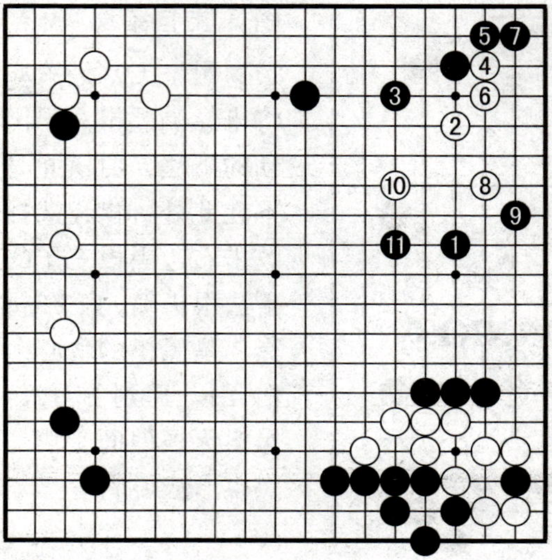

图 5

图 5 正 解

黑 1 大拆，重视右边是正确的。白 2 高挂是绝对的，如果此点被黑棋占据，白棋非常不利。其后黑 3 飞，以下到黑 11，黑通过攻击白棋，便有机会救活左边一子。

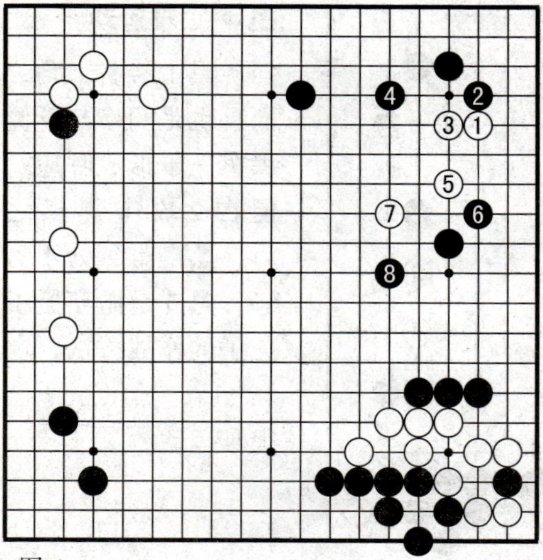

图 6

图 6 大同小异

黑棋在右边展开时，白 1 也可低挂。其后黑 2 尖顶很重要，白 3 以下到黑 8，结果与前图大同小异。白棋一般会像前图那样下。